中國學術思想研究輯刊

十七編

林 慶 彰 主編

第9冊

中庸哲學研究（上）

楊少涵 著

花木蘭文化出版社

國家圖書館出版品預行編目資料

中庸哲學研究（上）／楊少涵 著 — 初版 — 新北市：花木蘭文化出版社，2013〔民 102〕

序 4+ 目 4+256 面；19×26 公分

（中國學術思想研究輯刊 十七編；第 9 冊）

ISBN：978-986-322-376-4（精裝）

1. 中庸 2. 研究考訂

030.8 102014631

中國學術思想研究輯刊

十七編 第九冊 ISBN：978-986-322-376-4

中庸哲學研究（上）

作 者 楊少涵
主 編 林慶彰
總 編 輯 杜潔祥
出 版 花木蘭文化出版社
發 行 所 花木蘭文化出版社
發 行 人 高小娟
聯絡地址 235 新北市中和區中安街七二號十三樓
電話：02-2923-1455／傳眞：02-2923-1452
網 址 http://www.huamulan.tw 信箱 sut81518@gmail.com
印 刷 普羅文化出版廣告事業
封面設計 劉開工作室
初 版 2013 年 9 月
定 價 十七編 34 冊（精裝）新台幣 60,000 元

中庸哲學研究（上）

楊少涵　著

作者簡介

楊少涵，河南桐柏人，副教授，碩士生導師。1999 年 7 月畢業於鄭州大學，獲文學學士學位。2006 年 3 月畢業於南京政治學院上海分院，獲哲學碩士學位。2009 年 6 月畢業於上海復旦大學，獲哲學博士學位。2011 年 6 月於上海師範大學博士後出站。現任教於華僑大學哲學與社會發展學院。先後在《道德與文明》、《人文雜誌》、《江淮論壇》、《雲南大學學報》等刊物發表學術論文近二十篇。校理古籍《中庸集說》（衛湜著，灕江出版社，2011 年）一部。

提　要

本書系統論證了儒學內化發展中的《中庸》哲學思想。

本書認為，孔子的心性之學包括兩個部分，即「心學」與「情學」。心有認知和良知兩種功能，人有感性情感和道德情感兩種情感。加強禮的學習和認知以規約培養感性情感，或者按照良知之心和道德情感行動，都可以成就道德。孔子之後，按照前者成就道德的是儒學之外化，其集大成者是荀學；按照後者成就道德的是儒學之內化，其集大成者是孟學。

儒學內化就是道德情感與良知之心內化為天命之性，成為道德實踐的內在本體和形上根據。《中庸》作為思孟學派的早期作品，承擔著為儒學建立道德本體和尋找道德終極根源的形上課題。在這兩個課題中，道德情感都具有本質的意義，所以《中庸》初步建立起來的儒家形上學可以說是一種情感形上學。但《中庸》只完成了道德情感的內化，良知之心的內化是由孟子完成的。

宋明時期，孔子的「心學」得到充分發展，孔子的「情學」卻隱而不彰。理學兩派都屬孔子的「心學」，朱子是孔子「心學」之認知派，陸王是孔子「心學」之良知派，兩派的分歧是孔子「心學」內部的論爭。直到明末劉蕺山，才重新認識到道德情感的重要地位，並在一定程度上複歸了思孟學派心性情為一的義理結構。

序

《中庸》作爲儒家的經典，在儒學的發展過程中佔有重要的地位。儘管關於其成書年代及作者仍存在不同的看法，但它在儒學演化中的獨特意義，卻無法否認。《中庸》的主題之一是「極高明而道中庸。」「極高明」表現爲終極性的價值關切和價值追求，「道中庸」則強調通過日用常行以實現這種價值的關切，它以概要的形式體現了早期儒家將終極的關懷與日常存在聯繫起來的進路。終極關懷固然包含著對日常存在的超越，但這種超越又並不離開日常的生活。與之相關的是「致廣大而盡精微」。「致廣大」與「極高明」具有一致性，二者都內含著對理想之道的關切，「盡精微」則可以看作是「道中庸」的展開，它更多地要求深入到具體的現實存在。這裏無疑也包含著精神的超越，但它不同於從天道出發的外在進路，而是植根於庸言庸行的內在昇華。

可以看到，在《中庸》那裏，價值本體不再具有超驗的形式：《中庸》不同於《易傳》的重要之點，即在於空前突出了日用常行在價值創造中的意義。儘管《中庸》並沒有放棄形而上的本體（「天命之謂性」的命題即表明了這一點），但在道與庸言庸行的溝通中，日常的人倫關係及實踐活動已被視爲價值的現實源頭。這樣，有限的超越不再僅僅表現爲離開日用常行，而是即日用而超越日用，亦即在日用常行中使生命獲得永恒的價值，這也就是「極高明而道中庸」的內在意蘊。通過精神境界的昇華與「庸德之行」的入世觀念的融合，儒家的價值原則獲得了更現實的品格。

與「道中庸」相聯繫，《中庸》的另一個基本觀念是所謂「誠」：「誠者，天之道也；誠之者，人之道也。」這裏的「誠」既涉及天道，又關聯人道。作爲天道的「誠」具有實在的意義，指萬事萬物本然的、眞實的狀態；作爲人道的「誠」則既表現爲人的存在形態，也呈現爲價值層面的規範，具有引導和塑造人自身的意義。從以上方面看，「誠」內在地體現了存在與價值、實然與當然的統一。就個體而言，一旦達到了「誠」，便意味著形成了眞實的內在德性，其行爲也將超越勉強，能夠自然地合乎規範。《中庸》所說的「不勉而中，不思而得」，既包含了自覺，從而不同於自發的行爲；也超越了自覺，從而區別於單純地有意爲之。與之相關的「從容中道」則以普遍的規範化爲人的眞誠品格爲前提：此時內在的德性已如同人的第二天性，出於眞誠德性的行爲也超越了人爲的依循和努力，表現爲自然爲善。這是一種揚棄了自發與自覺之後達到的更高境界。作爲存在形態與內在品格的統一，「誠」既有本體論的意義，也包含價值論的內涵。

誠作爲內在的本體，具體表現爲德性，而內在本體的確立，則相應地以尊德性爲基本形式。在《中庸》看來，尊德性並不是一個抽象的過程，正如極高明必須道中庸一樣，尊德性離不開道問學：「故君子尊德性而道問學。」所謂道問學，也就是通過學問思辨行，以達到理性的自覺。與孔孟荀一樣，《中庸》將主體的理性自覺提到了極爲重要的地位，並以此作爲從外在天道走向內在本體（誠）的前提：「不明乎善，不誠乎身矣。……博學之，審問之，愼思之，明辨之，篤行之。有弗學，學之弗能弗措也；有弗問，問之弗知弗措也；有弗思，思之弗得弗措也；有弗辨，辨之弗得弗措也；有弗行，行之弗篤弗措也。人一能之己百之，人十能之己千之。果能此道矣，雖愚必明，雖柔必強。」誠作爲天道，具有實然（本然）的性質，正是通過一個理性化的過程，實然（本然）之誠開始逐漸內化爲對當然之誠——精神之境——的自覺意識，而這種自覺意識又作爲內在的本體而制約著主體的行爲。可以看到，尊德性（誠的本體之確立）與道問學（理性的自覺）之間存在著一種互動的關係：立誠離不開道問學，而本體一旦確立，又保證了主體能夠始終處於明覺狀態；前者也就是所謂「自明誠」，後者則是所謂「自誠明」，二者本質上又展開爲一個統一的過程：「誠則明矣，明則誠矣。」

由個體走向外部世界，《中庸》進一步提出了如下思想：「萬物並育而不相害，道並行而不相悖」。「萬物並育而不相害」這一觀念既有本體論的涵義，也有價值觀的意蘊。在本體論上，它意味著對象世界中的諸種事物都各有存在根據，彼此共在於天下；換言之，對象世界的不同存在物之間具有一種相互並存的關係。在價值論上，「萬物並育而不相害」則涉及不同的個體、群體

（包括民族、國家）之間的共處、交往問題，它以承認不同個體的差異、不同社會領域的分化爲前提。個體的差異、不同社會領域的分化是一種歷史演化過程中無法否認的事實，如何使分化過程中形成的不同個體、相異存在以非衝突的方式共處於世界之中，便成爲「萬物並育而不相害」所指向的實質問題，後者同時也從形而上的層面，涉及社會的「和諧」。

與「萬物並育而不相害」相聯繫的是「道並行而不相悖」。「道」在儒家哲學中不僅被理解爲天道（存在的根據或存在的法則），也含有理想、價值原則等社會、文化的意義；「悖」是彼此的對立、衝突。「道並行而不相悖」，意味著不同的價值理想、價值觀念不應僅僅導向彼此的衝突。在社會領域中，只要不同的個體、階層存在，價值觀念上的差異就難以避免；試圖使每一個個體認同絕對同一的價值觀念，顯然是行不通的。在此，問題不在於用獨斷的方式消除價值觀上的差異，而是在差異業已存在的背景下，妥善地看待與處理這種差異。「道並行而不相悖」當然並不是在價值觀上主張相對主義，這裏的內在涵義，是以寬容的原則，對待不同的價值觀念。一方面，它並不否定價值原則的普遍性，另一方面，它又要求以非獨斷的方式來對待不同觀念，後者與孔子所肯定的「恕」的觀念（己所不欲，勿施於人）前後一致。

要而言之，《中庸》以中道和誠爲其核心的觀念，中道既蘊含了把握「度」的原則，又展開爲形上與形下、人與世界、日用與道之間的統一；「誠」則既表現爲天道意義上實在性，也構成了人道意義上的道德之境。「萬物並育而不相害，道並行而不相悖」則從本體論與價值觀的統一上，將以上看法進一步展開了。

《中庸哲學研究》原係楊少涵博士的學位論文，由主持其博士學位論文答辯這一機緣，我得以較早地閱讀他的研究成果。作者對《中庸》思想考察之紮實、系統、深入，給我留下甚爲深刻的印象。以儒學的歷史演化爲背景，作者具體地分析了《中庸》思想的內在特點，特別注重《中庸》內含的道德哲學、形上之學與情感的關係，突出了情感在《中庸》思想中的獨特地位，由此提出了不少獨到的見解。儘管作爲探索性的研究，其中的一些看法也許可以進一步討論，但它所展現的理論視域對推進《中庸》思想的研究，無疑具有積極的意義。

楊國榮

二〇一三年二月四日

目次

下 冊

前　言

《中庸》重要，讀史可知；《中庸》難讀，世之共識。《中庸》的重要性，自不必多說。《中庸》號爲難讀，前賢已屢言及。如此重要而又難讀，在儒家心性之學的經典文獻中，少有能出其右者。這正是《中庸》的魅力所在。在博士論文選題過程中，我之所以決定選擇《中庸》作爲考察對象，其中一個原因就是想一睹《中庸》的這種魅力。

誰知道對這種魅力的追尋和求索卻是一種精神的歷練和磨難。在論文準備和創作的兩年多時間裏，我深切體會到，以《中庸》之類的對象作爲博士論文的選題，實在太難。其難主要表現在兩個方面。第一，其本體文本數量太少。《中庸》的全部文本只有三千五百多字，算上現代標點，也不到四千五百字。我常開玩笑說，即使把《中庸》文本全部選中，再連續黏貼三十次，也不過十萬來字，勉強達到文科博士論文的必要字數。在如此有限的文本上翻騰出二三十萬字的博士論文，實在是「巧婦難爲無米之炊」。而且還要翻出花樣，弄點新意，這就更有點兒趕鴨子上架。第二，其思想的可發揮性太大。哲學史中有一種現象：一個哲學文獻，文本量少但重要，其思想的可詮釋空間，其內涵的可開拓餘地，就非常非常之大。道家的《道德經》是這種文獻，儒家的《中庸》也是這種文獻。北宋以後，《中庸》名聲驟起，人們對其關注也日甚一日，往往一個字就能招來成千上萬言的長篇大論。所以《中庸》自身的文本雖然不多，但由於其思想的可發揮性太大，由之而衍生的文獻數量卻極其大。雖然很多衍生文獻新意可能不多，但要想全面而深入地理解《中庸》思想及其流變，很多文獻還必須涉獵，在這個地方無巧可討。在準備和創作博士論文的規定時間裏，完成這麼大的查閱量而且要盡量消化，常常有力不從心之感。

針對以上兩點難處，在論文開題時，我對論文的整體構想是一種四平八穩的「三段論」，即「考論篇」、「義理篇」和「流變篇」。考論篇主要是想全面考察《中庸》之文本流傳，包括《中庸》的作者、成書、表章、分篇、改訂甚至字數，以及在四書中的次第、與《論》《孟》《大學》的關係等等。這樣一來，就可以把考察的範圍推得更開，需要佔有的文獻很廣，在一定程度上可以克服《中庸》自身文本太少的難度。義理篇是想對《中庸》的內容作一些梳理和歸納。流變篇是在義理篇的基礎上，大體考察《中庸》思想在儒學史上的發展和影響。這顯然是爲了化解由《中庸》衍生性文獻太多所帶來的麻煩。此後，我按照這種構想進行了大約半年的「原始積纍」，我收集了不少資料。尤其是考論部分，到二〇〇七年「十一」長假之前，已經收集到十幾萬字的讀書筆記。我自認爲已經把這方面的主要材料網羅殆盡，於是，就利用「十一」的七天假期寫成考論篇（後來簡化成爲本書附論第一節）。

二〇〇七年十二月，我到香港中文大學中國哲學與文化研究中心進行短期訪問。訪問期間，由於一個「刺激」，使我痛下決心，全盤拋棄以前四平八穩的「三段論」構想，重新布置論文的整體構架。訪問過程中，我列席了中國哲學與文化研究中心舉辦的一個經典詮釋方面的國際研討會。一次用餐，我向一位來自新加坡的中文系教授請教論文的相關問題。當他瞭解到我對論文的構想時，竟毫不客氣地說：你的論文構想只有三分之一值得寫，就是義理部分。他解釋說：在新加坡，考論部分是中文系文獻學的任務，流變部分是歷史系思想史的任務，只有義理部分才是哲學系的重點所在；有什麼哲學問題，直接說問題，不要東拉西扯，拖泥帶水。最後他莊重地說：按照他們的體制，我的論文即使寫出來，在哲學系也通不過。當時我心裏肯定很不服氣。但靜下心來一想，覺得他的意見很有道理，「三段論」是文史哲的雜合，的確不能突出哲學論文的特色。（當然，他的這個建議並不新鮮，在論文開題時，導師組已經提出來，考論部分完全可以不寫。）經過那位教授這麼一「刺激」，我心中就多了一層想法，即：全盤拋棄以前的構想，重新布局，突出問題，寫出一篇味道稍微純正一點兒的哲學論文。

從香港一回來，我就把這個想法報告給導師，獲得同意後，我就著手重新置思整個論文。又經過一年多的沉潛反覆，強探力索，最終敲定論文現在這個模樣。在這篇論文中，主要表達了兩三年來讀書思考過程中我對儒學的三點感悟。

首先是《中庸》的情感形上學。這是我從《中庸》首章喜怒哀樂之未發已發中慢慢悟出來的一個結論。

眾所周知，《中庸》最重要的是其首章。一般又認爲，首章前三句（「三提句」）又是重中之重，它們在儒家形上學建構中具有確立規模的奠基作用。兩宋以後《中庸》稱名於世的直接原因這也正在此。然而很少人注意到，「三提句」甚至整個首章乃至整篇《中庸》，又是建立在喜怒哀樂之未發已發上的。剛開始我也沒有注意到這一點，與大多數人一樣，我雖然知道未發已發或中和問題很重要，但基本上仍是沿習成見，視未發是性、已發是情。

有兩個契機引發我注意到未發已發的關鍵地位和實質內涵：一是劉蕺山的一句話，二是我自己的一次靜坐感悟。劉蕺山曾說過這樣一句話：「自喜怒哀樂之說不明於後世，而性學晦矣。」最初看到這句話的時候，我心中一緊，很驚訝他何出此言。當時，這種念頭只是一閃而過。看完蕺山的主要哲學著作，雖然明白他非常重視情感，但並未發現他對這句話作過進一步的解釋。讓我切實體會到喜怒哀樂之未發已發豐富內涵的是二〇〇八年暑假期間的靜坐經歷。上海的夏天濕熱難耐，夜裏一兩點了，汗水仍然像噴泉一樣汩汩冒個不停，我經常引用《中庸》的話戲稱之曰「溥博淵泉，而時出之」。聽說靜坐能夠心平氣爽，於是我就借來一本關於靜坐的小冊子，深夜子時左右，閉目練習靜坐。由於不得要法，思慮叢生，雜念四起，心中老是不能平靜。靜坐要訣說，口中念念有詞可以專壹思慮，聚精會神。我就選擇《中庸》首章，反覆默念。當默念至喜怒哀樂之未發已發時，突然悟到：喜怒哀樂之未發已發都是情，未發是情之未發，已發是情之已發，並非像通常所理解的那樣，未發是性，已發是情。但千百年來，很少有人注意到這一層。人們說《中庸》難讀，大概就是因爲這一層不明。借用王陽明的話來說，「此學不明，不知此處擔擱了幾多英雄漢！」得到這點意外發現，我興奮得不知所以，當時眞如程明道所說，「每中夜以思，不知手之舞之，足之蹈之」。

在此基礎上，我用語言分析的方法，對未發已發進行了詳細的語法考察，最後得出幾點結論。（一）未發已發最初都是針對喜怒哀樂之情而言的，情包括道德情感和感性情感。一方面，喜怒哀樂之未發謂之中，喜怒哀樂之發而皆中節謂之和，這就說得非常明白了，未發已發最初都是就喜怒哀樂之情來說的。性也可以是未發，也有其已發，但這是情之未發已發的進一步引申。另一方面，喜怒哀樂發而皆中節謂之和，這意味著，除了「皆中節」之外，還有「皆不中節」和「不皆中節」兩種情況存在。發而皆中節的喜怒哀樂之情是道德情感，發而皆不中節或不皆中節的是感性情感。（二）道德情感是道德本體的呈現方式。在未發與已發的關係中，未發必須通過已發才能呈現出來，已發是未發的呈現方式。性是道德的本體，也是未發，那麼道德本體的發用呈現只有通過道德情感才能呈現出來，道德情感是道德本體的呈現方式。（三）道德情感是道德本體的本質內涵。性是道德的本體，中是其形式表示，仁是其主觀內容，誠是其客觀內容。而在中、仁、誠之本質內涵中都包括道德情感。所以道德情感是道德本體的本質內涵。（四）道德情感是道德本體的內在動力。未發已發都是就喜怒哀樂之情而言的，從未發到已發的動力也必然是情。道德情感是道德本體之呈現方式和本質內涵，道德本體流行發用的內在動力不是別的，正是道德情感。當然，感性情感對道德本體的發用呈現起到一種助緣作用。由道德情感與道德本體的關係可以看出，道德情感也是道德本體，道德本體包含道德情感，兩者是同一的。這個同一體可以稱爲「情體」。性體與情體爲一，同是道德本體。

這一點明確之後，《中庸》的整個義理就清楚了。「三提句」是儒家道德形上學建構的濃縮表達。第二句是講道德本體的。道德本體是性，性是情體。不瞭解喜怒哀樂之情，就無法瞭解性。劉蕺山「自喜怒哀樂之說不明後世，性學晦矣」，正是從這一點來說的。第一句是講道德終極根源的。道德的終極根源是天。但《中庸》之天都是自然天，自然天如何成爲道德終極根源的呢？其中的訣竅也在於道德情感。周人在特定的天人關係中，以情感投射的方式將自然天生命情感化爲形上天，自然天於是就成爲有血有肉、生生不已的道德實體。這就是道德的終極根源。其實，天並非生命實體，亦非道德實體，更非眞的就是道德的終極根源。道德的終極根源是生活實踐和生命情感，形上天不過是生命情感之客觀化。《中庸》首章前兩句話也就是《中庸》的兩個形上課題，即建立道德的本體和尋找道德的終極根源。第三句話是講工夫實踐的。道德情感發於道德本性，感性情感發於感性氣質。道德情感發而無不中節、無過不及，感性情感發而有不中節、有過不及。於是發明本性、成就道德就有兩種工夫實踐，一是針對道德情感的先天工夫，一是針對感性情感的後天工夫。總之，《中庸》的整個義理都是圍繞喜怒哀樂之情展開的，尤其是道德情感在《中庸》的兩個形上課題中具有本質的意義。正是這個意義上，我認爲《中庸》所建立起來的儒家形上學是一種「情感形上學」。

其次是儒學的內化轉向。孔子以後，儒學三分，其內化的轉向就是思孟學派所代表的方向。子思開其端，孟子集其成，最終形成了心性情爲一的義理結構。

我悟透這一點的時間相當晚。二〇〇八年十二月上旬，初稿草成，交給導師。但心中並不覺得輕鬆，總感到還有一個很大很大的貫穿性問題沒有解決。兩周後，導師反饋過來兩千多字的修改意見。他也看出論文初稿的最大問題是脈絡不清，主線不明，並建議用「儒學的內化」貫穿全文，還特意說，目前還沒發現有人著意於此。我當時還在思考著自己的解決辦法，對這個說法並不太上心。臘月廿九，當全球華人都沉浸在歡迎新春的喜悅氣氛中時，我猛然感到，儒學的內化轉向的確是一個極其嚴重的問題。我馬上在互聯網上輸入關鍵詞查找相關討論，搜索的結果正如導師所說，眞是沒有一條相關信息。我深感詫異的同時也暗自高興，這意味著我可以在這裏掘出一個小洞，窺到一點新意。王陽明說：「一語之下，洞見全體。眞是痛快。不覺手舞足蹈。學者聞之，亦省卻多少尋討功夫。」那一會兒，我對「儒學內化」一語就有這種感覺。

孔子中庸有兩個形式，無過不及是其外在形式，無適無莫是其內在形式，與此相應，孔子中庸有兩個根據，禮是無過不及的判斷標準和外在根據，仁是無適無莫的內在法則和內在根據。禮需要學習和認知，以對感性情感進行規約，只有這樣，才能達到無過不及的中庸之道。仁是道德直覺，同時又是道德情感，守仁安仁無終食間違仁，自然無適無莫，自然無過不及。對禮的學習和認知其實就是認知之心，道德直覺其實就是良知之心。

我從孔子中庸的兩個根據中發現，孔子的心性之學其實包括兩個部分：一是「心學」，一是「情學」。心有兩種功能，即良知和認知，其中認知又包括道德認知和非道德認知。由良知的功能來說，心就是良知之心，由認知的功能來說，心就是認知之心。它們都是成就道德的理性根據，良知是直覺理性，認知是邏輯理性。人有兩種情感，即道德情感和感性情感。道德情感發自於天命之性而又合乎天命之性，道德情感發而無不中節、無過不及；感性情感發自於感性需要而又爲了滿足感性需求，感性情感發而有不中節、有過不及。良知之心與道德情感之打合就構成了中庸的內在根據，認知之心對感性情感的規約就構成了中庸的外在根據。孔子之後，強調認知之心對感性情感的規約來成就道德的就是儒學的外化轉向，這就是荀子所代表的方向；強調良知之心與道德情感的同一以成就道德的就是儒學的內化轉向，這就是思孟所代表的方向。到了宋明，朱子基本上走的是外化路線，陸王基本上走的是內化路線。

儒學內化主要是說，良知之心與道德情感內化爲天命之性，心性情爲一，是爲道德實踐所以可能的內在本體和形上根據。孔子之仁雖然包含著道德直覺和道德情感兩種內涵，但孔子並沒有說道德直覺就是良知之心，也沒有直接說仁就是性。仁是性就是仁內化爲仁性，亦即良知之心與道德情感內化爲天命之性，成爲道德的本體。儒學內化是由思孟學派逐步完成的。七十子之學是其先聲，《性自命出》、《五行》以及《大學》、《中庸》等文獻都在不同程度對心和情進行了內化。《中庸》通過「仁者人也」將仁內化爲天命之性。但《中庸》論性不論心，它只是完成了仁之道德情感方面的內化，其最終結果就是上面所說的「情體」。仁之良知之心方面的內化，是由孟子來完成的。孟子以四端之情論心性，惻隱、羞惡、恭敬、是非之心是仁義禮智之性，四端之情是道德情感，同時也是良知之心，心性情爲一。這就完成了儒學的內化。儒學內化的完整結構是心性情爲一，心體即性體即情體，同爲道德的本體。在這個結構中，性是天命之性，心是良知之心，情是道德情感；性是內在的道德法則，心是內在的道德直覺，情是內在的道德動力。心是知，負責對道德法則的覺知；情是行，負責道德法則的流行。用一個比喻來說，心是性之目，情是性之足，性無目則盲，性無情則止，心性情三者渾然爲一，共同促成道德實踐，缺少一個，都可能造成理論上的巨大麻煩。由此也可以看出，儒家內聖之學是「心性之學」的提法是不完整的，確切地說，儒家內聖之學應該是「心性情之學」。

最後是宋明的「心學」兩派。孔子心性之學包括「心學」和「情學」兩個部分。宋明理學只是對孔子之「心學」的發展，朱子是孔子「心學」之認知派，陸王是孔子「心學」之良知派。孔子之「情學」則隱而不彰，在一定程度上甚至可以說是失傳了。

這層意思我是從陽明與孟子之間的差異中悟出來的。一般認爲，朱子是理學，陸王是心學；而現代新儒家又認爲，陸王是孟子學，朱子不是孟子學。在悟透上面兩層意思之後，我最初也是根據這種一般性觀點來閱讀朱子和陸王的。在朱子和象山那裏，我還沒有發現太大的問題。但當我在閱讀陽明的材料時，突然感到我的想法順不下去了。那段時間我很是鬱悶：這是我上面兩點感悟出了問題？還是人們的一般觀點有問題，陸王不是孟子學？前者是很要命的，這意味著我前面兩點感悟和思考都將付諸東流。後者也是很嚴重的，這逼迫我必須給出恰當的解釋，但我懷疑以我的能力在有限的時間內能否解答這個問題。最後，還是自我的承諾起了作用，我決定愼重思考這個問題。二〇〇九年的整個春節，我都是在復旦大學理科圖書館二樓的小自修室裏度過的，陪伴我的就是這兩個疑問。由於是寒假，自修室裏每天只有三五個學生，裏面又有空調，氛圍甚是溫馨。我重新閱讀和梳理了關於朱子和陸王的讀書筆記，反覆比照，歸納分類，最終發現，朱子和陸王其實都屬孔子之「心學」，朱子之學是孟荀之綜合，是「心學」之認知派，陸王之學是思孟之一支，是「心學」之良知派。

在孔子的「心學」中，心有兩種功能：一是良知，一是認知；孔子的「情學」中，人有兩種情感：一是道德情感，一是感性情感。思孟學派是孔子思想的內化一脈。到了孟子，良知之心與道德情感完全內化於天命之性，心性情爲一。心是直覺原則，負責知；情是動力原則，負責行。荀子走的則是外化路線，心是道德的認知之心，情是感性情感。荀子以感性情感論性，以情惡論性惡，其最後的義理結構必定是心治性情。到了宋明，儒學基本上是圍繞著心來發展的，宋明理學總體上只是一種「心學」。在這方面，張横渠做出了巨大的貢獻，他區分出了心之兩種功能，即德性之知與聞見之知。德性之知即良知，聞見之知即認知。從此以後，宋明理學基本上就是沿著這兩條線往前發展的。二程兄弟本來都頗有孔子思孟氣象，但「後來明道此意卻存，伊川已失此意」（陸象山語）。二程的分歧就在於伊川逐漸走的是認知心的路數，情意大減，而明道始終是一本，是心性情合一，故能圓融依舊。可惜的是，明道之學少有人接得上，直到明末劉蕺山。

從朱子、陸王的義理性格來看，朱子顯然是「心學」之認知派，陸王顯然是「心學」之良知派。朱子是孟荀學說之綜合。朱子之性是思孟的天命之性，情是感性情感，心是認知之心。朱子學之上半截是孟學，下半截是荀學，其義理結構是性情二分、心統性情，心、情與性不是同一的關係。性中無情亦無心，最後必然會出現性體無力、理不能動的理論問題。

陸王之學是思孟學脈之一支。思孟學派的完整結構是心性情爲一，陸王之學只是其良知之心那一支，對道德情感尤其是道德情感的動力作用重視不夠。象山之學重易簡，輕分析，走的是非分解的路數，其內在問題尚不明朗。

到了陽明，陸王之學的特色和問題同時突出來了。陽明學承象山提出「心即理」，心是良知之心，理是天命之性，心與性爲一，這是其爲孟子學之處。陽明又獨創出知行合一，知是良知。良知之心無善無惡卻知善知惡，無動無靜卻能動能靜。所以良知良能，知之必行，順從良知，發皆中節。這是王學的特色所在。但陽明所說知行合一之行是心理行爲，而不完全是實實在在的物理行爲。心理行爲與良知是合一的，但物理行爲與良知不一定就是合一的。最簡單的例證就是「好心辦壞事」和「好心不辦事」。「好心辦壞事」的例子說明，光有良知之心還不行，還必須有認知之心，甚至是非道德的認知之心。良知之心知是知非，但對溫清定省等自然現象的分析判斷卻是認知之心。就現實的道德行爲來說，對溫清定省等自然現象的認知也是必要的，否則就可能會造成好心辦壞事。陽明過分相信良知的威力，時時表現出以良知覆蓋認知的傾向。「好心不辦事」的例子說明，光有良知之心還不必能行，還必須有道德情感。心只是道德的直覺，不是道德的動力，道德情感才是促成道德行爲和道德實踐的內在動力。僅僅是直覺到內在的道德法則，並不能直接轉化爲實際的道德行動，使這種道德直覺轉化爲實際行動的內在動力是道德情感，當然感性情感也起到一種助緣作用。

陽明既屬孟子學之一支，必然暗含著心性情爲一，所以對道德情感和感性情感的作用及其區分有一定的涉及。但陽明過分強調良知的能動作用，致使他對兩種情感的區分不夠明朗，尤其是對道德情感的動力作用重視不夠。這樣一來，在陽明的知行理論中，從知到行就缺少一個內在的動力環節。朱子曾斥象山之學「兩頭明中間暗」。「兩頭」就是知與行兩頭，「中間」就是從知到行之間。陸王對知行兩頭看得很清楚，這就是「兩頭明」；但陸王對從知到行的動力因素認識不清，混沌一片，這就是「中間暗」。以良知覆蓋認知和兩種情感區分不明、道德情感認識不夠是陽明之學的兩大弱點，最終造成王學末流弊端不斷。以良知覆蓋認知導致了王學末流的玄虛而蕩，道德情感與感性情感區分不清和道德情感的動力作用認識不明導致了王學末流的情識而肆。明末劉蕺山以意念之辨區分兩種情感，以心意之辨打合心性情，最後提出「心之性情」，就是爲了剋治王學這兩個方面的流弊，並在客觀上復歸了思孟學派心性情爲一的義理結構。

宋明理學之所以會出現這種重心性而輕情感現象，有兩個方面的原因。第一是漢唐以來佛老的影響。漢代重道，而道家主張「性其情」，重性輕情。

唐代重佛，而佛教的基本義理是滅情。而且佛老二氏還有一個相同的特點就是特重心。宋明理學是迎接佛老二氏的形上挑戰而發展出來的，相應地也必然會重心性而輕情感。第二是儒家早期文獻的失傳。孔子之後七十子之學有很多文獻是相當重視情感問題的，這從《性自命出》、《五行》等出土簡帛文獻可以看出來。但是這些文獻都一度失傳，宋明哲人根本無緣得見。假使這些文獻能夠早上一千多年重見天日，宋明諸子的整體論調也許不會是那個樣子。今日，儒學雖然仍面臨著許多「敵人」，雖然仍有許多文獻埋沒地下，但我們畢竟得到了很多機會和資源。我們有理由呼喚思孟學派重新振作和回歸，高挑心性情爲一之宗旨。同時也重視認知之心的必要作用和感性情感的正面意義，開拓出「新思孟學派」。

人們常說，儒學是生命的學問。做生命的學問，當然要付出很大代價，有時甚至要付出生命的代價。陸象山說「這裏是刀鋸鼎鑊底學問」，大概指的就是這個意思。回想當初，我通過努力取得了讀書的機會，能夠做生命的學問，可以思考儒學中的這些問題，但同時也置自己於生命中頗爲困頓的境地。

我幼時家貧，啓蒙很晚，近十歲才進校讀書，加以資質平平，晚跑一步，便步步跟不上趟兒，直到現在，仍然是氣喘吁吁地追著別人跑。屋漏偏逢連陰雨，衣單還遇寒凍天。大學畢業後，爲了緩解經濟上的一時之困，我竟天眞地「攜筆從戎」，落入了軍營，而且一呆就是八九年。據說，軍營是個好地方。可我冥頑不靈，不會享受那裏的好山好水。那裏的人們又常說，軍隊是個大熔爐。從那裏鍛造出來的理應是活蹦亂跳的鋼球鐵珠。可我生性喜靜，只求一門心思讀兩三本自己喜歡的書，平心靜氣想一兩個有意義的理兒。兩相錯節，兩受傷害，既浪費了公家白花花的軍餉，也把一個人最具創造力、最有興發力的年華給揮霍掉了。人的直覺有時是非常準確的。進入軍營的第二天，我就直覺到自己不是道中人。從那時起就暗自下定決心，有朝一日走出去讀自己喜歡的書。

可是，當我眞正接到博士生入學通知書時，擺在我面前的卻是一個兩難選擇：要麼老老實實繼續呆在軍營裏，任憑自己的有限生命慢慢蒸發掉；要麼不惜一切代價走出軍營，做一點兒生命的學問。前一種選擇是我所極不願意的。按照王陽明的話說：「吾焉能以有限精神爲無用之虛文也！」說來巧合，陽明說這話的時候三十一歲，那一年我也三十一歲。我後來甚至瞎聯想，老天是否有意在考驗我的決斷力。後一種選擇是我所急切渴望的。按照陸象山的話說：「收拾精神，自做主宰。」對於當時的我來說，在兩者之間做出選擇是一件極其困難的事兒。如果選擇了前者，我就可能選擇了衣食無憂，如果我選擇了後者，我肯定是選擇了幾年困頓——幾年的全部經歷將一筆勾銷，未來的一切發展要從頭開始，今後幾年的經濟來源也將從此斷絕。我必須在兩者之間選擇其一，這裏沒有一般人所謂的「中庸之道」。成家而沒有立業的人，對此又不能不特別慎重。爲了做好這個選擇，做好這個決斷，我不得不自我「流放」，跑到一個深山溝裏蝸了一個多月。在那一個多月裏，除了山坡上的樹是綠的，小溪裏的水是清的，身邊的一切都是灰色的。在那一個多月裏，我就思考一個問題：走，還是留？這眞有點兒哈姆雷特的難題。最後，我選擇了走。我重新攜帶上自己的幾十箱書，走出了深山，走出了軍營，也走出了身邊的重重灰色。當然，我也很清楚，我隨身攜帶的還有一家三口卻毫無經濟來源的幾年困頓。

促動我做出那次選擇的，可能就是對自己曾經的一個承諾：眞正對得起自己，對得起眞正的自己。現在回過頭來看，發現那個選擇還眞是選對了。在論文創作過程中，的確邂逅了許多辛酸，遭遇到幾多苦楚，但每當獲得一點生命的感悟，受到一些精神的觸發，又眞切體驗到求仁得仁的無比快樂。這眞是：

玩心於性情，此心難明；寄情於心性，其樂無窮。又何怨？

章節提要

一、中庸的內外根據與三重境界

（1）關鍵詞：禮、無過不及、感性情感、學習認知。中庸之道的外在形式是無過不及，無過不及的判斷標準和外在準則是禮。中庸之道就是合乎禮的無過不及行爲。過與不及是由感性情感的過分膨脹引起的，要達到中庸之道，就需要發揮禮對感性情感的規約作用。禮隨時變化，具有以時爲大的特點。需要不斷加強對禮的學習和認知。總之，禮是中庸的外在根據。

（2）關鍵詞：仁、無適無莫、道德直覺、道德情感。中庸之道的內在形式是無適無莫。無適無莫即義之與比，義就是仁。仁的本質內涵有兩個：一是道德直覺，一是道德情感。道德直覺是對內在道德法則的直接感知和當下判斷，道德情感具有強大的道德實踐力。一旦直覺到內在的道德法則，道德情感同時發揮其巨大的行動力，促動人必須付諸實踐，自然無過不及。所以仁是中庸的內在根據。

（3）關鍵詞：無過不及、無適無莫、無可不可。中庸之道有三重境界。第一重境界是無過不及的智者境界，其特徵是時中。第二重境界是無適無莫的仁者境界，其特徵是執中。第三重境界是無可不可的聖人境界，其特徵是無執、無中。第一重境界強調對禮的不斷學知，是動的境界。第二重境界強調對仁的思勉固執，是靜的境界。第三重境界則是不思不慮、上下同流、動靜自入的天地境界。

二、儒學的內化轉向與《中庸》的形上課題

（4）關鍵詞：儒學內化、良知之心與認知之心、道德情感與感性情感。孔子心性之學有兩個部分：一是「心學」，一是「情學」。心有兩種功能，即良知與認知。人有兩種情感，即道德情感與感性情感。從中庸的兩個根據可以知道，中庸的外在根據其實就是認知之心對感性情感的規約和培養，中庸的內在根據其實就是良知之心與道德情感的打合爲一。孔子之後，順著中庸外在根據成就道德的就是儒學的外化轉向，這就是荀子之學所代表的方向；順著中庸的內在根據成就道德的就是儒學的內化轉向，這就是思孟學派所代表的方向。《中庸》屬於儒學內化的早期作品，它完成了道德情感的內化，良知之心的內化是由孟子完成的。

（5）關鍵詞：孔子仁學的形上缺憾、人類的形上本能、《中庸》的形上課題。孔子提出仁是中庸之道的內在根據，這是孔子的一大創舉。但孔子仁學有兩個形上缺憾：一是沒有明白說出仁到底有什麼本質內涵，沒有直接說出仁就是人之所以爲人之本質規定性；二是沒有明確交待仁到底是從哪裏來的。這兩個問題就是儒學內化過程中的兩個形上課題：第一，將仁與性打並爲一，建立道德的本體；第二，將仁性上掛於天，尋找道德的終極根源。人類有一種普遍的形上本能，一定要對這兩個課題究根問底。《中庸》承擔了這兩個課題。《中庸》通過「仁者人也」將仁之情感內容與性打合爲一，部分解決了第一個課題；通過「天命之謂性」將仁性上掛於天，徹底解決了第二個課題。

三、《中庸》的第一個形上課題：道德本體之初證

（6）關鍵詞：道德本體、道德實踐、性、中、仁、誠。道德本體是道德實踐所以可能的內在本體和形上根據。從實踐上說，國家可均、爵祿可辭、白刃可蹈等道德行爲是人人都能夠做到的，這就證明這些道德行爲有一個形上根據，這個根據內在於每一個人，成爲人們道德實踐的內在本體。從邏輯上說，以上推證就是「所以行之者一也」。「行」是道德實踐。「一」是「行」之所以能行的形上根據，它具有唯一性、絕對性、先驗性和普遍性。所以「一」就是道德的本體。具體地說，「一」指的就是性、中、仁和誠。性、中、仁、誠四者名異實同，都是道德本體。

（7）關鍵詞：中、中和、中庸、無過不及、不偏不倚。《中庸》之「中」

有兩種用法：一是中和之中，二是中庸之中。中和是就性情問題而言的，中庸是就事理問題而言的。《中庸》之「中」有兩層涵義，一是無過不及，二是不偏不倚。無過不及是時中，不偏不倚是執中。無論是中和之中還是中庸之中，無論是無過不及之時中，還是不偏不倚之執中，都是同一個中，就是道德本體。不過，中只是對性之形式描狀，只是道德本體之形式表示。

（8）關鍵詞：仁、仁者人也、誠、誠者天之道。仁和誠是性即道德本體的實質內容。仁者人也，仁是人之所以爲人的本體規定性，仁與性打合爲一，是爲仁性，也就是道德本體。仁是人道。仁最初體現於親親之愛，表現爲生生之機和生生之意。由此而往，溥博淵泉，體物不遺。仁是從人推出去，是從主觀方面來說的性，所以仁是道德本體的主觀內容。誠是天道。天命之謂性，天命流行，人物稟之以爲性。從動態的過程上說，天命就是天之道，也就是誠。從靜態的內容上說，性的內容就是天命之誠。天命是標誌客觀性的概念，誠是從客觀之天說下來，是從客觀方面來說的性，所以誠是道德本體的客觀內容。

四、《中庸》的第二個形上課題：道德終極根源之極成

（9）關鍵詞：人格天、天命有德、道德終極根源。人格天不能成爲道德的終極根源，有兩個方面的原因。一是歷史的原因。從先秦天論的歷史發展來看，西周末年曾出現過一股疑天、怨天、咒天的疑怨思潮，最終導致了人格天威風掃地。二是理論的原因。人格天觀念自身具有理論上的缺陷。反映人格天與道德之間關係的經典表達是「天命有德」。「天命有德」包括五個方面的含義：第一，天命的主體是人格天；第二，天命的直接內容是政權、禍福而不是道德；第三，政權得失與道德修廢的關係是一種直接關係；第四，敬德保命是沒有普遍性的，只有周王室成員才具有這種機會；第五，天命與道德的關係是一種間接的、外在的、偶然的關係。天命與道德的外在的、間接的、偶然的關係極易被破壞。這兩個方面的因素決定了人格天不能成爲道德的終極根源。

（10）關鍵詞：自然天、生物不測、形上天、生生不已。《中庸》所言之天有三種情況：一是自然天，二是人格天，三是形上天。從根本上說，《中庸》所言之天都是自然天。《中庸》所提到的人格天主要是引用《詩經》。形上天是由自然天轉化而來的。自然天之所以能夠轉化爲形上天，是由自然天生物

不測、生生不已的特性所決定的。自然天生物不測、發育萬物是一個生生不已的無限過程。這種生生不已的無限性一轉就成了標誌超越性、普遍性和必然性的形上天。形上天與道德生命是一種直接的、內在的、必然的關係。所以道德的終極根源是形上天，確切地說是由自然天轉化而來的形上天。

（11）關鍵詞：天命謂性、聖德配天、知人知天、盡性參天。《中庸》通過天命謂性、聖德配天、知人知天和盡性參天等四個步驟，論證了形上天是道德的終極根。天命謂性以定義的形式說天是道德本體的直接根源。天命不再是天命有德的人格天命，而是一種擬人化的形上天命。天命謂性的意思是說，天命與性是一種天然而自然、必然而定然的關係。聖德配天是通過聖人之德與天地之德的統一性來論證天人合一。聖人之德純亦不已，天地之德生生不已，不已就是無限性，無限性只能有一，於是聖德天德合而爲一。知人即知仁，知仁必須知天，這是由儒學的內化發展和人類的形上本能所決定的。人之所以能知仁知天，就在於天與仁性之間有內在的統一性。正因爲天人之間的這種統一性，人必須盡其性而讚助天命之流行。當然，《中庸》的這些論證是「武斷的」，只有道德意義，而少有邏輯意義。

（12）關鍵詞：周人農業生活、自然天、情感投射、形上天。自然天轉化爲形上天成爲道德的終極根源，有兩個方面的因素：一是上古周人的農業生活與自然天的特殊關係，二是自然天的生命情感化爲形上天。周人生活是一種典型的黃土高原農業生活。在這種生活環境中，自然天與生活、生命的關係極其密切，極易引起人們對自然天的無限聯想。於是，周人就以情感投射的方式，把自己的生命情感賦予自然天，生物不測的自然天就轉化爲生生不已的形上天。萬物的生命和人類的道德好像都直接根源於形上天。其實，道德的終極根源並不在天，仍在於人，形上天只不過是情感投射的結果，是生命情感之客觀化。

五、《中庸》的情感形上學

（13）關鍵詞：喜怒哀樂、未發已發、中和、兩種情感。從《中庸》原文來看，未發已發都是針對喜怒哀樂之情而言的，未發是喜怒哀樂之未發，已發是喜怒哀樂之已發。未發指性，已發指情，只是後人的一種引申和發揮。喜怒哀樂之情發而有中節有不中節，從這一點可以知道，喜怒哀樂之情包括兩種情感：一是發而皆中節之情，這就是道德情感；二是發而皆不中節或不皆中節之情，這就是感性情感。

（14）關鍵詞：道德本體、情體、情感形上學。喜怒哀樂之未發謂之中，未發之中發而皆中節，所以中是道德情感。仁體現於親親之愛和孝悌之情，道德情感是仁之本質內涵。誠是實情，是誠實不欺的眞情實感。中、仁、誠都具有道德情感性。性是道德的本體，中是其形式表示，仁和誠分別是其主客觀內容。所以性或道德本體就具有情感性，道德本體同時也是情體。性體與情體爲一，道德情感是道德本體之呈現方式、本質內涵和內在動力。再者，道德終極根源之形成是自然天生命情感化爲形上天的結果。道德情感在《中庸》兩個形上課題中都具有本質的意義。由此來看，《中庸》所建立起來的儒家形上學可以說就是一種情感形上學。

六、《中庸》的至誠工夫

（15）關鍵詞：兩種情感、工夫理據。人有兩種情感，道德情感與天命之性直接同一，感性情感源於人之感性氣質。道德情感發而無不中節，無過無不及，感性情感發而有不中節，有過有不及。兩種情感及其區分就是《中庸》工夫實踐的理據。與兩種情感相應，成就道德就需要兩套工夫。

（16）關鍵詞：先天工夫與後天工夫、致中與致和、戒懼與愼獨、尊德性與道問學。《中庸》的兩套工夫分別是先天工夫和後天工夫。先天工夫是針對道德情感、道德本體所做的實踐工夫，後天工夫是針對感性情感、感性氣質所做的實踐工夫。致中、戒懼、尊德性是針對道德本體所做的工夫，是先天工夫；致和、愼獨、道問學是針對感性氣質所做的工夫，是後天工夫。

（17）關鍵詞：先天工夫的弊端、後天工夫的弊端、中庸所以可能、至誠工夫。單獨強調先天工夫或後天工夫，都有其弊端。先天工夫易產生的弊端有三：一是誤信爲眞，二是不可言傳，三是泥沙俱下。後天工夫易產生的弊端有二：一是變化氣質，永不可能，二是支離繁瑣，得非所求。先天工夫與後天工夫各自弊端將使中庸成爲不可能，成德成聖成爲不可能。其實，兩套工夫是不能分開的，兩者必須貫通。兩套工夫所以能夠貫通，關鍵在於一個「誠」，這就是至誠工夫。誠者與誠之者、自誠明與自明誠、至誠與致曲分別是先天工夫與後天工夫，其間的紐結就是誠。誠作爲工夫，其根本意義有兩點：一是實，無論先天工夫還是後天工夫，都要至純至實；二是久，無論是先天工夫還是後天工夫，都要堅持不懈。至誠工夫的兩個意義合起來說，就是純亦不已。

七、儒學內化的完成與發展

（18）關鍵詞：孟子之心性情爲一、荀子之心治性情。孟學是儒學之內化發展，荀學是儒學之外化發展。孟子區分兩種情感，同樂、悅於仁義、好善好仁等是道德情感，獨樂、悅於利、好貨好色好名好小勇等是感性情感。孟子只以道德情感論良心本心，又以良心本心論天命之性，情善故心善，心善故性善。心性情爲一，同是道德的本體。心是良知之心，性是天命之性，情是道德情感。性是內在的道德法則，心是對道德法則的內在直覺，情是道德法則發用流行的內在動力。良知之心與道德情感完全內化於天命之性。這樣，孟子就完成了儒學的內化。荀子則以欲好論感性情感，以感性情感論性，又以感性情欲之社會後果論惡。社會後果爲惡故情惡，情惡故性惡。性情爲惡，就需要以禮治之，而禮之生成有賴於心之認知功能。荀學的義理結構就是心治性情，心是認知之心，性是感性之性，情是感性情感。

（19）關鍵詞：朱子的「心學」之認知派、陸王的「心學」之良知派。宋明理學將孔子的「心學」推到了頂峰，孔子的「情學」卻隱而不彰。宋明理學兩派都屬孔子之「心學」，朱子是孔子「心學」之認知派，陸王是孔子「心學」之良知派。朱子之學的義理結構是性情二分、心統性情。性是天命之性，情是感性情感，心則是認知之心。本來，道德情感是天命之性流行發用的內在動力。但在朱子之學中，性情分離，性中無情，理成了死理，性成了死性。這就逼迫朱子以認知之心的神運妙用來促成性之發用，這就是心統性情。陸王自稱是孟子嫡傳，其實只是傳承了孟子的良知之學，對思孟學派的道德情感及其動力作用認識不夠。陸王心學與思孟學派的這種微妙分歧在陽明心學中表現得更爲清楚。陽明推尊良知，時時表現出以良知覆蓋認知的傾向，對道德情感的動力作用也認識不夠。前者造成了王學末流的玄虛而蕩，後者造成了王學末流的情識而肆。

（20）關鍵詞：劉蕺山的「心之性情」、意念之辨、心意之辨。蕺山之學是針對王學之兩個流弊而發。陽明后學之所以流弊不斷，其中一點就是對喜怒哀樂之情認識不清，混淆兩種情感，看錯意念之分。蕺山就在這個地方大用其功。首先，蕺山別出心裁，從春夏秋冬之氣「序」來論證喜怒哀樂之情的形上性。序就是規律性，有序之情就是道德情感，無序之情就是感性情感。

序作爲規律性也就是天命之性，所以道德情感與天命之性是同一的。其次，蕺山通過意念之辨區分出道德情感與感性情感，意之情是道德情感，念之情是感性情感。最後，蕺山還通過心意之辨擡高意的地位，意是心之所以爲心者，性亦是心之所以爲心者，意與性是同一的。意念之辨旨在克治情識而肆，心性之辨旨在克治玄虛而蕩。經過意念之辨和心意之辨，蕺山得出了「心之性情」的結論，心是良知之心，性是天命之性，情是道德情感，心性情爲一，從而在一定程度上復歸了思孟學派的義理結構。

八、《中庸》成書的疑點與《中庸》早出的推斷

（21）關鍵詞：《中庸》成書、爭論焦點。北宋以後，《中庸》的作者和成書問題開始受到關注。千百年來，人們對於這一問題一直爭論不斷，最終形成了三派不同的觀點。爭論的焦點主要集中在九個方面：①第廿八章的「三同」問題，②第廿六章的「華嶽」問題，③第二和卅章的「仲尼」問題，④《中庸》的文體文風問題，⑤《中庸》遣詞用句染有秦漢痕迹問題，⑥《中庸》的思想特色與《論語》《孟子》不甚符合問題，⑦秦漢以前無人稱引《中庸》問題，⑧《史記・孔子世家》說子思「困宋作《中庸》」帶來的一些問題，⑨子思作《中庸》的年齡問題。這些問題都是無頭懸案，三派雖然在某一個問題上稍佔優勢，終歸都不能完全說服別人。

（22）關鍵詞：《中庸》早出、義理推斷。從文獻上不能確證《中庸》的作者歸屬和成書時間，人們就轉而從儒學的義理發展上進行推測。從義理上進行推斷，總的問題是《中庸》到底是在孔孟之間還是孔孟之後。一些人認爲，《中庸》承接孔孟思想一路下來，所以《中庸》思想當在孔孟之後。但是根據儒學內化的發展脈絡，《中庸》承擔的哲學課題主要有兩個：一是將孔子「情學」中的道德情感內化爲仁性，二是爲仁性尋找到天這個終極根源。《中庸》沒有完成儒學的內化，只完成了一個部分即道德情感的內化，另一部分即良知之心的內化是由孟子完成的。這可以從天道性命的下貫然後上達的過程、仁與性的打合爲一、仁性實現的逐步自覺等三個方面看出來。所以從義理上看，《中庸》的思想顯然是孔子之後儒學內化的早期作品，應該處於孔孟之間而不是孔孟之後。

導　論　孔子中庸的根據與境界

中庸思想是儒家哲學的命脈所在，中和精神是華夏人文的血脈所繫。儒家對中庸精神有一種清醒而自覺的意識始於孔子。孔子說：「中庸之爲德也，其至矣乎！民鮮久矣。」（《論語》6.29）這是「中庸」一詞最早的文獻記錄。〔註1〕《中庸》第三章引述了孔子的這句話。中庸是至德，德既是德行，也是德性。行是行禮，性是仁性。行禮才能無過不及，守仁即是無適無莫。這就是中庸之道所以可能的兩個根據，禮是其外在根據，仁是其內在根據。與此相關，孔子的中庸思想中包含三重境界，即：無過不及的智者境界、無適無莫的仁者境界和無可不可的聖人境界。孔子中庸的兩個根據、三重境界是儒家中庸之道的完整涵義。明儒劉蕺山說：「孔氏之言道也，約其旨曰『中庸』。」〔註2〕中庸之道在孔子的義理系統中，具有一以貫之的重要地位。探究考察孔子所開創的儒家仁義之道和心性之學，不能不先對其中庸思想有一個全面而準確地瞭解。

〔註 1〕南宋倪正甫（思）說：「堯咨舜曰『允執其中』，舜授禹曰『允執厥中』，仲虺謂湯『建中於民』，孟子曰『湯執中』，文王演《易》以二五爲中，武王訪箕子，箕子陳《洪範》以皇極爲中，《周禮》以五禮坊民僞而教之中，而未有言庸者。孔子始以中對庸言之，其在《易》之《文言》曰：『龍德而正中者也。』繼之曰：『庸言之信，庸行之謹。』然猶分言之也。至《論語》始曰：『中庸之爲德，其至矣乎，民鮮能久矣。』於是，中之與庸，始合爲一。子思之名《中庸》，蓋本諸孔子也。」（轉引自衛湜《禮記集說》卷百二三，《四庫》120/5下～6上）

〔註 2〕劉宗周：《證學雜解》二五，《劉宗周全集》第二冊，杭州：浙江古籍出版社，2007年，第277頁。

第一節　中庸的外在根據

中庸之道的外在形式是無過不及。過與不及的判斷標準和無過不及的倫理準則是禮。禮是中庸的外在根據。

無過不及是中庸之道的外在形式。這一形式最初是從孔子對其兩個門生子張（顓孫師）與子夏（卜商）的評價中引出來的。子貢曾問：「師與商也孰賢？」孔子答曰：「師也過，商也不及。」子貢緊接著又問：「然則師愈與？」孔子最後總結說：「過猶不及。」（《論語》11.16）成語「過猶不及」即源於此。這個成語正面的意思就是「無過無不及」，簡稱即爲「無過不及」。

《論語》記言敘事，由於背景較少，內涵不易參透。陸象山說「《論語》中多有無頭柄的說話」〔註3〕，指的就是這種情況。上面這一章也是如此，熊十力在讀到這一章時就說：「《論語》此處之記者，下筆卻太含糊。孔子於子張決不是籠統說一過字，於子夏亦決不籠統說不及兩字。子張過在甚處？子夏不及在甚處？眞令人無從猜想。」〔註4〕但是如果聯繫到師商兩人的平時表現與孔子所處時代的社會境況，不必「猜想」就可以發現，孔子所說的過與不及主要包含三層意思：

第一，過與不及都是相對於禮而言的，禮是過與不及的判斷標準。在日常語言中，過與不及既可以從事實的意義上來說，也可以從價值的意義來說。前者不涉及道德問題，後者則是一個道德問題。譬如，獨自一個人吃飯，早點晚點只是事實現象，這不涉及道德問題；如果與人有晏約，卻老是晚到，那就不只是一個事實問題了，還涉及一個人的道德問題。孔子所說「師也過，商也不及」是對子貢所問「師與商孰賢」的回答，在這一問一答中，「過」與「不及」是針對「孰賢」來說的。在儒家的觀念中，賢這個詞與小人、君子、聖人等詞一樣是一個價值概念，具有道德意義。所以師商二人的過與不及是一種道德評價而不僅僅是一種事實描述。

進而言之，過與不及是一種道德評價，這一評價主要是針對子張和子夏的行禮情況而言的。根據《論語》的記載，子張的日常言行老是於禮過之。孔子就曾說「師也辟」（《論語》11.18），子張的性格有些孤僻、偏激。這種性格呈露在言行上，就不免會有過激違禮的舉動。最爲明顯的一次就是「諒陰

〔註3〕《陸九淵集》卷三四《語錄》上，北京：中華書局，1980年，第395頁。

〔註4〕熊十力：《乾坤衍》，《熊十力全集》第七卷，武漢：湖北教育出版社，2001年，第391頁。

之問」。子張問：「書云：『高宗諒陰，三年不言。』何謂也？」孔子說：「何必高宗，古之人皆然。君薨，百官總己以聽於冢宰三年。」（《論語》14.40）諒陰是當時人們行喪禮時居喪所住的房子。守孝諒陰，三年不語，這在當時可以說是天下通禮，對當時的人們來說也應該是常識。而子張卻要對此常識之事發問，這顯然是明知故問。子張諒陰之問與宰我短喪之問的目的相同，就是想廢除一些古禮。這對孔子來說是不能容忍的過激行爲。與子張相反，子夏的平時舉止老是於禮不及。子游曾說：「子夏之門人小子，當灑掃應對進退，則可矣，抑末也。本之則無，如之何？」（《論語》19.12）子夏平時施教的內容主要是灑掃、應對、進退，在子游看來，這些都是生活瑣事、細枝末節。爲人處事當然要從小禮細節做起，但僅以此爲限，不免心胸狹滯、氣象不大。所以孔子告誡子夏：「女爲君子儒！無爲小人儒！」（《論語》6.13）勉勵他要器量大一些，這樣才能跟得上禮。過猶不及，不及亦是過，表面上是不違小節，實質上是不及大禮。

從上面的記載來看，子張之過與子夏之不及都是從禮來說的，禮是其過或不及的判斷標準。《禮記》關於子張和子夏的兩處記載也能夠說明這一點。《檀公上》記載，子張與子夏除喪，孔子給他們每人一張琴。子張哀已過，琴成聲，孔子說他「先王製禮，不敢不至焉」；子夏痛未竭，琴無調，孔子說他「先王製禮，而弗敢過也」。子張是「哀不足而禮有餘」，子夏是「禮不足而哀有餘」。子張於禮過之，子夏於禮不足。（《禮記・檀公上》3.59）《仲尼燕居》還記載，孔子與子貢談論子張子夏的過與不及，談話結束之前，子貢越席而對曰：「將何以爲此中者也？」孔子曰：「禮乎禮，夫禮所以制中也」。（《禮記・仲尼燕居》28.2）這就說得很明白了，禮就是中，是過與不及的判斷標準。只有合乎禮的行爲才合乎中庸之道，超過禮的規定或達不到禮的要求，都是不合乎禮，都不是中庸之道。

過與不及都是參照禮來說的，禮是衡量過與不及的標準和準則，是中庸之道所以可能的外在根據。過是指超過了禮的規定，不及是指達不到禮的要求。重視中庸外在根據的人，無不堅持這一點。荀子就曾說：「先王之道，仁之隆也，比中而行之。曷謂中？曰：禮義是也。」（《荀子》8.4）宋儒袁蒙齋也說：「道以禮爲的，禮以中爲的，禮即中也」，「中庸即禮也」〔註 5〕。兩人所說的道指的就是中庸之道。禮就是中，過於禮就是過於中，不及禮就是不

〔註 5〕袁甫：《蒙齋中庸講義》卷四，《四庫》199/610 下、608 上。

及中，過與不及都不是中，只有無過不及才是中。禮既是無過不及的判斷標準，又是維持中庸之道的倫理準則。

第二，在過與不及兩者之間，過更應該加以警惕。過猶不及，不及亦是過，過與不及雖然都不符合中庸之道。但相對而言，過造成的危害更大，所以對於過應保持更大的警惕性。

《論語》談過遠遠多於不及。《論語》談不及只有七次，談過卻有三十多次。過最初只是經過的意思，如「過之，必趨」(《論語》9.10)。後來引申爲超過、勝過，如「由也好勇過我」(《論語》5.7)、「君子恥其言而過其行」(《論語》14.27)。過常常導致錯誤，進而就引申爲過錯，如「赦小過」(《論語》13.2)、「小人之過也必文」(《論語》19.8)。孔子不但大談過，而且認爲人人不免有過。小人有過（《論語》19.8），君子有過（《論語》19.21），像顏子這樣的賢人也有過，只是「不貳過」(《論語》6.3)。孔子也常說自己有過：「丘也幸，苟有過，人必知之。」(《論語》7.31) 到了晚年，孔子還說：「加我數年，五十以學易，可以無大過矣。」(《論語》7.17) 孔子五十歲已經知天命了，仍只能做到無大過。甚至聖人也不能無過，「堯舜其猶病諸」(《論語》6.30)。當然，過是可以改正的，「過則勿憚改」(《論語》1.8、9.25)，「過而不改，是謂過矣」(《論語》15.30)。過而不改，非但是過，簡直就是惡了。如此認眞地討論過的問題，在百家諸子中眞不多見。後來論過說惡幾乎成了儒家哲學的一貫傳統，孫夏峰曾說「但求知過而改，便是孔顏眞血脈」〔註6〕，而之前的劉蕺山更是認爲人「通身都是罪過」，所以自造《人譜》，遍數人過，從而勸人「遷善改過以作聖」〔註7〕。

孔子之所以對過持有極大的警惕性，有其社會現實方面的原因。孔子所處的社會是一個禮崩樂壞、過無不及的社會。民間的過禮行爲愈來愈多。春秋時代，周文疲蔽，許多禮文的確已形同虛設。但是就連這種虛設的形式，很多人也不肯放過，也想連根拔起。孔門弟子就有這樣的人。按照周禮，每月初一，各國都要在祖廟殺一隻活羊以行「告朔」廟祭，然後「聽朔」，回到朝廷聽政。但魯國國君一不親行告朔，二不回朝聽朔，只派人殺羊應付了事。子貢認爲，與其徒留形式，倒不如放棄，這樣也能省下一隻羊。但孔子說：「爾

〔註6〕孫奇逢：《夏峰先生集》卷五《題〈內黃摘要〉後》，《孫奇逢集》(中)，鄭州：中州古籍出版社，2003年，第656頁。

〔註7〕劉宗周：《人譜續篇一》，《劉宗周全集》第二冊，第9頁。

愛其羊，我愛其禮。」（《論語》3.17）禮文雖然只剩下了形式，但仍然比沒有好。宰我曾「晝寢」，大白天跑到內室睡覺。這在當時也於禮不合。所以孔子非常生氣，罵他是「朽木不可雕也，糞土之牆不可杇也」。（《論語》5.10）宰我還曾有短喪之念，想廢減三年之喪。（《論語》17.21）從這些民間小事中可以看出，當時人們的過禮行爲是多麼嚴重。孔門素以禮教，門人弟子尚且如此，其他門派就更不用說了。諸侯國君僭禮行爲更是嚴重。平王東遷，侯國勢重，「禮樂征伐自諸侯出」（《論語》16.2），國君、大夫踐踏禮樂者不一而足。《論語．八佾》記載了很多上層人物的僭禮越規現象。孔子責備管子器小，主要的原因就是管子於禮有過，以天子的規格裝飾門面。（《論語》3.22）季氏「八佾舞於庭」（《論語》3.1），魯國三孫「以雍徹」（《論語》3.2），魯國國君還僭用天子才能舉行的大祭之禘禮，孔子連看都不忍心看：「禘自既灌而往者，吾不欲觀之矣」。（《論語》3.10）有人不懷好意地請教禘祭的理論，孔子只是指了指自己的手掌說：「不知也；知其說者之於天下也，其如示諸斯乎！」（《論語》3.11）

孔子對過如此警惕，還有著更爲深層的生命關懷方面的因素。社會秩序的正常存續和民生心靈的平和安泰緊密相連。中庸之道就是從這種關係中提煉出來的正路大道，禮是中庸之道的外在表徵和倫理準則。奉行中庸之道，於禮無過不及，社會秩序就得以穩健運行，民生心靈就能夠暢適順達。反之，社會就會失序，民生必遭塗炭。試想，當整個社會都是觚不觚（《論語》6.25），都是君不君、臣不臣、父不父、子不子的時候，哪個有血有肉的人不會發出「雖有粟，吾得而食諸」（《論語》12.11）的感憤之歎？

第三，過的內在根源是感性情感的過度發展和過度膨脹，需要以禮治情。人生來都有好利惡害、求富厭貧等欲望情意。這些情欲是人類基本的感性需要，是一種必需的感性衝動，可以統稱爲感性情感。感性情感本來無所謂過與不及，也無所謂是非善惡。但是感性情感容易導致過的行爲，「七情所感，多只是過，少不及者」。〔註 8〕感性情感過度發展，過度膨脹，就可能會轉化爲私欲私意，由之引動的行爲就於禮過之，偏離中庸之道。

感性情感的過度發展和過度膨脹常常表現爲兩種形式：一是私欲，二是私意。私欲是感性情感向外的過度發展。欲望作爲感性情感，如果只是爲了

〔註 8〕王陽明：《傳習錄》上，陳榮捷《王陽明傳習錄詳注集評》，臺北：臺灣學生書局，1983 年，第 44 條。

滿足人的基本需要，並無好壞善惡之分。「富與貴，是人之所欲也」，「貧與賤，是人之所惡也」。(《論語》4.5)欲求富貴、憎惡貧賤都是人們正常的感性情感。但是感性欲望過分發展，逐於物而不肯放，役於物而不能脫，就成了私欲。私欲就不再是自然當然的感性情感了。「見小利」(《論語》13.17)、「喻於利」(《論語》4.16)就是指私欲而言的。私欲橫行，人與人之間就會產生怨恨，社會生活中就會出現爭鬥。這就是孔子所說的「放於利而行，多怨」(《論語》4.12)。王船山對這句話解釋得很到位：「上下相怨，而忘乎分，親戚相怨，而忘乎情，乃至本無夙恨，自可以相安之人，而成乎不可解之忿者，何其多也。」〔註9〕感性情感過度膨脹，人們之間必然會你爭我搶，甚至是你死我活的戰爭。由於私欲過盛，本來可以相處甚安的人也會像仇人一樣怒目相向。對於這一點，荀子看得最爲透徹，他常說「群而無分則爭」(《荀子》10.1)。「分」是禮分。感性情感過度發展成爲私欲，必然爭戰不斷。因之，需要以禮對感性情感進行規約和培養，防止其過度發展、過度膨脹爲私欲。

如果說私欲是感性情感向外的過分流露和透發，那麼私意就是感性情感向精神內部刻意透進的一種自私意念。它從心靈深處促成人們的違禮行爲，干擾人們奉行中庸之道。私意經常表現爲好勝、矜誇、怨恨和貪婪等意念。原憲問：「克、伐、怨、欲不行焉，可以爲仁矣？」孔子說：「可以爲難矣，仁則吾不知也。」(《論語》14.1)克就是好勝心，伐就是誇矜心，怨就是怨恨心，欲就是貪婪心。有克伐怨欲之心，就必有克伐怨欲之念，念念不忘，妄念不斷，求道的正念就被懸擱到一邊。剋制克伐怨欲雖然困難，但還不是最難的。最難剋制、更爲根本的私意是意、必、固、我。(《論語》9.4)意就是妄臆，必就是絕對，固就是固執，我就是獨斷。這四者可以歸結到最後的那個「我」字，自私自利而又唯我獨尊。這個「我」是人的假我。人的假我既是私意的終極根源，又是私意的最後歸宿。克、伐、怨、欲、意、必、固都是從這個「我」汩汩而流出來，又孜孜而收進去。意必固我雖然只是假我，但它切於人的感性欲求，具有很強的吸附力，意志稍不堅定，它就會引動人們做出違禮行爲，無緣中庸之道。所以「子絕四：毋意，毋必，毋固，毋我」。這裏用了一個「絕」字，又連用了四個「毋」字。上古時代，「毋」不同於「不」「無」等一般性否定詞，它與「勿」的意義更接近，具有強烈的禁忌

〔註9〕王夫之：《四書訓義》卷八，《船山全書》第七冊，長沙：嶽麓書社，1990年，第373頁。

色彩。〔註10〕可見，孔子根除意必固我的態度是非常堅決而徹底的。

私欲與私意不太一樣，但又有著內在的聯繫。兩者的區別在於，私欲主要是從外誘來說的，私意主要是從內發而言的。「私欲是耳目鼻口之欲」，「私意是心中發出來要去做底」。〔註11〕私欲使人執著於外在的物質對象，私意使人執著於內在的一己私念。兩者的聯繫可以從其後果和根源兩個方面來說。從其後果來說，它們都具有是強大的發動力，能夠促成一種悖禮行爲，使人偏離中庸之道。從其根源來說，它們都是由感性情感轉化而來的，歸根結底是一種東西。只不過私欲強調的是執著於外在對象，私意強調的是執著於內在假我。明儒鄒聚所嘗說：「人皆知聲色貨利之爲欲，而不知意必固我之欲，殆有甚焉。愚不屑者溺於物，賢知者溺於見，高下不同，其爲欲則一也。」〔註12〕聲色貨利之欲就是私欲，意必固我之欲就是私意，「其爲欲則一」，它們的總根子都是感性情感。

中庸的外在形式是無過不及，中庸的外在根據是禮，中庸就是一種以禮爲中心的平衡狀態。禮就是中，守禮就是無過不及，個人舉止得體，人際關係相安，社會秩序和洽，就是合乎中庸之道。過與不及則偏離中庸之道。禮是中庸成爲可能的外在根據，既是過與不及的判斷標準，又是其倫理準則。所以禮扮演著雙重角色，既是維護對象，又是維護手段。感性情感過度膨脹發展爲私欲私意，最終會引發違禮過中的行爲和現象。這時就需要修禮作樂，「以治人之情」（《禮記・禮運》9.3），「克己復禮」（《論語》12.1），防止或制止偏離中庸之道的行爲和現象。

禮於中庸之道有如此重要的意義，這需要對禮的特點作進一步的認識。

〔註10〕《說文》曰：「毋，止之也。從女，有奸之者。」《大學》曰：「所謂誠其意者：毋自欺也。」朱子注云：「毋者，禁止之辭。」（《大學章句》，《四書章句集注》，北京：中華書局，1983年，第7頁）有人認爲，「毋同母，是用作制止亂倫行爲的禁詞，源自原始的『塔布』即禁忌的『負巫術』意識。故毋作禁詞時語氣強硬，是具有強制命令性的否定詞，猶今言『不准！』『不許！』與勿、弗、不等的否定是不同的。」（周清泉：《文字考古》「釋毋是『令勿奸女』的禁詞」，成都：四川人民出版社，2003年，第474頁）但勿與毋一樣，禁止的意味也非常濃。「非禮勿視，非禮勿聽，非禮勿言，非禮勿動」（《論語》12.1），程伊川釋曰：「勿者禁止之辭，才說弗字便不得也。」（《程氏遺書》卷十八，《二程集》，北京：中華書局，2004年，第202頁）勿與毋一樣，都是用來表達禁止的詞語，具有禁忌色彩。

〔註11〕朱熹：《朱子語類》卷六四，《朱子全書》16/2133。

〔註12〕鄒德涵：《鄒聚所先生文集》卷二《無欲説》，《四庫存目》集157/298下。

概括說來，禮有兩個特點：一是繁。古代中國，繁文縟節，不可勝數。「禮儀三百，威儀三千」（《中庸》），「禮有大，有小，有顯，有微。大者不可損，小者不可益，顯者不可掩，微者不可大也。故經禮三百，曲禮三千」（《禮記．禮器》10.18）。如此一來，即使皓首窮經，韋編三絕，也未必能將所有禮節盡數掌握。所以像孔子這樣最懂禮之人，「入太廟，每事問」（《論語》3.15），還有他不知道的禮節，還要向具體之人詢問。

二是變。古代禮儀，因地而宜，因時而變。儒家向來有禮以時變的說法。儒家認爲，禮的一個來源是天，體現著天地尊卑之序，「禮者，天地之序也」（《禮記．樂記》19.13）。但天道生生不息、運行不已，這就是《尚書．大禹謨》所謂的「時乃天道」。禮是天地之序的體現，當然也必須「合於天時」（《禮記．禮器》10.3），「與時偕行」（《易傳》）。所以禮的一個很大特徵就是時變，用《禮記》一句很精練的話說就是「禮，時爲大」（《禮記．禮器》10.4）。禮以時變這一特點，孔子是非常清楚的。「殷因於夏禮，所損益，可知也；周因於殷禮，所損益，可知也。其或繼周者，雖百世，可知也」（《論語》2.23），三代之禮，因循損益，到了周代，鑒於夏殷，各種禮制才變得更加完善。所以孔子說：「周監於二代，郁郁乎文哉！吾從周。」（《論語》3.14）。孔子還說：「行夏之時，乘殷之輅，服周之冕」（《論語》15.11）。夏時、殷輅、周冕分別代表三代禮制之適於時宜者，治理國家就要根據當時需要，因時因地制宜，選用相應禮制。禮是中庸的外在根據，禮以時爲大，中庸之道的外在形式當然也要隨時而變。奉行中庸之道，追求中庸的平衡狀態，其實就是在變動中尋找不變不動，在不平衡中尋找相對平衡。可見，禮作爲中庸的外在根據具有時空性，呈現出隨時而變的「時中」特徵。禮是無過不及的中心，禮以時變，所以無過不及的中心點也是不斷變化的，這時的中庸就是一種「時中」。

禮的以上兩個特點要求人們必須加強對禮的不斷學習和認知，只有這樣才能知禮、執禮而立於禮。人之有過的原因，一方面固然是私欲私意的存在，另一方面也可能是不知禮不懂禮，跟不上禮的變化。要想做到無過不及，做到時中，首先就要懂禮知禮。孔子非常重視學習和認知。孔子曾以好學稱於時人：「十室之邑，必有忠信如丘者焉，不如丘之好學也。」（《論語》5.28）孔子學習認知的內容最主要的就是禮。《史記．孔子世家》說「孔子以詩書禮樂教」，孔子執教的教材就是詩書禮樂，而詩書樂都包括在禮制之中。孔子到周公廟，事事必問的也是禮。（《論語》3.15）孔子重視對禮的學習和認知與當時的教學制度和教學內容是一致的。清儒淩次仲說：「三代盛王之時，上以禮爲教也，下以禮爲學也」，「禮之外，別無所謂學也」。〔註 13〕錢賓四也有相似的說法：「古人學問，可以一字盡之曰，惟『禮』而已。」還說：「孔子所謂『學』者，亦重在熟諳掌故，明習禮文」，「孔子所以見重於時人者，亦惟在其知禮」。〔註 14〕這都表明，在孔子的學習內容中，禮必然佔有著很大的份量。

禮因時而變，因地而宜，禮的形式是不斷變動的，對禮進行學習和認知的過程當然也就沒有止境。學禮知禮執禮而立於禮，必須「溫故而知新」（《論語》2.11），「學而時習之」（《論語》1.1）。孔子十五志於學（《論語》2.4），五十仍在學（《論語》7.17），晚年還「發憤忘食，樂以忘憂，不知老之將至云爾」（《論語》7.19）。常常學禮，時時習禮，念念守禮，殷殷執禮，才不會有大過，才能奉行中庸之道。「君子博學於文，約之以禮，亦可以弗畔矣夫！」（《論語》6.27、12.15）「其爲人也孝弟，而好犯上者，鮮矣；不好犯上，而好作亂者，未之有也。」（《論語》1.2）博學於文，執守於禮，就不會有犯上作亂的叛逆過激行爲。

如此看來，禮難守，中庸難得，無過不及難以做到，其中一個重要原因就是對禮的學習和認知是沒有窮盡的，一般人很難堅持長久。孔子慨歎「中庸至德，民鮮能久」，可能就包含「一般人難以堅持終身學習的勁頭」這層意思。堅持學習且學有所成的人，常被稱之爲智者。《禮記》說「識禮樂之文者能述……述者之謂明」（《禮記・禮器》19.12）。明即明智。述者即智者，即在禮樂的學習和認知上有所成就的人。禮樂的形式常變不居，智者的學習也就常動不已。孔子說「知者樂水」、「知者動」（《論語》6.23），用「動」來規定智者的內在品格，原因也正在此。中庸難得，時中難成，必須有大智慧大頭腦不可。舜「好問而好察邇言，隱惡而揚善，執其兩端，用其中於民」，孔子就稱歎他是「大知」。（《中庸》第六章）執兩用中就是無過不及，就是時中，舜這樣的人當然配得上大智。〔註 15〕

〔註 13〕淩廷堪：《校禮堂文集》卷四《復禮》上，北京：中華書局，1998 年，第 28、27 頁。

〔註 14〕錢穆：《國學概論》，《錢賓四先生全集》第一冊，臺北：聯經出版公司，1998 年，第 25、42、43 頁。

〔註 15〕宋儒游符發（桂）說：「『學不厭，智也』，『好問』則所謂『學不厭』也，所以要而言之，孔子中庸的外在形式是無過不及，禮是中庸的外在根據。對於這一結論，有四點需要注意：第一，禮以時爲大，無過不及是時中，隨時而中。第二，過猶不及，不及亦過，過或不及是感性情感的過度發展導致的。第三，禮是過與不及的判斷標準和無過不及的倫理準則，是中庸成爲可能的外在根據。禮具有雙重身份，既是中庸之道的維護對象，又是中庸之道的維護手段。第四，禮以治情，要不斷進行禮的學習和認知，學習和認知在成就道德的過程中，發揮著重要作用，具有必要性。

第二節　中庸的內在根據

中庸之道的內在形式是無適無莫，無適無莫就是義之與比，義就是仁。仁是中庸之道所以可能的內在法則和內在根據。

無適無莫是中庸之道的內在形式。中庸的內在形式最早見於《論語・里仁》第十章：「子曰：君子之於天下也，無適也，無莫也，義之與比。」（《論語》4.10）關於無適無莫，歷來有很多不同的說法。〔註 16〕鄭玄等人認爲，適與敵通，適即是仇敵的敵；莫與慕音同，莫即是貪慕的慕。於是無適無莫的意思就是說，沒有好惡憎慕。邢昺等人則認爲，適是厚遇之厚，莫是薄待之薄。那麼無適無莫的意思就是說，沒有遠近親疏。宋儒多主張，適是有所專主、執著，莫是無所專主、不執著。無適無莫的意思就是無心而行，無可無不可。〔註 17〕無論哪種說法，有一點是公認的：適或莫都是有所偏倚，都不合乎中庸之道，無適無莫才是中庸之道。

「無適無莫」是否定地說，「義之與比」是肯定地說。無適無莫是以否定的形式對中庸所作的一種形式說明，義之與比則是以肯定的形式指出了中庸的實質內容。《中庸》說「義者，宜也」，義是合宜性的內在原則，是中庸之道內在法則和內在根據。此時，「義有似乎中」，只不過「義是道德方面底中」。〔註 18〕說得更明確些，義就是仁，內在的道德法則其實就是仁。關於仁與義的關係，在這裏需要做一個說明。我們知道，在孔子那裏，義作爲合宜性的

爲『大知』以此。」（轉引自衛湜《禮記集說》卷百二五，《四庫》120/72 上）

〔註 16〕關於「無適無莫」的多種理解，可參閱翟奎鳳《〈論語〉「無適無莫」三種歷史詮釋之考察》，《孔子研究》2008 年第 3 期。

〔註 17〕參見程樹德《論語集釋》，北京：中華書局，1990 年，第 248～249 頁。

〔註 18〕馮友蘭：《新原道》，上海：商務印書館，民國三十五年，第 12 頁。

原則有兩種意義，既可以是外在的行為準則，也可以是內在的道德法則。當義是外在的行為準則時，義相當於禮。「君子有勇而無義為亂，小人有勇而無義為盜」（《論語》17.23），「恭而無禮則勞，慎而無禮則葸，勇而無禮則亂，直而無禮則絞」（《論語》8.2），在這些章節，義與禮的意思相同，都是一種外在的行為準則。「信近於義，言可復也。恭近於禮，遠恥辱也」（《論語》1.13），「不仕無義。長幼之節，不可廢也；君臣之義，如之何其廢之？欲潔其身，而亂大倫。君子之仕也，行其義也」（《論語》18.7），這些地方的義也都是禮的意思。明儒薛敬軒說：「『時中』似『義』字。」〔註 19〕這個義字就是禮字，是中庸的外在根據。當義是內在的道德法則時，義就是仁。「義以為質，禮以行之」（《論語》15.18），「夫達也者，質直而好義，察言而觀色，慮以下人。在邦必達，在家必達。夫聞也者，色取仁而行違，居之不疑。在邦必聞，在家必聞」（《論語》12.20），「見利思義」（《論語》14.12）、「義然後取」（《論語》14.13）、「見得思義」（《論語》16.10）。這些地方的義都是從內在的道德法則來說的。義是內在的質，禮是外在的文。內在的質也就是仁。總之，義字有內外兩層涵義。〔註 20〕當義字取第一層涵義時，義之與比就是禮之與比，這是從中庸的外在根據來說的；當義取第二層涵義時，義之與比就是仁之與比，這是從中庸的內在根據來說的。

在中庸的外在形式與外在根據之間存在一個緊張。中庸的外在形式是無過不及，中庸的外在根據是禮。無過不及是中庸之道，過與不及都不是中庸之道。過與不及是由於感性情感過度發展為私欲和私意而引起的違禮行為。要使行為達到無過不及的時中，就必須用禮陶冶人的性情，規約人的行為，使之合於禮。在這裏，禮作為中庸的外在根據，具有雙重身份，既是維護對象，又是維護手段。一方面，只有守禮執禮，才能無過不及，另一方面，必須學禮知禮，才能以禮治情。這種雙重身份、雙重角色，使禮處於一種尷尬的地位。學禮知禮，意味著禮是外在的，不是人所固有的，而感性情感是與

〔註 19〕薛瑄：《讀書錄》卷一，《薛瑄全集》，太原：山西人民出版社，1990 年，第 1034 頁。

〔註 20〕關於《論語》中的義字，蔡仁厚曾有過詳細的考察。他認為，《論語》的義字大致有正當、合理、合宜、理義、道理、正當責任等涵義。這些涵義可以概括為兩點：「一、義有定然性、不變性，是『理』之應然與必然。二、義亦有時宜性、適應性，是『事』之所宜為、所當為。」（《孔孟荀哲學》，臺北：臺灣學生書局，1984 年，第 121～122 頁）其實，義的前一個涵義即仁，後一個涵義即禮。

生俱來的。一味地以外在的禮來規訓天然的性情，就會產生一種反動，從而引起更大的感性衝動沖決禮的約束。這時就需要更加威猛的禮來強制感性情感。以禮治情，情衝破禮，再以更猛的禮治情，再產生更強的反動。如此一來，無窮循環。這就是中庸的外在形式和外在根據之間的緊張關係。這個緊張有時甚至需要引法入禮來解決，最終禮樂將變爲嚴刑酷法。禮而非禮，結果就是《中庸》所說的「中庸不可能也」。

中庸外在形式與外在根據之間的緊張關係，意味著禮不是道德實踐的終極根據，不是無過不及的終極根據，不是中庸之道的終極根據。要解決這個緊張關係，就必須找到一個更爲根本的原則作爲道德實踐所以可能的根據。孔子的偉大之處，就在於找到了一個內在原則，找到了一個終極根據，從而斬斷了禮與感性情感之間治與被治的無窮循環，使中庸之道成爲現實的和可能的。這個內在的終極根據就是仁。孔子說：「禮云禮云，玉帛云乎哉？樂云樂云，鐘鼓云乎哉？」（《論語》17.11）「人而不仁，如禮何？人而不仁，如樂何？」（《論語》3.3）禮樂並非只是玉帛鐘鼓等禮器，而禮器僅僅是一些象徵，它們應該有更深層的內涵。這種深層內涵就是仁。如果沒有仁，禮樂根本不成其爲禮樂，也不可能對感性情感有一種根本的規約。所以孔子除了講中庸的外在根據，還要講中庸的內在根據。仁就是這個內在根據，而且是一個終極根據。

仁能夠成爲中庸的終極根據，是由仁的本質內涵所決定的。但是對於仁，孔子本人沒有一個固定的解釋，歷來也很少有人說得清楚。根據我的理解，仁在本質上包括兩個方面的內涵。

仁之第一個方面的內涵是道德直覺，仁是可以直接覺知的，是可以當下認取的。仁不同於禮，仁是人人內具的道德法則。只要肯於反思，樂於內省，每個人都可以當下直覺到，都能夠當下求得仁。

仁是內在於己的，可以自己把握、反身求取。孔子常說「爲仁由己」（《論語》12.1）、「求仁而得仁」（《論語》7.15）、「欲仁而得仁」（《論語》20.2）、「仁遠乎哉？我欲仁，斯仁至矣」（《論語》7.30）。仁完全內在於每一個人，完全可以由自己來把握，由自己來決定。有仁而不求，不能夠成德，責任在己，不在別人。《中庸》曾以一個比喻非常恰當地說明了這一點：「射有似乎君子。失諸正鵠，反求諸其身」。君子求仁成德，就像射箭一樣，射不中靶心，只能回過頭從自身找原因，不能埋怨標靶太遠。所以孔子經常告誡人們說：「君子

求諸己，小人求諸人。」（《論語》15.21）

仁既然內在於己，是一種內在的道德法則，就不需要孜孜求諸外，只需要求諸內。求諸內的方法非常簡單，這就是內省自訟。孔子說：「見賢思齊焉，見不賢而內自省也」（《論語》4.17），「觀過，斯知仁矣」（《論語》4.7），「內省不疚」（《論語》12.4），「見其過而內自訟者」（《論語》5.27）。《中庸》也說：「故君子內省不疚，無惡於志」。反身自求的是內在於己的仁，內省自訟的是引起過與不及的總根子。反身自求是從正面肯定地說，內省自訟是從反面否定地說。所以反身自求其實就是義之與比，內省自訟其實就是無適無莫。「知仁」、「見賢思齊」、「見其過」、「無惡於志」就是反身自求，就是義之與比；「觀過」、「見不賢而內自省」、「內省不疚」、「內自訟」就是內省自訟，就是無適無莫。兩者是一而二、二而一的關係，都是對內在的仁的直覺認取。

內省自訟是一種道德的直覺，這種直覺意識，用一個字表示就是「思」。《論語》中思字二十五見，除去用於人名「原思」（《論語》6.5），其餘二十四個思歸納起來有三個特徵：首先，思是指反思，是一種直覺的認取活動。這一點從思與學的對比關係中最易看出。孔子說「學而不思則罔，思而不學則殆」（《論語》2.15），「吾嘗終日不食，終夜不寢，以思，無益，不如學也」（《論語》15.31）。學主要是向外的認知活動，思主要是向內的直覺活動。其次，思的對象是內在的仁。學習是學於外，學的對象是外在的禮。反思就是內省，反思的對象主要是內在的仁義。「見利思義」（《論語》14.12），「君子有九思：視思明，聽思聰，色思溫，貌思恭，言思忠，事思敬，疑思問，忿思難，見得思義」（《論語》16.10），「士見危致命，見得思義，祭思敬，喪思哀，其可已矣」（《論語》19.1）。這三處都有「思義」一詞，義即仁義，是思的對象。思的另外幾個對象如溫、恭、忠、敬、哀、難，都是仁的表現，或與仁有著密切的關係。即使明、聰、問三者，也具有內在性。「九思養之於內，非求於外也」〔註21〕，明、聰、問也是向內說的，不完全是向外說的。視、聽、言、貌、思「五事以思爲主，故『思曰睿，睿作聖』。則德以思而後成也」〔註22〕，明、聰、問是從內在德性來說的。這些內在德性也是思的對象。最後，思具有直接、簡約的特點。仁是人所固有的，不假外求，反身以思，當下可得。「未之思也，夫何遠之有？」（《論語》9.31）「博學而篤志，切問而近思，仁在其

〔註21〕范淳夫語。引自朱熹編《論語精義》卷八下，《朱子全書》7/558。

〔註22〕楊龜山語。引自方聞一編《大易粹言》卷四一，《四庫》15/448 上。

中矣。」(《論語》19.6)對於成就道德來說，思是最直接的方法，是最簡約的工夫。

仁可以反思而得，仁必定內在於思。仁內在於思，仁必然具有可思性，那麼思也必然內在於仁。所以仁就是思，思就是仁。思仁其實是仁在自思。思是直覺，是自覺的直覺，是仁對自我的道德直覺。道德直覺是仁的一個本質內涵，所以才能求仁得仁，欲仁得仁。這是何等的簡便！何等的直接！仁是道德的自覺直覺，仁與不仁，當然自能覺知、直接覺知。順此往下發展，就是孟子和王陽明的良知良能學說。王陽明說：「義即是良知，曉得良知是個頭腦，方無執著。且如受人饋送，也有今日當受的，他日不當受的。也有今日不當受的，他日當受的。你若執著了今日當受的，便一切受去。執著了今日不當受的，便一切不受去。便是適莫。便不是良知的本體。如何喚得做義？」〔註 23〕這就把問題挑得很明瞭，無適無莫、義之與比的義就是良知，良知就是仁。良知是道德的直覺，自然會知，自然知是知非、知善知惡、知仁不仁，這是仁的本質內涵。

仁是內在的，不需要向外競馳逐求；道德直覺是仁的本質內涵，通過內省反思就可以直接覺知何者爲仁，何者不仁，何者合乎中庸之道，何者偏離中庸之道。內省反思自覺到自己內在的仁以後，只需要按照仁的要求行動，就是無過不及的道德行爲，自然成就道德實踐，自然合乎中庸之道。所以仁是成就道德與中庸之道所以可能的內在的和終極的根據。

仁之第二個方面的內涵是道德情感，仁具有強大的道德懲罰力和巨大的道德實踐力。道德情感具有強大的道德實踐力。在具體的倫理情境中，道德情感立即發揮作用，產生巨大的道德動力，催促逼迫人們必須按照仁的要求採取相應的道德行爲。道德情感又具有巨大的道德懲罰力，如果不按照仁的要求採取相應的道德行動，道德情感就會從心靈深處對人的身心實施懲罰，讓人憂心忡忡，心神不寧，寢食不安。

仁之道德情感性最初呈現於孝悌親情，然後充沛爲愛人之情。有子說：「孝弟也者，其爲仁之本與！」(《論語》1.2)孝悌這種道德情感是仁的根本內容和本質內涵。仁作爲一種道德情感，非常豐沛，極其廣大，遮捂不住，掩飾不得。仁最初雖然呈現於孝悌之情，但它必然要布滿全身，施及四方。孝悌之愛豐沛擴充就是普遍的愛人之愛。樊遲問什麼是仁，孔子回答說是愛人就

〔註 23〕《傳習錄》下，第 248 條。

是仁。(《論語》12.22)孔子還說:「宗族稱孝焉,鄉黨稱弟焉」(《論語》13.20),「弟子入則孝,出則弟,謹而信,泛愛眾,而親仁」(《論語》1.6)。孔子還引用《尚書》的話說:「孝乎惟孝,友於兄弟,施於有政。」(《論語》2.21)孝悌之情向大處擴充,及於宗族鄉黨就是「里仁爲美」(《論語》4.1),施於親朋好友就是「以友輔仁」(《論語》12.24)。孝悌之情擴而充之就是「四海之內,皆兄弟也」(《論語》12.5),擴而再充就是「泛愛眾,而親仁」,擴充至極就是「天下歸仁」(《論語》12.1)。

孝悌之情和愛人之愛作爲道德情感是仁的本質內涵,這原本是很明白的意思,可是很多人認識不到這一點。程明道就曾說:「言爲仁之本,非仁之本也。」〔註24〕程伊川進而說:「行仁自孝弟始。蓋孝弟是仁之一事,謂之行仁之本則可,謂之是仁之本則不可。蓋仁是性,孝弟是用也。」〔註25〕後來朱子更是反對以愛訓仁。他們認爲,孝悌只是行仁之始,並非仁的根本內容和本質內涵。因爲孝悌是情,仁是性;性無不善,而情有善惡。所以情不是性,不能說孝悌之情就是仁,更不能說孝悌是仁的根本內容和本質內涵。〔註26〕

這種理解是片面的,沒有看到完整的情,一說到情,肯定就是有善有惡的。其實,情有形式和內容之分,同樣是一種情感形式,卻包括兩種完全不同的情感內容,一是感性情感,二是道德情感。孔子說「爾愛其羊,我愛其禮」(《論語》3.17),「好德如好色」(《論語》9.18、15.13)。愛禮、好德之愛

〔註24〕《程氏遺書》卷十一,《二程集》,第125頁。

〔註25〕《程氏遺書》卷十八,《二程集》,第183頁。程朱之所以說孝悌愛人之情不是仁,有一個重要的客觀原因,即孔孟之間的一些儒家文獻,他們是無法看到的。郭店竹簡說得很精到:「愛親則其施愛人」(《語叢三》簡40),「愛父,其繼愛人,仁也。」(《五行》簡33)還說:「愛,仁也。」(《語叢三》簡35-36)這完全是《論語》「孝悌爲仁之本」和「仁者愛人」的進一步深化。如果這些經典文獻沒有被塵封於地下這麼長時間,也許宋儒就不會下那樣的結論了。關於這一點,後面還將論及。

〔註26〕孝悌是仁的根本內容,這在文獻上也可以得到支持。在日本天文二年刻本《論語集解》中,有子的這句話是「孝弟也者,其仁之本與」,與通行本《論語》相比,少了一個「爲」字。這意味著孝悌就是仁之本。日本天文二年是明嘉靖十二年,遠後於兩宋,但其所據之底本有可能更早。葉德輝就說,兩宋以前的足利本、唐本、津藩本、正平本《論語》此句亦無「爲」字。(《天文單經論語校勘記》,《續四庫》157/424下)如果《論語》原無「爲」字,「孝弟也者,其仁之本與」的「其」可以是代詞,指「孝弟」,也可是發語詞,無實義。於是,整個這句話的意思就是說孝悌是仁之本。當然,孝悌並非指孝敬愛悌之事,而是指孝敬愛悌之情。孝悌是仁之本,也就是說,孝悌之情是仁之本。作爲仁之本的孝悌之情當然就是道德情感。

好與愛羊、好色之愛好雖然都是愛好，都是情感，但兩者有本質區別，愛禮好德的愛好是道德情感，愛羊好色的愛好是感性情感。感性情感可善可惡，道德情感則至善無惡。「欲而不貪」（《論語》20.2），欲是感性情感，只要不貪，只要不過度發展，就無所謂善惡。「好勇疾貧，亂也」（《論語》8.10），好疾就是好惡，是感性情感。好呈血氣之勇，厭惡貧困生活，就可能造成禍害。這時，感性情感就可能是惡。而道德情感至善無惡。《論語》很多章節提到道德情感：「質直而好義」（《論語》12.20），「上好禮，則民莫敢不敬；上好義，則民莫敢不服；上好信，則民莫敢不用情」（《論語》13.4），「富而好禮」（《論語》1.15），「上好禮，則民易使也」（《論語》14.41），「好仁者，惡不仁者」（《論語》4.6），「我欲仁，斯仁至矣」（《論語》7.30）。這些地方的好惡欲求之情都是道德情感，而且這些情感都不能說是有善有惡的，更不能說是惡的，只能說是至善無惡的。

當然，有人會說好仁、好禮、好義之好也可能是不好的情感。最典型的是孔子對子路的那句話：「好仁不好學，其蔽也愚；好知不好學，其蔽也蕩；好信不好學，其蔽也賊；好直不好學，其蔽也絞；好勇不好學，其蔽也亂；好剛不好學，其蔽也狂。」（《論語》17.8）這裏的好仁、好知、好信、好直、好勇、好剛之好似乎也是道德情感，但它們會帶來愚、蕩、賊、絞、亂、狂等不好的結果，好像道德情感也是有善有惡的。其實，這些對仁、知、信、直、勇、剛等等內在德性之好只是具有道德情感的形式，並非眞正的道德情感。

這涉及感性情感和道德情感的判斷標準問題。判斷一種情感是道德情感還是感性情感，有兩個標準，一個是形式的標準，即情感的對象，一個是本質的標準，即情感的根源。人是雙重的人，既是德性的又是感性的，德性是內在的，感性是外在的。情感的兩個判斷標準與此有關。從形式的標準來說，如果一種情感的對象是內在的德性，那麼這種情感就在形式上是道德情感；反之，如果一種情感的對象是外在的聲色利欲，那麼這種情感就是感性情感。好仁、好德、好義之好是以內在德性爲對象，因而就具有了道德情感的形式。從本質的標準來說，就是看情感的來源是什麼，如果一種情感出自內在的德性，那麼這種情感就是道德情感；反之，如果一種情感出自氣質感性，那麼這種情感就是感性情感。在這兩個標準中，本質的標準是更根本的，它最終決定著一種情感是道德情感還是感性情感。道德情感出自內在德性而又以內在德性爲目標，所以道德情感與內在德性是本質同一的。內在的德性至善無惡，所以道德情感也至善無惡。感性情感出自氣質感性，雖然也可能以內在德性爲對象，但其以德性爲對象可能是爲了滿足其感性的私欲或私意，所以並不能因此而視之爲道德情感。具體到上面孔子對子路所說的好仁、好智、好義等情感，它們雖然具有道德情感的形式，但在本質上可能仍然是感性情感，仍然會產生不好的結果。正是由於這個原因，孔子強調說：「唯仁者能好人，能惡人」（《論語》4.3），「苟志於仁矣，無惡也」（《論語》4.4）。只有以仁爲目的和對象，同時又源於仁的情感才是至善無惡的，才是眞正的道德情感。

明白了道德情感與感性情感的區分標準，就知道孝悌愛人之情就是道德情感，就是仁的本質內涵。仁者愛人，其實是愛仁。《中庸》說「仁者人也」，仁是人之所以爲人的本質。仁者愛人，愛的就是這個內在的本質亦即仁。同時，仁者愛人，也是愛其本人。仁是人人同具的，愛別人之仁，也就是愛自身之仁；仁也是自己的內在本質，愛自己之仁，也就是愛自己本人。眾所周知，孔子有個一以貫之的黃金規則，其否定地表達是「己所不欲，勿施於人」（《論語》15.24），其肯定地表達是「仁者，己欲立而立人，己欲達而達人」（《論語》6.30）。這裏的欲和不欲與仁者愛人之愛一樣，都是道德情感。愛別人就是愛自己，當然是己所不欲、勿施於人，當然是己欲立而立人、己欲達而達人。

綜上所說，孝悌是仁之本，仁就是愛人；孝悌是道德情感，愛人是孝悌的擴充，也是道德情感。所以道德情感就是仁的本質內涵。

道德情感具有強大的道德懲罰力。在具體的道德情境中，人們如果不按照仁的要求行動，不聽從仁的要求，不聽從內在道德法則的命令，道德情感馬上就會表現爲一種不安之感，讓你心神不寧，坐立不安。宰我曾想短三年之喪，孔子就問他：「食夫稻，衣夫錦，於女安乎？」宰我答道：「安。」孔子就說：「女安，則爲之！夫君子之居喪，食旨不甘，聞樂不樂，居處不安，故不爲也。今女安，則爲之！」事後，孔子說宰我不仁。（《論語》17.21）三年之喪表面上是一種浮文虛禮，實質上它承載著更深層的仁，而仁是內在的道德法則。短三年喪就是不安照內在的仁辦事。如果是君子、仁者，不行三年之喪的話，肯定會心中不安的。這種不安會使他進食美味卻不覺得甜，欣賞佳音卻毫無快樂，住在家裏仍然心感不安。所以君子、仁者決不會也不敢做那種不仁之事。

安和不安都是情感形式，既可以指道德情感，也可以指感性情感。宰我安於品美食、衣錦繡，宰我的心安就是一種感性情感。孔子不安於感性的享受，但孔子安其所安，「仁者安仁」（《論語》4.2），孔子之所安是仁，孔子的安與不安是一種道德情感。這種道德情感具有強大的道德懲罰力。你不安於仁，道德情感就會讓你心神不安，就會從心靈深處對你進行精神懲罰，使你不敢不按照仁行動。孔子曾說：「出則事公卿，入則事父兄，喪事不敢不勉」（《論語》9.16）。陳恒殺了齊簡公，孔子就齋戒沐浴、裝束整齊地朝見魯哀公，向他報告這件事。孔子說：「以吾從大夫之後，不敢不告也。」（《論語》14.21）孔子不敢不勉，不敢不告，所追求的就是一個心安。安與不安的道德情感具有強大的道德懲罰力，使人不敢不按照內在的道德要求行爲，不敢做不道德的行爲。這種道德懲罰力是從心靈深處所進行的精神懲罰，是一種內在的自我懲罰，不是從外面強加的皮肉之苦。外在的皮肉懲罰可以逃脫，內在的道德懲罰永無可逃，因爲它源於仁，源於人的內在本質。

道德情感還具有巨大的道德實踐力。不安於仁，就會受到道德情感的懲罰。相反，安於仁，道德情感就會給以巨大的實踐力和行動力。孔子兩次說：仁者不憂，知者不惑，勇者不懼。（《論語》14.28、9.29）憂即憂心忡忡，心神不安，不憂就是心安理得，其樂融融。仁者安仁，心安於仁，自然不憂。當然，仁者也有其憂。孔子說：「德之不修，學之不講，聞義不能徙，不善不能改，是吾憂也。」（《論語》7.3）還說：「君子憂道不憂貧」（《論語》15.32）。仁人君子憂道之憂與杞人憂天之憂完全不同。仁者所憂的是內在的仁，不是外在的物色名利。仁者的憂不憂與仁者的安不安一樣，都是道德情感。憂其所憂，不憂其所不憂，自然無所愧疚。孔子對司馬牛說：「君子不憂不懼」，「內省不疚，夫何憂何懼？」（《論語》12.4）不疚就是無愧。心安於仁，自然不憂。不憂其所不憂，自然不疚。不憂不疚，也就毫無畏懼。所以孔子說「仁者，必有勇」（《論語》14.4）。這種不憂不疚的道德情感以及由之所產生的無畏懼感，在適當的倫理情境中，會爆發出巨大的道德力量，促成驚人的道德行爲。孔子說：「志士仁人，無求生以害仁，有殺身以成仁。」（《論語》15.9）他是這樣說的，也是這樣做的。面臨宋司馬桓魋的威逼，孔子毫不懼怯，大膽放言：「天生德於予，桓魋其如予何？」（《論語》7.23）被困於匡，孔子仍說：「天之未喪斯文也，匡人其如予何？」（《論語》9.5）促成這些道德行爲，非有巨大的內在力量不可。這些巨大的力量都是內在道德情感眞實而自然的流露。

仁是中庸的內在根據，道德直覺和道德情感是仁的兩個本質內涵。道德直覺使仁自明自知，道德情感使仁能夠成行。兩者合起來說就是良知良能。用一個比喻來說，道德直覺是仁之目，道德情感是仁之足，有目無足則止，有足無目則盲。每個人都能夠直接覺知內在的仁，自覺到仁的同時，都會感到一股強大的道德動力，使人不敢不按照仁的要求辦事，必須採取相應的道德行爲。所以道德直覺和道德情感作爲仁的兩個本質內涵缺一不可，都是成就道德的根本要素。

綜上兩節所述，中庸是一種至德，既是內在的德性，也是外在的德行，中庸要想成爲可能，就有內外兩個根據，其外在根據是禮，內在根據是仁。禮是無過不及的判斷標準，又是中庸之道的倫理準則。過與不及是由於感性情感的過度發展造成的，必須以禮治之。這就需要加強對禮的學習和認知。仁是內在的道德法則，它包括道德直覺和道德情感兩個本質內涵。道德直覺是對仁的直接覺知，自然知是知非，知善知惡，知仁不仁。道德情感具有強大的道德懲罰力和巨大的道德實踐力。仁被直覺到的同時，道德情感自然發動其強大的行動力和懲罰力，從心靈深處逼迫人們不敢不按照仁的要求行動，促動人們必須採取相應的道德實踐。

第三節　中庸的三重境界

無過不及和無適無莫是中庸的兩個形式，同時也代表了中庸的兩重境界。能做到時時合禮，事事行禮，處處中禮，無不中節，無過不及，就進入到了中庸的第一重境界。能做到無適無莫，義之與比，「仁以爲己任」，「無終食之間違仁」，就進入到了中庸的第二重境界。在此之上，還有第三重境界，即無可不可的境界。

中庸的第一重境界是無過不及的境界。中庸的外在根據是禮，禮是無過不及的判斷標準。舉手投足，以禮周流，無有過之，也無不及，就是中庸的第一重境界。禮以時爲大，中庸的第一重境界可用一個「時」字來概括，這就是《中庸》和《易傳》所說的「時中」。所以中庸的第一重境界是一種時中的境界。

孔子一生非常重視禮，以克己復禮爲己任。禮以時爲大，孔子就必然重視守禮以時，隨時處中。《論語．鄉黨》記載的主要是孔子的日常言行，「《鄉黨》篇記夫子言行皆中乎禮而歸之時，中禮以時爲大也」〔註27〕。從《鄉黨》篇的記載可以看到，孔子的言行無不中禮，而且無不與當時的具體情況相符合。

時中不只局限於守禮，只要事事、處處當其可，都是時中，都是無過不及。《禮記》說：「當其可之謂『時』」（《禮記·學記》18.8）。可以做而做，適合做而做，需要做而做，必須做而做，這都是時中。公明賈說孔子「時然後言」、「樂然後笑」、「義然後取」（《論語》14.13），這就是時中。孔子贊顏子「不遷怒，不貳過」（《論語》6.3），這也是時中。後儒常說：「當怒即怒，當喜即喜，更無定時。」〔註28〕喜怒而當，卻無定時，就是時中。

無過不及的時中境界，從孔子幾次出仕做官的選擇中可以清楚地看出來：

（一）子貢曰：「有美玉於斯，韞匵而藏諸？求善賈而沽諸？」子曰：「沽之哉！沽之哉！我待賈者也。」（《論語》9.13）

（二）陽貨欲見孔子，孔子不見，歸孔子豚。孔子時其亡也，而往拜之。遇諸塗。謂孔子曰：「來！予與爾言。」曰：「懷其寶而迷其邦，可謂仁乎？」曰：「不可。——好從事而亟失時，可謂知乎？」曰：「不可。——日月逝矣，歲不我與。」孔子曰：「諾。吾將仕矣。」（《論語》17.1）

（三）公山弗擾以費畔，召，子欲往。子路不說，曰：「末之也，已，何必公山氏之之也？」子曰：「夫召我者，而豈徒哉？如有用我者，吾其爲東周乎？」（《論語》17.5）

（四）佛肸召，子欲往。子路曰：「昔者由也聞諸夫子曰：『親於其身爲不善者，君子不入也。』佛肸以中牟畔，子之往也，如之何！」子曰：「然。有是言也。不曰堅乎，磨而不磷；不曰白乎，涅而不緇。吾豈匏瓜也哉？焉能繫而不食？」（《論語》17.7）

（五）衛靈公問陳於孔子。孔子對曰：「俎豆之事，則嘗聞之矣；軍旅之事，未之學也。」明日遂行。（《論語》15.1）

孔子認爲，美玉不能老是放在櫃子裏藏得嚴嚴的，而應「待賈而沽」，碰到一

〔註27〕劉逢祿：《論語述何》，《皇清經解》（第7冊）卷一二九七，上海：上海書店，1988年，頁449上。

〔註28〕《朱子語類》卷三十，《朱子全書》15/1097。

個識貨的買主把它給處理掉。「危邦不入，亂邦不居」（《論語》8.13）是孔子居邦安家的一條原則。陽貨、公山弗擾、佛肸都不是什麼好東西，按說孔子不應該接近這些人的，但這些人請孔子去做官，孔子仍然去了。可是孔子周遊至衛國，想在衛國實現他的政治理想和政治抱負。衛靈公就向孔子請教軍隊陣列之法，孔子卻轉身離去。孔子之往是「爲東周」，孔子之去是靈公言戰不言道。孔子從事致仕，無不時中，無論路有多危險，該去即去；無論路有多平坦，該離就離。這眞稱得上是「可以仕則仕，可以止則止」（《孟子》3.2）。也正因此，孟子說孔子是「聖之時者」（《孟子》10.1）。

時中必然重視通權達變。孔子說：「可與共學，未可與適道；可與適道，未可與立；可與立，未可與權。」（《論語》9.30）在紛紜世變中，如果不懂權變，根本無法將內在的道德原則很好地加以運用和發揮，內在道德原則也就無法轉化成爲現實的道德實踐。但權變並非毫無原則的一味附和。沒有原則，在日常生活中雖然也能夠言無過之、行無不及，在人際交往中雖然也能左右逢源、八面玲瓏，但在孔子看來，這種人頂多只能算是鄉愿之徒（《論語》13.24）。鄉愿之徒言行舉止出於私欲私意，一旦私欲得不到滿足，鄉愿馬上變成犯亂，一旦私意不能入願，無過不及立即變成肆無忌憚，鄉愿之徒表面上的中庸平衡隨即被打破。這就是孔子所說的「不仁者不可以久處約」（《論語》4.2）。《中庸》說：「君子之中庸也，君子而時中；小人之中庸也，小人而無忌憚也」。鄉愿就是小人之中庸，是很令人討厭的。所以孔子曾罵道：「鄉原，德之賊也。」（《論語》17.13）

當然，儒家的經權理論非常複雜，從理論上對它進行解釋不容易，在實踐上通權達變而皆得其宜更非一般人所能做得到。要通權達變，要在紛紜世變中時時處中，事事處中，處處處中，達到無過不及的時中境界，就必須對世事有足夠的瞭解，對時變有深入的察知。這就是古人所說的「識時務者爲俊傑」。覺知時變，察識世事，洞悉時務，就是對社會生活、人情世態有清楚而透徹的認知，也只有這樣才能順時乘勢、安身世事、政出令行而無過不及。這就需要具有大智慧、大學問。這樣的人就是孔子所說的智者。孟子說孔子是聖之時者，還說「仁且智，夫子既聖矣」（《孟子》3.2），荀子也說「孔子仁知且不蔽」（《荀子》21.5），都是從大智來說的，都是說時中要有大智慧。所以無過不及的時中境界，也可以說是智者的境界。

中庸的第二重境界是無適無莫的境界。無適無莫就是義之與比，義就是仁。無適無莫就是不執著於意欲，對於聲色利欲無所親慕，也無有憎惡，完全去除私心私意、私利私欲；義之與比就是全神貫注、一心執守於內在的仁。如果說第一重境界是隨時處中於紛紜世變，那麼第二重境界就是據守固執於內在的仁，始終以純粹的道德人格矗立於紛紜世變。如果說第一重境界是動的境界，那麼第二重境界就是靜的境界。從這種固執堅定的靜態性上來說，第二重中庸境界可用一個「執」字來概括，就是孔子、《中庸》和孟子都說過的「執中」。執中就是無適無莫而只固執於內在的仁。

但是對於中庸的第二重境界即執中的思想，歷來沒有得到很好的理解。很多人要麼把執中僅僅看成一種方法論上的權法，〔註 29〕要麼把執中看成一種頑固不化的死法。比如，薛敬軒就曾說「『時中』是活法而不死，『執中』是死法而不活」〔註 30〕。產生這些誤解的一個很重要的原因可能是誤讀了《孟子》中的一句話。〔註 31〕「執中」作爲一個固定的詞，最早出現於《孟子》。《孟子》「執中」一詞共出現過兩次（《孟子》8.20、13.26），容易產生誤解的是「執中無權，猶執一也」一句。孟子在這裏所用的「猶」字非常藝術，它點出了儒家中庸哲學的辯證魅力。這種辯證魅力就在於執中猶執一意味著執中是執一又不是執一。可惜的是歷來很少有人能夠理解這種魅力。

很好地理解執中是執一又不是執一的辯證性，需要弄清「一」、「中」、

〔註 29〕很多人習慣於把「執中」看作一種單純的方法論。如吳怡《中庸哲學裏所常用的方法》一文即認爲，執中是中國哲學六種方法的第二種（其它五種是一貫法；相對法、雙離法；止觀法、參悟法。一貫法與執中法屬於儒家；相對法與雙離法屬於道家；止觀法與參悟法屬於佛家），還說，執中法又包括三個子方法：中正是外世應變之方，中和是心性修養之法，中庸是日常生活之道。（《中國哲學的生命和方法》，臺北：東大圖書公司，1981 年，第 24 頁）

〔註 30〕薛瑄：《讀書錄》卷一，《薛瑄全集》下冊，第 1034 頁。

〔註 31〕比較而言，朱子對孟子「執中」的理解就很全面。他不只一次地說：「當知子莫執中與舜、禹、湯之執中不同，則知此說矣。蓋聖人義精仁熟，非有意於執中，而自然無過不及，故有執中之名，而實未嘗有所執也。以其無時不中，故又曰時中。若學未至、理未明而徒欲求夫所謂中者而執之，則所謂中者，果何形狀而可執也？殆愈執而愈失矣，子莫是也。既不識中，乃慕夫時中者而欲隨時以爲中，吾恐其失之彌遠，未必不流而爲小人之無忌憚也。」（《朱子文集》卷四十《答何叔京》，《朱子全書》22/1816-1817）「三聖相授，允執厥中，與孟子所論子莫執中者文同而意異。……故由三聖以爲中，則其中活；由子莫以爲中，則其中死。中之活者，不待權而無不中；中之死者，則非學乎聖人之學，不能有以權之而常適於中也。」（《朱子文集》卷五八《答宋深之》，《朱子全書》23/2770）

「執」、「執中」四個概念的雙重意義。首先，「一」在無過不及境界中是指兩端之一，即過或不及兩端之一，執一就意味著執著於過或不及。因此，執中不是執一。而在無適無莫或義之與比境界中，「一」是指義或仁，這是唯一的終極原則。執一就是固執於仁義。所以執一就是執中。

其次，「中」在無過不及境界中指的是時中，是無過不及的平衡狀態；在無適無莫境界中指的是仁，是一種絕對的終極原則。就無過不及的時中而言，中與過和不及是一種平面的關係，中與過和不及的區別是量的不同。中與過和不及兩端是相對的，中在過與不及兩端之間，但卻不在過或不及任一端之內。所以中不是一，執中不是執一。就無適無莫的執中而言，中與過和不及是一種立體的關係，中與過和不及的區別不再是量的不同，而是質的不同。中是無對的、絕對的，中不但不在過或不及任一端之內，而且也不在過與不及兩端之間，而是在過與不及兩端之上。〔註 32〕所以中就是無對的、絕對的唯一，執中就是執一。

復次，「執」也有兩個層面的意義，一是「執其兩端」的執，一是「擇善固執」的執。前者具有方法論意義，後者則超越發方法論意義。從方法論上說，時中不居，所以要執兩，而不能執著於一端。從超越方法論的意義上說，仁是內在的道德法則，所以要擇善固執之，執一弗失。

最後，「執中」也有雙重意義。在無過不及的境界中，中在兩端之間但又不在任一端之內，執中就是執兩而不是執一。在無適無莫的境界中，中是無對的、絕對的、唯一的仁。執中就是執一，但不能執兩，執兩就是有適有莫、執著於私欲私意。

能夠做到「執中執一」，也就達到了中庸的第二重境界，即不親附於私

〔註 32〕這一推論也可與龐樸所說中庸四種形態和中庸三分說相互發明。龐樸說中庸有四種形態：A 而 B，A 而不 A』，亦 A 亦 B，不 A 不 B。A 和 B 代表對立的兩端。第一式如「溫而厲」(《論語》7.38)，「直而溫，寬而栗」(《尚書‧舜典》)，「寬而栗，柔而立，願而恭，亂而敬，擾而毅，直而溫，簡而廉，剛而塞，強而義」(《尚書‧皐陶謨》)。第二式如「欲而不貪、泰而不驕、威而不猛」(《論語》20.2)，「剛而無虐，簡而無傲」(《尚書‧舜典》)。第三式如「謹而信」(《論語》7.38)、「恭而安」(《論語》1.6)。第四式如「不剛不柔」(《尚書‧洪範》)。相對於兩端而言的中，「彷彿首先表現爲一定的量。但是這個量，由於它相對於兩端爲中，也就是說，由於它脱出了兩端的範圍，不屬於兩端的任一端，它便由之自成一種質，一種新的質，一種相對於兩端而存在的質。這種質，一般謂之曰中。」(《中庸與三分》，載《文史哲》2000 年第 4 期；《中庸平議》，載於《一分爲三論》，上海：上海古籍出版社，2003 年)

欲私意（無適無莫）而篤志於內在的仁（義之與比）。這重境界就是以朝聞夕死的態度擇善而固執之，以殺身成仁的精神守死而弗失之，渾身上下浸潤於道德的光輝，身心內外充盈著理想的嚮往。所以無適無莫或義之與比的執中境界就是仁者的境界。達到第二境界的人「滿腔子是惻隱之心」〔註 33〕，「通身純是道義」〔註 34〕，「通體是仁心德慧」〔註 35〕，是一個完全道德化了的仁者。

明白了孔子中庸兩重境界之不同，《論語》中那個「管子難評」的公案也就可以得到合理的解釋了。

在《論語》中，孔子曾四次評及管子爲人：

（一）子曰：「管仲之器小哉！」或曰：「管仲儉乎？」曰：「管氏有三歸，官事不攝，焉得儉？」「然則管仲知禮乎？」曰：「邦君樹塞門，管氏亦樹塞門；邦君爲兩君之好，有反坫，管氏亦有反坫。管氏而知禮，孰不知禮？」（《論語》3.22）

（二）或問子產。子曰：「惠人也。」問子西。曰：「彼哉！彼哉！」問管仲。曰：「人也。奪伯氏駢邑三百，飯蔬食，沒齒無怨言。」（《論語》14.9）

（三）子路曰：「桓公殺公子糾，召忽死之，管仲不死。」曰：「未仁乎？」子曰：「桓公九合諸侯，不以兵車，管仲之力也。如其仁！如其仁！」（《論語》14.16）

（四）子貢曰：「管仲非仁者與？桓公殺公子糾，不能死，又相之。」子曰：「管仲相桓公，霸諸侯，一匡天下，民到於今受其賜。微管仲，吾其被髮左衽矣。豈若匹夫匹婦之爲諒也，自經於溝瀆而莫之知也？」（《論語》14.17）

從這些篇章可以看到，孔子對管子的前後態度有一個很大的變化。孔子先是罵管子「器小」〔註 36〕，後來不但不再責備管子，還連稱「如其仁！如其仁！」

〔註 33〕《程氏遺書》卷三，《二程集》，第 62 頁。

〔註 34〕《陸九淵集》卷七《與嚴泰伯》三，第 184 頁。

〔註 35〕牟宗三：《歷史哲學》，《牟宗三先生全集》(9)，臺北：聯經出版公司，2003 年，第 103 頁。

〔註 36〕「管仲之器小哉」這句話決不是輕描淡寫的一般性評論，它包含著強烈的道德譴責。陸象山的高足袁和叔（燮）有一篇小文叫《管仲器小論》，歷數管子種種「劣迹」，最後說：「仲之生平，此一語盡矣」，「噫！仲眞器小，聖人之言，眞足儘其生平哉！」（《絜齋集》卷七，《叢書集成初編》本，北京：中華

「如其仁」是一種極高的評價，因爲孔子向不輕許人以仁。

孔子對管子的前後評語相去甚遠，這是爲什麼呢？對此，歷來是歧解紛出。如果根據中庸的兩重境界來分析，孔子前後態度的變化就很易於理解了。管子器小是從中庸第一重境界來做的評語。中庸第一重境界的標準是禮，而禮就是中，是無過不及的判斷標準。管子所作所爲於禮有過，當然要責備他。而連稱其仁是從中庸的第二重境界來做的評價。第二重境界的評判原則是仁。管子襄相助桓公不以兵車，九合諸侯，一匡天下，「民到於今受其賜」。在孔子看來，這顯然是大仁大義之舉。仁者做事出於公心，大公無私故無過不及，世人稱善。管子剝奪伯氏駢邑的埰地，伯氏只能粗茶淡飯以糊口。伯氏駢邑被沒收了埰地，弄得差點去喝西北風，就這還至死無怨，原因就在於管子賞罰無私心，好惡當理。

一般來說，達到了第二重境界，就意味著已經達到了第一重境界。孔子根據中庸第二重境界的標準稱讚管子是仁者，這就意味著管子應該已達到第一重境界。但管子卻在第一重境界中出現過禮不中的現象，這又如何理解呢？

這涉及中庸兩重境界的關係。第一重境界主要是從無過不及的外在行爲來說的，第二重境界主要是從無適無莫的內在法則來說的。人是社會的人，內在的道德法則不能總是孤零零、自在自爲地存在於內心，它要發用於、流行於、呈現於日常舉止和社會生活，這就是道德踐履。人又是有限的人，內在的道德原則一旦發用流行於外在的自然世事中，便會受到一定的制約。道德法則一定要發用於現實行爲，而一旦發用於現實之中，一開始不會十分圓融。於是，內在的道德法則與外在的現實制約之間便構爲一種緊張關係。這種關係表現爲三種情況：一是極端的情況，道德法則流行發用完全找不到合適的呈現對象。這時就會出現三種結果，要麼是呈現對象的毀滅，要麼是道德主體的毀滅，要麼是道德法則的埋沒。比如事君以忠，但碰到的是一個暴君，在這種情況下，要麼是君的毀滅，要麼是臣的毀滅，要麼是仁的埋沒。君的毀滅就是湯武革命，臣的毀滅就是殺身成仁，仁的埋沒就是爲虎作倀。二是道德踐履不夠純熟的情況。道德踐履不純熟，道德法則的發用還不夠順暢，還會有過與不及。其中的原因，一來可能是對於內在的道德法則察識體知得還不夠徹底。二來可能是對於外在的現實世事理解認知得還不夠通透。察識認知得不夠，就難以保證道德法則呈現於適宜的對象。這就需要發揮學

書局，1985 年，第 83、85 頁）

習認知的功能。三是道德踐履圓熟的情況。一顰一笑，無不得體，舉手投足，無不中禮。天理流行，灑然自得，小德川流，大德敦化，大而化之，上下同流，從心所欲而不逾矩。達到這重境界的人是智者與仁者的完全合一，即孟子說的「仁且智」和荀子說的「仁知且不蔽」，也就是聖人。這種境界其實就是聖人的境界，這其實也就達到了中庸的第三重境界。

中庸的第三重境界是無可不可的境界。「無可不可」是「無可無不可」的簡稱，語出《論語・微子》：孔子曰：「不降其志，不辱其身，伯夷、叔齊與！」又說：「柳下惠、少連，降志辱身矣，言中倫，行中慮，其斯而已矣。」還說：「虞仲、夷逸，隱居放言，身中清，廢中權。我則異於是，無可無不可。」（《論語》18.8）柳下惠曾「爲士師，三黜」（《論語》18.2），做法官卻多次被罷免，但他還是能夠根據時運世變降低志趣，辱沒身份，使自己的言語得體，舉止中禮。這是時中，是無過不及的境界。伯夷、叔齊兄弟兩個志意堅定，守身如玉，不是自己的君主，寧可餓死也不爲他做事。（《論語》16.12）這是執中，是無適無莫的境界。柳下惠、少連是無過不及的時中境界，伯夷、叔齊是無適無莫的執中境界，孔子「則異於是」，與他們都不一樣。清儒陳乾初說：「聖人不求異，故異；有可有不可，故無可無不可。蓋伯夷叔齊有不可，無可；柳下惠少連有可，無不可；餘子亦然，皆所以爲異也。」〔註 37〕柳下惠的時中是「有可無不可」，伯夷叔齊的執中是「有不可無可」。孔子既異於柳下惠的「有可無不可」，也異於伯夷叔齊的「有不可無可」，他追求的境界更高，是一種「有可有不可」或「無可無不可」的境界。「無可無不可」簡稱爲「無可不可」。無可不可是中庸的最高境界。

中庸第三重境界的可與不可和前兩重境界的時中與執中有一定的對應關係。「不可」對應時中，「可」對應執中。時中是「不執」，易流於無原則性，執中化去了時中的不足。執中是「固執」，又易執著於仁而「頑固不化」。比如伯夷，他追求的是「有不可無可」，執中過於執著，執仁過於刻薄，結果執仁就成了「磏仁」〔註 38〕。孟子說：「伯夷隘」（《孟子》3.9），從境界上看，

〔註 37〕陳確：《陳確集・別集》卷十二《我則異於是無可無不可》，北京：中華書局，1979 年，第 543 頁。

〔註 38〕《韓詩外傳》卷一說：「仁道有四：磏爲下。有聖仁者，有智仁者，有德仁者，有磏仁者。」「廉潔直方，疾亂不治、惡邪不匡；雖居鄉里，若坐塗炭；命入朝廷，如赴湯火；非其民、不使，非其食、弗嘗；疾亂世而輕死，弗顧弟兄，以法度之，比於不詳，是磏仁者也。傳曰：山銳則不高，水徑則不深，仁磏

伯夷式的追求就顯得器量狹隘、氣象不大。因此，執中之「執」也必須被化掉，「執」被化掉，「中」自然也就被化掉。這樣，整個執中最終被化掉，成爲無執無中。這時，相應於前兩個境界的時中和執中，無執無中可權稱之「無中」或「空中」，「空」「無」並非空無所有，只是表示其爲「無執」，無所執著。時中和執中被化掉，就是可與不可被化掉。可與不可被化掉後就成了「無可不可」。總之，孔子中庸的第三重境界即最高境界可以用「無」字或「空」字來表示，是無可不可的「無中」或「空中」境界，是一種「無執」的境界。「無」是無可無不可，「空」是「空空如也」（《論語》9.8），雖非一無所有但又一無所執，從心所欲，隨心如意。由「不執」到「固執」再到「無執」，由「時中」到「執中」再到「無中」或「空中」，由「無過不及」到「無適無莫」再到「無可不可」，就完成了由第一重境界到第二重境界再到第三重境界即最高境界的人格階進過程。

無可不可的境界實在不好以言語來形容，用孔子讚歎泰伯的話說就是「民無得而稱焉」（《論語》8.1）。像中庸至德、泰伯至德、文王至德等臻於其極者〔註 39〕，要麼只能心存慨歎，要麼只能否定地說它不是什麼，而不能肯定地說它是什麼。因爲一說它是什麼，它已經不是什麼了。佛教有所謂表詮和遮詮，表詮是正面地、肯定地實說，遮詮是反面地、否定地虛說；有些對象可以用表詮，有些對象只能用遮詮。中庸第一、第二重境界可以表詮，時中、執中就是表詮，中庸第三重境界不可表詮而只能遮詮，無可不可只是一種遮詮。無可不可的境界雖然不可言說，不可表詮，只能遮詮，但不可言說也是一種言說，遮詮也是一種釋詮。無可不可的中庸境界雖然是「無中」、「空中」，無中空中並不是空無所有，無可不可也不是一無所可，無可不可也包含豐富

則其德不厚，志與天地擬者、其人不祥，是伯夷、叔齊、卞隨、介子推、原憲、鮑焦、袁旌目、申徒狄之行也。」《說文》曰：「磏，厲石也。」《正字通・石部》曰：「磏，石有棱也。」磏的原意是棱角分明的厲石。趙懷玉注《韓詩外傳》說：「磏，蓋苦節過中以自厲爲仁者。」磏仁就是求仁而執著，於人於己過於刻薄而有過於中。伯夷之仁就屬於這種磏仁。

〔註 39〕朱子說：「至德之論，又更難言。《論語》中只有兩處：一爲文王而發，則是對武王誓師而言；一爲泰伯而發，則是對太王翦商而言。若論其志，則文王固高於武王，而泰伯所處又高於文王；若論其事，則泰伯、王季、文王、武王皆處聖人之不得已，而泰伯爲獨全其心、表裏無憾也。」（《朱子文集》卷五八《答楊志仁》，《朱子全書》23/2765）朱子此說《論語》「至德」之說只有泰伯、文王兩處，此是就「至德」一詞而言。若就義而說，「中庸之爲德，其至矣乎！」一句話中亦當包括「至德」之義。

而眞實的內容。

無可不可境界中的眞實內容就是一種「樂」，中庸的最高境界是一種「樂」的境界。這從《論語》下面幾章就可以看出來：

（一）子曰：「學而時習之，不亦說乎？有朋自遠方來，不亦樂乎？人不知而不慍，不亦君子乎？」（《論語》1.1）

（二）子曰：「知之者不如好之者，好之者不如樂之者。」（《論語》6.20）

（三）子問公叔文子於公明賈曰：「信乎，夫子不言、不笑、不取乎？」公明賈對曰：「以告者過也。夫子時然後言，人不厭其言；樂然後笑，人不厭其笑；義然後取，人不厭其取。」（《論語》14.13）

（四）子曰：「興於詩，立於禮，成於樂。」（《論語》8.8）

以上每一章都表達有三層意思，而這三層意思又分別對應中庸三重境界的內容。第一，學、知、時和立是都是從禮說的，是中庸的第一境界。學是「學禮」（《論語》16.13），知是「知禮」（《論語》3.15、3.22、7.31），時就是時中，立是立於禮。禮是無過不及的根據，所以必須學禮、知禮、立於禮，「不學禮，無以立」（《論語》16.13）、「不知禮，無以立」（《論語》20.3）。

第二，不知不慍、好之、義然後取和興於詩都是從仁說的，是中庸的第二重境界。仁內在於己，人不知也就不會生慍怒之心。「知之不如好之」之好是好仁、好德、好義之好。義然後取就是義之與比、仁之與比。興於詩之興是「君子篤於親，則民興於仁」（《論語》8.2）之興，與《孟子》「文武興則民好善」（《孟子》11.6）之興的用法相同，都是說道德情感能夠興發巨大的道德力量，而道德情感是仁的本質內涵。這屬於中庸第二重境界的本質內容。

第三，這幾章的「樂」是形容孔子中庸的第三境界的。有朋友自遠方來不亦樂乎是在說學禮知禮、成仁成德的效果的。劉寶楠《論語正義》引用《禮記．學記》（18.4）說：「『學至大成，足以化民易俗，近者說服，而遠者懷之，此大學之道。』然則朋來，正是學成之驗。」還引用《中庸》說：「『誠者，非自成己而已也，所以成物也。』此文『時習』是『成己』，『朋來』是『成物』。但『成物』亦由『成己』，既以驗己之功修，又以得教學相長之益，人才造就之多，所以樂也。」〔註 40〕學而時習、不知不慍是成仁、成德，是成己，是存神。朋來是「近者說，遠者來」（《論語》13.16），是成仁、成德之功效，是成物，是過化。成己成物而合外內之道，存神過化則「上下與天地同

〔註 40〕劉寶楠：《論語正義》卷一，北京：中華書局，1990 年，第 4 頁。

流」（《孟子》13.13）。學者能夠達到成己成物、存神過化的境界，不令人高興嗎？所以樂然後笑。

由此可見，無可不可的境界就是一種上下同流的天地境界。後儒津津樂道的曾點氣象，即屬這種境界。孔子壯時，四處遊說，「知其不可而爲之」（《論語》14.38），到了暮年，「道之不行，已知之矣」（《論語》18.7），無心而轉向恬靜平和的自然生活，無意而證成從容不迫的天地境界。〔註 41〕晚春三月，穿上單衣，夥上五六個小青年，引著六七個小孩子，在沂水河畔散散步，在舞雩臺上吹吹風，唱著小調去，哼著小曲回。（《論語》11.26）望鳶飛戾天，觀魚躍於淵，精騖八極，神遊萬仞。哦！多麼令人心曠神怡的境地！如此給人無限嚮往的境界！

如果說中庸的第一重境界是學的境界，是禮的境界，是智者無過不及的時中境界，那麼中庸的第二重境界就是思的境界，是仁的境界，是仁者無適無莫的道德境界，而中庸的第三重境界則是不思不慮、與禮周流、存神過化、出神入化的聖人境界，是萬物皆備於我的「樂天」（《孟子》2.3）境界。達到第一重中庸境界者是大智大勇之人，所以達到第二重中庸境界者是大仁大義之人，仁智合一是爲聖人，達到第三重境界者就是不思不勉、無可不可、從心所欲、從容中道、發皆中節、無過不及之聖人。〔註 42〕人生立世，身臨此境，渙然怡然，夫復何求？

〔註 41〕胡五峰說：「仲尼從心所欲不踰矩，可謂盡心矣。天即孔子也，孔子即天也。」（《知言・好惡》，《胡宏集》，北京：中華書局，1987 年，第 10 頁）孔子與天爲一，從心所欲不踰矩，即是從中庸的第三重境界來說的。

〔註 42〕衆所周知，馮友蘭講人生有四重境界：自然境界、功利境界、道德境界與天地境界。（見《新原人》，重慶：商務印書館，民國三十二年）本書所說中庸之三重境界，無過不及之時中境界約略相當於其功利境界，無適無莫之執中境界約略相當於其道德境界，無可不可之聖人境界約略相當於其天地境界。

第一章　儒學之分化與《中庸》之課題

孔子之後，儒學分化，分別在三個方向繼續發展。思孟學派代表了儒學的內化轉向。《中庸》即是儒學內化的早期文獻。儒學的內化轉向提出了儒學發展中非常高級的甚至終極的哲學課題。《中庸》所承擔的主要是儒學形上化的課題。《中庸》形上課題的結項爲思孟學派的學術性格鋪設了底色，也爲儒學內化的學脈取向奠定了基調。

第一節　孔子之「心學」與「情學」

通過對中庸內外根據的分析，我們發現孔子心性之學其實包括心和情兩個部分，這裏權稱之爲孔子的「心學」和孔子的「情學」。在孔子的「心學」中，心有良知與認知兩種功能。在孔子的「情學」中，人有道德情感和感性情感兩種情感。

先來看孔子的「心學」。《論語》中的「心」字本沒有後來心性之學的意義，都是一般心理活動意義上的用法。比如「七十而從心所欲」(《論語》2.4)，「回也，其心三月不違仁」(《論語》6.7)，「飽食終日，無所用心」(《論語》17.22)，「天下之民歸心焉」(《論語》20.1)，這些心字都是一般意識活動意義上的心，與心性之學意義上的心尚有很大一段距離。在孔子的「心學」中，心性之學意義上的心主要是通過「知」、「識」、「學」和「思」等概念來表達的。從這些概念可以看到心有兩種功能，即良知和認知。根據心的兩種功能，心也就可以分別稱爲「良知之心」和「認知之心」。當然，它們仍然是一個心而非兩個心，這樣稱呼只是爲便於區分心的兩種功能。

良知是指心對內在道德法則的直覺功能。從「知」字來說，知天命之知即是良知，比如「五十而知天命」（《論語》2.4），「不知命，無以爲君子也」（《論語》20.3），「小人不知天命而不畏也」（《論語》16.8）。知仁、知德之知也是良知，比如「觀過，斯知仁矣」（《論語》4.7），「知德者鮮矣」（《論語》15.4）。《論語》中的「思」字最能表達良知的內涵。見得思義，見賢思齊，三思後行，切問近思仁在其中，這些思字都應從良知的意義上來理解。另外，「聞」字作爲心的一種功能也能表達良知的涵義，比如「朝聞道，夕死可矣」（《論語》4.8），聞道之聞就是應從良知來說的。良知就是心對天命的仁義道德等內在法則的直接覺知和當下判斷，是成就道德的內在根據。

認知是指心對外在事物及其規則的感知功能。根據心與成就道德的關係，認知分爲兩種。一是與成就道德直接相關的認知，這裏稱之爲「道德認知」。從「知」字說，知禮之知就是爲了成就道德，所以就是這種認知，比如「不知禮，無以立也」（《論語》20.3）。從「學」字說，學禮、學文、學詩、學道、學易之學也是道德認知，比如「君子博學於文，約之以禮，亦可以弗畔矣夫！」（《論語》6.27、12.15）「不學詩，無以言」（《論語》16.13），「何莫學夫詩？詩，可以興，可以觀，可以群，可以怨。邇之事父，遠之事君」（《論語》17.9），「君子學道則愛人，小人學道則易使也」（《論語》17.4），「五十以學易，可以無大過矣」（《論語》7.17）。學禮、知禮是爲了自立成人，學文、學詩是爲了事父事君而無畔逆之舉，學易可以在道德行爲上沒有大的過錯，學禮樂之道則可以愛人易使。這些都與成就道德有關，是成就道德的外在的根據，所以這些地方的學也都是道德認知。

二是與成就道德不直接相關的認知，這裏稱之爲「非道德認知」。「多識於鳥獸草木之名」（《論語》17.9），「軍旅之事，未之學也」（《論語》15.1），子張學干祿（《論語》2.18），樊遲請學稼（《論語》13.4），「學也，祿在其中矣」（《論語》15.32），這些學、識等認知就與成就道德沒有直接關係，都是非道德認知。無論是道德認知還是非道德認知，主要是發揮了心對外在事物或其規則的感知和判斷功能。所以道德認知和非道德認知都是心之認知功能，都屬於認知之心。

心之良知與認知的關係，可以從三個方面來看。第一，良知與道德認知都是成就道德的理性根據。良知是內在的理性根據，強調內在直覺，道德認知是外在的理性根據，強調邏輯分析。

良知是對內在道德法則的直接覺知和當下判斷，是內在的道德直覺。這種直覺是無法進行邏輯分析的。仁是內在的道德法則，對仁的覺知無法進行邏輯分析，只能以良知直接覺知。也正因爲這樣，孔子從來不對仁作任何邏輯上的分析，只是隨宜指點。仁只能以良知直接覺知，當下認取。也正因爲這樣，習慣於邏輯分析的人們就不易把握到仁。孔子說：「若聖與仁，則吾豈敢？抑爲之不厭，誨人不倦，則可謂云爾已矣。」公西華說：「正唯弟子不能學也。」（《論語》7.34）子貢也說：「夫子之言性與天道，不可得而聞也。」（《論語》5.13）學和聞就是進行邏輯分析，天道仁性不可學，不可得而聞，不能進行邏輯分析。

道德的認知是對外在倫理準則的理性認知和邏輯判斷。禮是成就道德的外在根據。學禮之學及學文、學詩、學易之學對成就道德都是必不可少的。學禮之學是道德認知，所以禮是可以進行邏輯上的分析判斷的。學禮要學而時習，要博學篤行，對禮的認知越多，學知越廣，對成就道德就越有幫助，越有裨益。所以孔門師弟非常強調好學博學：「聞一以知十」（《論語》5.9），「人一能之己百之，人十能之己千之」（《中庸》第廿章），「多聞，擇其善者而從之」（《論語》7.28），「溫故而知新，可以爲師矣」（《論語》2.11），「日知其所亡，月無忘其所能，可謂好學也已矣」（《論語》19.5），「告諸往而知來者」（《論語》1.15）。

良知是內在的理性根據，道德認知是外在的理性根據，兩者都是成就道德必不可少的理性條件。良知是對道德法則的直覺，是成就道德的必要條件。如果沒有良知，便永遠無法透入到道德法則的內部，道德法則永遠只是外在於己的。這樣一來，成就道德便永無可能之日。道德認知是對外在倫理準則的感知，也是成就道德的必要條件。仁是中庸的內在根據，禮是中庸的外在根據，對於內在根據的直覺是良知，對於外在根據的感知是認知。人而不仁，如禮樂何？仁又是禮的內在根據。因此相對而言，良知比認知更爲根本、更爲重要。當然，道德認知也必不可少，孔子反對只強調良知而不重視道德認知：「吾嘗終日不食，終夜不寢，以思，無益，不如學也」（《論語》15.31），「學而不思則罔，思而不學則殆」（《論語》2.15）。良知與道德認知要齊頭並進，比肩而行，道德實踐才能成爲現實。

良知與道德認知都是成就道德的必要條件，而且兩者都是成就道德的理性根據。用現代哲學的概念來說，良知屬於實踐理性，道德認知屬於理論理性。兩者都是同一個心，都是同一個理性，只不過其功能不同罷了。良知雖然是直覺，但也是理性的，是理性的直覺，並不是什麼神秘主義。良知是神妙，但並不神秘，是神而不秘。良知直覺的神妙性就表現在它與精神生命是同一的，需要用生命來核對，用實踐以證成，而不能以邏輯來分析。很多人一說起良知，就說它是神秘主義，有這種說法正說明他們不懂良知。

第二，非道德認知雖然與成就道德沒有直接關係，但它並非毫無必要，有時它對成就道德也能起到很大的助益作用。

內在的道德法則必然要發用於行爲實踐，也就必然要涉及自然世界的事事物物，這就需要對這些事事物物有所察知。孟武伯問如何才算盡孝，孔子對他說：「父母唯其疾之憂」（《論語》2.6）。憂慮父母的疾病，就算是有孝心了。但是光有孝心還不行，孝心要落實到實踐上，見於孝的行爲中，方是盡孝。孝心落到實踐上，見於行動中，就不能不對實踐行爲的現實對象和周邊環境有所瞭解，有所認知。所以孔子又說：「父母之年，不可不知也。一則以喜，一則以懼。」（《論語》4.21）盡孝必須瞭解父母的年紀，這樣才能根據不同年齡段的不同需要盡以相應的孝行。後來王陽明與弟子反覆討論的溫凊定省也屬於這種情況。非道德認知對成就道德有其重要性，這從孔子讓子路去「問津」也可以看出來。孔子周遊列國，碰到路岔口，也要問路。（《論語》18.6）問路、知津本來與成就道德沒有特別直接的關係，是非道德認知。但問路、問津對孔子周遊列國推行以德治國的政治主張、實現克己復禮的遠大抱負，也是必須的。退一步說，非道德認知即使與成就道德毫無關係，對日常生活也是有所幫助的，比如：「多識於鳥獸草木之名」（《論語》17.9），「飽食終日，無所用心，難矣哉！不有博弈者乎？爲之，猶賢乎已」（《論語》17.22），多知道一些鳥獸草木之名可以增長自己的見識，學習棋藝可以打發空閒的時間。這些非道德認知也是有好處的。

第三，良知優越於認知，道德認知優越於非道德認知，這是由孔子的使命意識和憂患意識所決定的。

良知、道德認知和非道德認知都屬於同一個心，只不過是同一個心之不同功能。但是三者在儒家思想中的地位是不同的。具體地說，良知優越於認知，道德認知優越於非道德認知。在孔子看來，良知顯然優越於道德認知。孔子曾說：「生而知之者，上也；學而知之者，次也；困而學之，又其次也；困而不學，民斯爲下矣。」（《論語》16.9）「生而知之者上也」即「上知」（《論語》17.3)，也就良知。「學而知之者次也」即「多聞，擇其善者而從之；多見而識之。知之次也」(《論語》7.28)，也就是道德認知。良知是其上，道德認知是其次，所以良知優越於道德認知。在兩種認知之中，道德認知又優越於非道德認知。樊遲請學稼，孔子曰：「吾不如老農。」樊遲又請學爲圃。孔子曰：「吾不如老圃。」樊遲出。孔子曰：「小人哉，樊須也！上好禮，則民莫敢不敬；上好義，則民莫敢不服；上好信，則民莫敢不用情。夫如是，則四方之民繦負其子而至矣，焉用稼？」(《論語》13.4) 衛靈公問陳於孔子。孔子對曰：「俎豆之事，則嘗聞之矣；軍旅之事，未之學也。」明日遂行。(《論語》15.1) 學禮義、學俎豆之事是道德認知，學稼、學爲圃、學軍旅之事是非道德認知。樊遲學稼、學爲圃，孔子就說他是「小人」，衛靈公學行兵布陳，孔子扭頭就走。從這些事中，足見在孔子心中，道德認知重於非道德認知。

良知優越於道德認知，道德認知優越於非道德認知，這是由孔子的道德責任和文化使命所決定的。仁是成就道德的內在根據，但人們對仁的覺知和重視遠遠不夠。孔子說：「民之於仁也，甚於水火。水火，吾見蹈而死者矣，未見蹈仁而死者也」(《論語》15.35)，「我未見好仁者，惡不仁者。好仁者，無以尙之；惡不仁者，其爲仁矣，不使不仁者加乎其身。有能一日用其力於仁矣乎？我未見力不足者。蓋有之矣，我未之見也」(《論語》4.6)，「吾未見好德如好色者也」(《論語》9.18、13.15)。孔子師弟對這種現象非常憂慮。孔子說：「德之不修，學之不講，聞義不能徙，不善不能改，是吾憂也」(《論語》7.3)，還說：「君子謀道不謀食。耕也，餒在其中矣；學也，祿在其中矣。君子憂道不憂貧」(《論語》15.32)。曾子也說：「士不可以不弘毅，任重而道遠。仁以爲己任，不亦重乎？死而後已，不亦遠乎？」(《論語》8.7) 仁以爲己任，這是孔子的使命所在。德不修、學不講、聞義不徒、不善不改，這是孔子的憂慮所繫。仁以爲己任的使命意識和憂道不憂貧的憂患意識，決定孔子以「弘道」(《論語》15.29) 爲自己當務之急。在心之兩種功能中，良知直切於仁，兩種認知分居其次。良知優先於道德認知，道德認知優先於非道德認知，正是由孔子的使命意識與憂患意識所決定的。

再來看孔子的「情學」。《論語》中之「情」字也沒有後來性情之學的意義。《論語》中共出現過兩個情字：「上好信，則民莫敢不用情」(13.4)，「上失其道，民散久矣。如得其情，則哀矜而勿喜」(19.19)。這兩個情字都是「情實」的意思，沒有性情的意義。在孔子的「情學」中，性情之情是通過欲、好惡、孝悌、愛、樂、安、憂等概念來表達的。從這些概念可以看到人有兩種情感，即道德情感和感性情感。〔註 1〕在導論中我已對這兩種情感作過詳細說明，這裏只勾其要者。

一是道德情感。道德情感是指出於道德法則而又合乎道德法則的情感。在《論語》中，道德情感主要以下幾種形式出現：

（一）好仁、欲仁、好德、好禮、愛禮、好義、好信等欲好之情都是道德情感，比如「好仁者，惡不仁者」（《論語》4.6），「欲仁而得仁」（《論語》20.2），「好德」（《論語》9.18、15.13），「未若貧而樂、富而好禮者也」（《論語》1.15），「爾愛其羊，我愛其禮」（《論語》3.17），「質直而好義」（《論語》12.20）。

（二）君子亦有好惡，君子之好惡是道德情感。如子貢問：「君子亦有惡乎？」孔子回答說：「有惡：惡稱人之惡者，惡居下流而訕上者，惡勇而無禮者，惡果敢而窒者。」（《論語》17.24）

（三）君子有憂，君子之憂是道德情感。如「德之不修，學之不講，聞義不能徙，不善不能改，是吾憂也」（《論語》7.3），「君子憂道不憂貧」（《論語》15.32）。

（四）孝悌之情是道德情感。如「孝弟也者，其爲仁之本與」（《論語》

〔註 1〕道德情感，牟宗三稱之爲「本情」、「本體論的覺情」、「仁心覺情」，唐君毅稱之爲「天情」。東方朔（林宏星）進一步將道德情感與感性情感概括爲「天情」和「人情」。（《劉宗周評傳》，南京：南京大學出版社，1998 年，第 140 頁）在儒家經典中，「人情」出於《禮記・禮運》，有感性情感的意思；「天情」一詞最早見於《荀子・天論》，但並非指道德情感。所以從詞源上看，「天情」、「人情」與道德情感、感性情感的對應並不十分嚴密。有鑒於此，我曾嘗試將道德情感和感性情感分別稱作「道情」和「人情」。（這樣還可以將道心、人心與道情、人情對應起來）道情和人情亦非杜撰，佛老多有道情、人情對言。比如《漢書》卷六七楊王孫傳載：楊王孫「學黃老之術」，報請裸葬：「蓋聞古之聖王，緣人情不忍其親，故爲製禮，今則越之，吾是以裸葬，將以矯世也。……且夫死者，終生之化，而物之歸者也。歸者得至，化者得變，是物各反其眞也。反眞冥冥，亡形亡聲，乃合道情。」元代道士陳致虛《上陽子金丹大要上藥》卷三：堯「乃捐天下而授舜曰：惟精惟一，允執厥中。舜以授禹而增之曰：人心惟危，道心惟微。惟精惟一，允執厥中。後來龍牙禪師乃云：人情濃厚道情微，道用人情世豈知。空有人情無道用，人情能得幾多時？」元僧釋念常《佛祖通載》卷二一：「世法即是佛法，道情豈異人情？」清人蔣鳴玉《政餘筆錄》卷二：「只平嘗心是道，道情人情一也。」當然，佛老兩家所說之情自與儒家不同。但爲了避免生創新提法，最後決定不用「道情」和「人情」，還用慣常的「道德情感」和「感性情感」。

1.2)，「弟子入則孝，出則弟，謹而信，泛愛眾，而親仁」(《論語》1.6)。

(五) 君子有恥，其恥是道德情感。如孔子曰：「君子恥其言而過其行」(《論語》14.27)，「古者言之不出，恥躬之不逮也」(《論語》4.22)，「行己有恥，使於四方，不辱君命，可謂士矣」(《論語》13.20)。

道德情感具有巨大的道德力量，是促成道德實踐和道德行為的內在動力。好仁好德、惡不仁惡惡，必然要有相應的道德行為。如果沒有相應的道德行為，就會憂心忡忡，不得安寧。直到採取了相應的道德行為，才會無憂無慮，寧靜安泰，才會「樂然後笑」。採取行為如果有過有不及，不合乎中庸之道，就會感到恥辱。「知恥近乎勇」，知道了什麼是恥辱，就會有毫無畏懼的道德勇氣，知道了恥辱就具有了強大的道德動力。情感具有強大的動力，如果說情感這種動力是一種衝動，那麼道德情感這種動力就是一種超越的動力，是一種「超越的衝動」。這種超越衝動所成就的是道德實踐和道德行為。

二是感性情感。如果說道德情感是一種「超越衝動」，那麼感性情感就可以說是一種「感性衝動」。感性情感是指從氣質感性發出而又為了滿足感性需要的那種情感。「富與貴，是人之所欲也」，「貧與賤，是人之所惡也」(《論語》4.5)，對富貴名利的欲好，對貧苦窮困的厭惡，是為了滿足人的感性需要，屬於感性情感。其他諸如：「好色」是為滿足人的感官需要，也是感性情感；憂貧之憂是感性情感；「恥惡衣惡食」(《論語》4.9)之恥是感性情感；子貢「愛其羊」，宰我安於「食夫稻，衣夫錦」也是感性情感。

我們常說感性情感有善有惡。其實感性情感本無善惡，感性情感只要不過，就是正常的情感。「欲而不貪」(《論語》20.2)，「樂而不淫，哀而不傷」(《論語》3.20)，欲、樂、哀原本都是正常的感性情感，貪、淫、傷是其過者。感性情感可以為惡是因其過度發展所致。感性情感一旦過度發展，就會變成私欲和私意。私欲私意執著於物欲而不放就會造成過與不及。「好勇疾貧，亂也」(《論語》8.10)，「好勇過我，無所取材」(《論語》5.7)，好勇是感性情感，本無善惡，一旦有過，就會變成私欲和私意，造成禍害。

道德情感與感性情感是兩種不同性質的情感。道德情感出於內在的道德法則而又以內在道德法則為對象。道德情感發而無不中節，自然無過不及。所以道德情感至善無惡。感性情感出於感性需求而又以滿足感性需要為目的。感性情感發而有不中節，可能有過不及。所以感性情感可善可惡。禮是感性情感無過不及的判斷標準。為了防止感性情感過度發展為私欲私意，就要以禮節之。「富與貴，是人之所欲也，不以其道得之，不處也；貧與賤，是人之所惡也，不以其道得之，不去也。」（《論語》4.5 這裏對富貴貧賤之欲都是感性情感，道即禮義之道。合於禮，感性情感則無過不及；不合於禮，則有過不及。以禮節之就需要知禮學禮，發揮道德認知的作用，故道德認知是防止感性情感過或不及的必要因素。

道德情感與感性情感又有著緊密的關係。兩者的關係主要有以下兩點：

其一，道德情感與感性情感可以有相同的表現形式和發動過程。喜怒哀樂、愛恨憂安等只是情感的形式，既可以指道德情感，也可以指感性情感。愛禮、憂道、安仁、欲仁、恥言過行等愛、欲、憂、安、恥之情是道德情感，而愛羊、憂貧、安於衣食、欲富貴、恥惡衣惡食等愛、欲、憂、安、恥之情則是感性情感，兩者的表現形式相同。道德情感與感性情感的發動也可以是同時的，道德情感流行發見的同時，感性情感也可能同時流露發動。

其二，感性情感對成就道德也會有積極的作用。一方面，道德情感往往要見於感性情感。道德情感並沒有單獨的表現形式和發動過程，而感性情感由於其感性特徵，具有顯見性。如果沒有感性情感的顯見性，道德情感可能也無法表現出來。另一方面，感性情感也具有強大的發動力，可以幫助促成道德實踐。感性情感是一種感性衝動，也有強大的動力。如果感性情感合於道德法則，就可以與道德情感一起，促動道德法則發用流行。「好德如好色」之好是道德情感，好色之好則是感性情感，兩者有著相同的情感形式。好色要像好德一樣眞實才會無過不及，好德也要像好色一樣有力才能流行發見。《大學》說「如好好色，好惡惡臭」，郭店楚簡〔註 2〕《緇衣》說「好美如好緇衣，惡惡如惡巷伯」（《緇衣》簡 1），都是這個意思。

以上就是孔子心性之學的基本格局與主要內容。

第二節　儒學之分化與內化

孔子中庸的外在根據是禮。禮是無過不及的判斷標準和倫理準則。無過不及是感性情感過度發展的結果。要達到無過不及的中庸之道，就需要以禮

〔註 2〕本書引用郭店楚簡簡文，主要參考了李零《郭店楚簡校讀記》（增訂本）（北京：中國人民大學出版社，2007 年）、劉釗《郭店楚簡校釋》（福州：福建人民出版社，2005 年）。

來規約感性情感。發揮心的認知功能，加強對禮的學習和認知，就可以防止感性情感過度發展而成爲私欲私意，就可以達到無過不及的中庸之道。

孔子中庸的內在根據是仁。仁包括良知之心和道德情感兩個本質內涵。良知之心是其內在的直覺原則，道德情感是其內在的動力原則。良知之心直接覺知道德法則。良知對道德法則的直覺本身就是對道德法則的眞實情感。這種眞實情感是道德情感，具有強大的道德實踐力，足以促成道德的實踐行爲。

孔子之後，儒學開始分化。其實強調按照內在根據成就道德的就是儒學的內化轉向，強調按照外在根據成就道德的就是儒學的外化轉向。這兩個方向分別形成了儒家的「內化派」和「外化派」。而這兩派的理論基礎，就是孔子之「心學」與「情學」。此外，還有強調孔子天道思想的學派，這裏稱之爲儒家的「天道派」。如果我們再結合孔子中庸的三重境界，其實其實這三重境界分別對應成就道德的三種方式，也孕育著儒學的三個發展方向。

孔子沒後，孔門七十子及其後學就在這三個方向上繼續推動儒家思想不歇晝夜，滾滾向前。後來這三個方向逐漸形成爲儒學三派，即重禮的外化派、重仁的內化派和重天的天道派。三派各自的集大成者分別是荀子、孟子和《易傳》。〔註3〕子貢說：「夫子之文章，可得而聞也。夫子之言性與天道，不可得而聞也。」（《論語》5.13）子貢不經意間道出了儒學三派的初始源泉。文章、性和天道也分別暗示了儒學三派的學術歸趣。與任何門派的內部分歧一樣，儒學三派也會彼此競爭，以傳其道，互相攻訐，以廣其說。但這种競爭並非壁壘森嚴，井河不犯。三派畢竟同源於孔子，他們在內在義理上有著許多相互融通之處。在相互融通的過程中，儒學內化派充分吸收了天道派的形上天思想，最終成爲儒學大宗的思孟學派。

儒學內化就是良知之心和道德情感完全內化爲天命之性，心性情爲一，成爲道德實踐的內在本體和形上根據。儒學內化是由思孟學派逐步完成的。思孟學派就是儒學的內化派。儒學內化派的前期文獻是《性自命出》、《五行》等出土文獻和《中庸》等傳世文獻，《大學》也可能是這個時期的文獻。儒學

〔註3〕關於儒學的分化，最早的說法是韓非的「儒分爲八」。但其說過於簡略，許多人名難以對號入座，現在已難窺其旨。而且，就韓非所劃歸的孔門傳人來看，其學術特色亦不甚明朗。比較而言，「儒分爲三」倒更符合儒學發展事實。參見梁濤《郭店竹簡與思孟學派》，北京：中國人民大學出版社，2008 年，第 86 頁。

內化派的成熟文獻是《孟子》。《性自命出》等文獻主要是對心和情的分化。心逐步被分化爲良知和認知兩種功能，情逐漸被分化爲道德情感和感性情感。《中庸》主要是將道德情感內化到天命之性，孟子則進一步將良知之心內化到天命之性，心性情爲一，是爲道德實踐的內在本體和形上根據，從而完成了儒學的內化。〔註 4〕

內化派注意到心對成德具有很重要的作用。《大學》的三綱八目是爲成就道德而設，正心居於非常重要的地位。「心誠求之，雖不中不遠矣」，道德的根據就在心中，只要誠心以求，不中不遠。《性自命出》也注意到心的重要性：「凡思之用，心爲甚」（《性自命出》簡 32）。孔子以思表達良知的涵義，但還沒有將思直接規定爲心的一種本質功能，到了《性自命出》，思才內化爲心的本質功能。

內化派將心對成德的重要性凝聚在心的主宰性上。「凡道，心術爲主。道四術，唯人道爲可道也。其三術者，道之而已。詩書禮樂，其始出皆生於人。」（同上簡 14-16）「耳目口鼻手足六者，心之役也。心曰唯，莫敢不唯；諾，莫敢不諾；進，莫敢不進；後，莫敢不後；深，莫敢不神；淺，莫敢不淺。」（《五行》簡 45-46）成德的方法有四種，即心術、詩、書和禮樂，但心是其中最爲重要的方法。心對成德的重要，性源於心的主宰性。心是一種內在的感官，能夠對耳目口鼻手足等感性感官有一種主宰性，使舉手投足，無過不及。

內化派還提出了心與性的關係。「凡人雖有性，心無定志，待物而後作」（《性自命出》簡 1），「凡性爲主，物取之也。金石之有聲，（弗扣不鳴。人之）雖有性，心弗取不出。凡心有志也，無與不（可，人之不可）獨行，猶口之不可獨言也」（同上簡 5-7）。人都有性，但性不能自己呈現，必須與外在的事物交接，才能被激發出來。心是性的一個能動因素，性所以能夠與物交接並

〔註 4〕當然，這些文獻在對儒學進行內化時，其內容是互相貫通的，而不是相互獨立的。比如，《大學》言心不言性，《中庸》言性不言心，這並非說《大學》不涉及心，《中庸》不涉及性，而是說《大學》言心而心就在性中，《中庸》言性而性就在心內。所以焦竑說：「知性者不言心，心在其中矣；正心者不言性，性亦在其中矣。」（《大學言心不言性中庸言性不言心孟子兼言心性解》，《澹園集》卷六，北京：中華書局，1995 年，第 35 頁）陳來亦說：「《大學章句序》講性，《大學章句》本身則以明德爲基礎，強調心。《中庸章句序》講心，但《中庸章句》本身以天命之性爲基點，而強調性。」（《朱熹〈中庸章句〉及其儒學思想》，《中國文化研究》2007 年夏之卷，第 11 頁）

被激發出來，一個關鍵因素就是心。

內化派早期文獻由心的重要性到心的主宰性，最終落實到心與性的內在聯繫，這就開始把儒學向最深層內化。這些思想成爲思孟學派一脈的先聲。

在孔子的「情學」中，人有道德情感和感性情感兩種情感，兩種情感對於成德各有其作用，各有其地位。當然，在《論語》中這一點仍然隱含在孔子的仁學和禮學中，沒有完全開發分化出來。孔子雖然有「情學」的思想，但孔子沒有提出性情之學意義上的情的概念，沒有具體指明感性情感與禮的關係，也沒有說出道德情感與仁的關係，更不用說道德情感與性的關係。這些問題在《性自命出》等內化派文獻中，都得到了進一步的明確。

內化派明確提出了兩種情感的區分。「凡有血氣者，皆有喜有怒」（《語叢一》簡 45-46），「有生有知，而後好惡生」（同上簡 8-9）。人都有喜怒好惡的情感。人的情感分爲兩種，一是「脂膚血氣之情」（《唐虞之道》簡 11），這是出於人之感性的肌膚血氣，顯然是感性情感。一是「美情」：「凡人情爲可悅也。苟以其情，雖過不惡；不以其情，雖難不貴。苟有其情，雖未之爲，斯人信之矣。未言而信，有美情者也。」（《性自命出》簡 50-51）美情是一種眞實的情感。美情眞實流露出來，雖然會有過與不及，但絕對不是出於惡意；不是美情的眞實流露，雖然無過不及，但並不值得稱道。可見，美情其實就是道德情感。

對於感性情感，內化派明確主張要以禮節情。《性自命出》說：「喜怒哀悲之氣，性也。及其見於外，則物取之也。性自命出，命自天降。道始於情，情生於性。始者近情，終者近義。知情（者能）出之，知義者能內入之。好惡，性也。所好所惡，物也。善不（善，性也）。所善所不善，勢也。」（同上簡 2-4）喜怒哀悲之氣就是性，這種性是一種感性之性，是一種氣性；這種情當然也就是一種感性情感，是一種「氣情」。氣性因外物的激發而見於外就是感性情感。氣性有善不善，感性情感當然也就有善不善。這就需要對感性情感進行制約。「道始於情」的道就是禮樂之道。之所以要製禮作樂，就是爲了防止感性情感之不善，所以說是「道始於情」，也稱作「禮作於情」（同上簡 19）、「禮生於情」（《語叢二》簡 1）或「禮因人之情而爲之節文」（《語叢一》簡 31、97）。最後一句似乎是對《禮記》「禮者，因人之情而爲之節文」（《禮記·坊記》30.2）一句話的簡化。

內化派對於道德情感的論述最爲精彩。首先，內化派對孔子好仁、好義、好禮、好德等思想作了進一步的明確。「聞道而悅者，好仁者也。聞道而畏者，好義者也。聞道而恭者，好禮者也。聞道而樂者，好德者也。」（《五行》簡49-50）好仁之好就是聞道以後內心所產生的悅愉感，好義之好就是聞道以後內心所產生的敬畏感，好禮之好就是聞道以後內心所激起的恭敬感，好德之好就是聞道以後內心所帶來的歡樂感。這些都是對內在道德法則或外在倫理準則本身的情感，不涉及感性對象，所以都是道德情感。

其次，內化派明確指出了道德情感與仁是同一的。《性自命出》說：「愛類七，唯性愛爲近仁。……惡類三，唯惡不仁爲近義」（《性自命出》簡40-41）。愛惡是情感的形式，既可以指道德情感，也可以指感性情感。至於哪種愛惡是道德情感，哪種愛惡是感性情感，在孔子那裏沒有具體交待。內化派認爲，愛有七類，惡有三類，只有發自於性的愛和對不仁的惡才近於仁、近於義，才是道德情感。當然，出於性的愛惡還只是近於仁義，還不能完全等同於仁義，因爲性是氣性，氣性有善有惡。《五行》說：「親而篤之，愛也。愛父，其繼愛人，仁也」（《五行》簡33），「不親不愛，不愛不仁」（同上簡21）。愛親並能擴而充之，這種愛是道德情感而不是感性情感。相反，連親人都不愛，這種愛肯定不是出於仁，當然也就不是道德情感，而是感性情感。還說：「愛善之謂仁」（《語叢一》簡92），「愛，仁也」（《語叢三》簡35-36）。愛中流露著仁，仁中包含著情，這就把情與仁打並爲一了。或者說就比較明確地指出了道德情感是仁的本質內涵。

最後，情感是心性發見的內在動力。「凡人雖有性，心無定志，待物而後作，待悅而後行，待習而後定。喜怒哀悲之氣，性也。及其見於外，則物取之也。」（《性自命出》簡1-2）性內在於己，性要發見於外，必須通過心感於物。但心感於物只是性之發見的可能條件，性要眞正轉化爲行動，還要以情作爲內在的催動力，這就是「待悅而後行」。「哭之動心也，浸殺，其烈戀戀如也，戚然以終。樂之動心也，濬深鬱陶，其央則流如也悲，悠然以思。」（同上簡30-31）喜怒哀樂之情的巨大動力足以動心，悲痛之情感動心，烈戀戀如，戚然以終，愉悅之情打動心，央則流如，悠然以思。《五行》說：「顏色容貌溫變也。以其中心與人交，悅也。」（《五行》簡32）內在愉悅之情發動，就會轉化爲顏色容貌的變化。「凡憂思而後悲，凡樂思而後忻，凡思之用，心爲甚。歎，思之方也。其聲變，則（心從之矣）。其心變，則其聲亦然。吟，遊哀也。噪，遊樂也。啾，遊聲（也）。嘔，遊心也。喜斯陶，陶斯奮，奮斯咏，咏斯搖，搖斯舞。舞，喜之終也。慍斯憂，憂斯戚，戚斯歎，歎斯辟，辟斯踴。踴，慍之終也。」（《性自命出》簡 31-35）喜怒哀樂之情的巨大動力還會讓人手之舞之，足之蹈之，心與性也就隨情而形於言表。

經過內化派的努力，孔子所沒有明確的心性情等思想都得到進一步的分化和明確。知、思、學、識等思想都落實到一個心字上，心性之心的意義凸顯出來。情包括道德情感與感性情感，性情之情的內涵得到分化。而且心、性、情三者的關係也比較明朗了，心是性情的覺知原則，情是心性的動力原則。

但這個時期的分化和內化仍是初步的，許多關鍵環節還沒有全部揭示出來。最明顯的是性的概念還比較模糊。孔子曾說過「性相近，習相遠」（《論語》17.2），但這個性只是相近，而且並不知道它是一種什麼性。雖然子貢將性與天道並提，也仍然沒有對性作進一步說明。《性自命出》雖然說「四海之內，其性一也」（《性自命出》簡 9），這較「性相近」爲進一步，但它卻以喜怒哀悲之氣說性，還說「善不（善，性也）」，「其用心各異，教使然也。凡性，或動之，或逆之，或交之，或厲之，或出之，或養之，或長之。凡動性者，物也；逆性者，悅也；交性者，故也；厲性者，義也；出性者，勢也；養性者，習也；長性者，道也」（同上簡 9-12）。性有善不善，性之善不善是由於外在的動逆習養所造成的。這又與孔子所說的「習相遠」相似，時時表現出感性的特徵。當然，《性自命出》也說「篤，仁之方也。仁，性之方也。性或生之」（同上簡 39），「性自命出，命自天降」（同上簡 2-3），性與仁、天命有著內在的聯繫。這又爲《中庸》的天命之性和《孟子》的性爲天之所與的思想作了準備。但總體上說，此時性既有感性的特徵，也有天命的內涵，性的本質內涵還不明確。

性的內涵不明確，帶來的一個影響是心的性質不明確。此時的內化派雖然非常重視心，但對心的性質卻沒有進一步肯定。《大學》言心有正有不正，《性自命出》也說「心無定志」、「用心各異」，此時的心可以從良知上來理解，也可以從認知上來理解。後來朱子以認知來理解《大學》的心，王陽明以良知來理解《大學》的心，他們的分歧應該說是古已有之。

心與性的內涵都不明確，更不會有心性情爲一的情況。這時候，心性情雖然已有密切的聯繫，但這種關係仍是一種外在的關係，沒有完全內化爲一。

性之內涵和地位的明確，是《中庸》所面臨的主要課題。性的內涵包括性的作用和性的來源。前者是道德的本體問題，後者是道德的終極根源問題。兩個課題的統一就是儒學的形上學建構問題。《中庸》通過性與中、仁、誠的關係，保證了性只能是道德之性，從而說明了性是道德的本體。《中庸》又由「天命之謂性」進一步指出，性是天命的道德之性，道德本體的終極根源是形上之天。這兩個課題的完成，就把《性自命出》的「性自命出，命自天降」和「仁，性之方也」打並爲一，從而在性的問題上實現了完全的內化。

心之兩種功能的明朗，在孟子和荀子那裏已經非常徹底。孟子以道德情感論良心本心，又以良心本心論性善，從而就把心性情完全內化爲一。孟子承接《中庸》天命之性，說良心本心是天之所與、非由外鑠。孟子又說：「惻隱之心，仁也；羞惡之心，義也；恭敬之心，禮也；是非之心，智也。」（《孟子》11.6）惻隱羞惡辭讓是非四端是情同時也是心，情是道德情感，心是良知之心。惻隱羞惡辭讓是非四端是仁義禮智四性，性是天命之性。道德情感與良知之心完全內化爲天命之性，心性情爲一，成爲道德實踐的內在本體和形上根據。從知行關係上來看，「是非之心，智也」是知善知惡，這是良知；「惻隱之心，仁也；羞惡之心，義也」是好善惡惡，這是道德情感；「辭讓之心，禮」是爲善去惡，這是道德的行爲。良知是知，道德行爲是行，道德情感則是由知到行的內在動力。這應是後來王陽明知行合一的完整涵義。

荀子以情論性，以情惡論性惡。情性爲惡，禮治性情。禮以學成，因此需要以心製禮。最後就是荀子的心治性情。情是感性情感，性是感性之性，心是認知之心。認知之心強調博學多識，所以荀子必定強調虛一而靜、積學固知的工夫，以隆禮強法，治情化性，引人向善。情是感性情感，性是感性之性，感性情感出於感性之性，性與情爲一。而心是道德的認知之心，心與性情是外在的對治關係。在荀子思想中沒有《中庸》的天命之性，因而也就沒有內在的道德法則；沒有良知之心，因而也就沒有內在的道德直覺；沒有道德情感，因而也就沒有內在的道德動力。於是一切道德行爲的產生，一切道德實踐的證成，就只能靠認知之心的強行規約。這就爲法家開啓了方便之門。

宋明理學是儒學發展的一個巔峰。性即理，性是天命之性，這是宋明理學一致承認的共法。理學內部的分歧在於心。心之兩種功能的最終明確是由張橫渠完成的。張橫渠提出德性之知和聞見之知，德性之知即良知，聞見之知即認知。這是從概念上對良知之心和認知之心的最早區分。在孟子和荀子那裏，心的兩種功能雖然已經非常明朗，但孟荀兩人只是固守一心，並沒有從概念上區分開來。就這一點來說，橫渠對儒學內化的發展做出了非常大的貢獻。

此後，朱子和陸王便沿著這兩條路分別建立了嚴密的哲學體系。在孔子的「心學」中，心有良知和認知兩種功能。由此來看，朱子和陸王都屬於孔子的「心學」，是孔子「心學」之兩派。朱子是「心學」之認知派，陸王是孔子「心學」之良知派。朱子與陸王之爭是「心學」兩派的內部分歧。朱子主張理氣二分、性情相對、心統性情。朱子的理論架構是思孟與荀子性情理論的有機綜合，性是思孟的天命之性，心和情則是荀子的認知之心和感性情感，情的地位相當低，扮演著被治的角色。如此一來，朱子之學就必然遺傳了荀子心學中的痼疾，即忽視道德情感，性中無情，從而致使性體無力。陸王之學是思孟學派的良知之心一脈。陸王提出心即性即理，性是天命之性，心是良知之心。從理論上說，陸王之學既然是思孟一脈，就應當承認道德情感與心性的同一關係，就應當承認道德情感的動力作用。但是陸王尤其是陽明過分相信心之良知的功能，對兩種情感的區別不夠清楚，對道德情感的動力作用認識不夠，時不時流露出重心輕情的意思。這樣一來，道德的動力不明，性體如何實現就染上了很多神秘色彩，從而予人口實，被指爲禪。

宋明理學只是發展了孔子之「心學」，孔子之「情學」在某種意義上說是失傳了。之所以會出現這種情況，可能有兩個方面的原因。其一是儒學內化派的早期文獻如《性自命出》等失傳。這些文獻包含了豐富的情感問題，如果這些文獻早上千年重見天日，宋明諸儒對情感問題的討論可能會更豐滿一些。其二是佛老的影響。道家和佛教都把情置於很低的位置，道家主張「性其情」，佛教倡導「滅情」。這是佛老二氏形上學之基本框架所決定的。宋明儒學爲應對佛老形上學的挑戰，在心性情的關係上也必然會受到佛老的影響，從而尊心性而賤情感。

重新接上儒學內化的發展脈絡，心性情爲一之義理結構的復歸，尤其是道德情感地位的再度恢復，劉蕺山和牟宗三功不可沒。劉蕺山提出「心之性情」，並將道德情感收迴心性。牟宗三提出「上下其講」〔註 5〕，正式將道德

〔註 5〕「上下其講」是牟宗三慣用的一把刷子，由此劃出的是先驗經驗、形上形下或先天後天兩層。他講心、性、情都用過這把刷子。比如他說：「道德感、道德情感可以上下其講。下講，則落於實然層面，自不能由之建立道德法則，但亦可以上提而至超越的層面，使之成爲道德法則、道德理性之表現上最爲本質的一環。」（《心體與性體》第一冊，《牟宗三先生全集》（5），第 131 頁）還說：

情感和感性情感區分開來，並充分重視到道德情感在性體發用中的關鍵作用。牟宗三的「上下其講」與張橫渠聞見之知、德性之知的區分，在儒學內化過程中有著同等重要的作用。

當然劉、牟二人對儒學內化所做的努力只是一種有限回歸。從整體上說，他們二人的學術性格仍然屬於「心學」之良知派，這決定了他們的努力只是對原初思孟學派的回歸，而不一定是對完整的孔子心性之學的回歸。孔子的心性之學包括「心學」和「情學」兩個部分，心有良知和認知兩種功能。以此爲標準來看，原初的思孟學派也有其弊，因爲它只重視良知之心而輕忽認知之心對於成就道德的作用。儒學要繼續發展，思孟學派就不能只是回歸，還要發新。所要發新之處就是對認知之心予以充分重視。〔註6〕只有這樣，才可以將孔子所開創的儒家心性之學全面撐開。總之，今天的儒學發展，就不單單是回歸到原初的思孟學派，更要充分吸納儒學外化派的認知之心，並開拓其新內涵，發展出「新思孟學派」。

以上就是對儒學的內化轉向及其義理發展的速寫。儒學內化的發展脈絡可以用下圖表示：

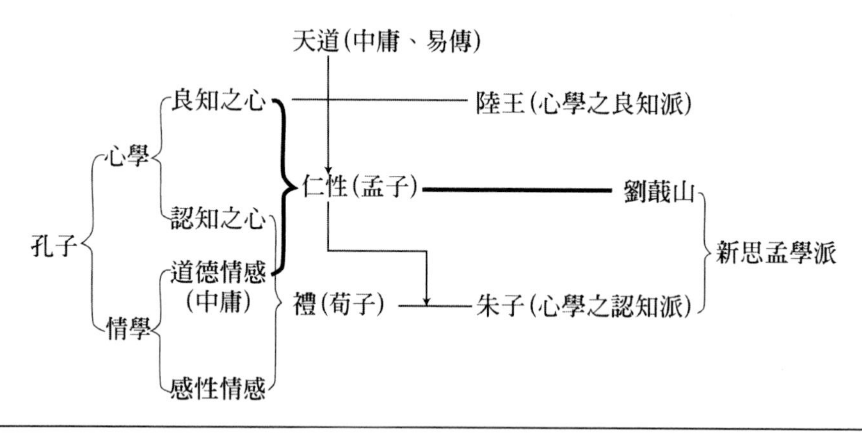

「『心』可以上下其講。上提而爲超越的本心，則是斷然『理義悅心，心亦悅理義』。但是下落而爲私欲之心、私欲之情，則理義不必悅心，而心亦不必悅理義，不但不悅，而且十分討厭它，如是心與理義成了兩隔」。(同上書，第169頁）又說：「『性能』一詞可以上下其講，有不同之規定。如果是向下講，則『性能』是指氣性說，是物理的，即氣之凝聚而成此底子……但『性能』一詞亦可向上講，即通於『於穆不已』之天命道體講，此即成眞實創造性這一創造實體。」(《心體與性體》第二冊，《牟宗三先生全集》(6)，第301～302頁）

〔註6〕牟宗三曾提出「良知坎陷」，給予認知之心以一定地盤，客觀上對此做了不小的貢獻。從主觀上對認知之心在成就道德上的作用予以重視，比較突出的有楊澤波先生，他曾提出儒學應充分發展「智性」。智性也就是認知之心。

關於這個圖，有四點需要說明：

第一，加粗的黑線條標示的是儒學內化及其發展。儒學內化就是孔子「心學」的良知之心與孔子「情學」的道德情感逐步內化為天命之性。儒學內化是由思孟學派逐步完成的，肇始於《中庸》，大成於孟子。《中庸》只完成了道德情感的內化，孟子進而完成了良知之心的內化。思孟學派完整的義理結構是心性情為一，心是良知之心，性是天命之性，情是道德情感。到了宋明，陸王充分發展了思孟學派的良知之心，但對於道德情感的認識不夠。直到劉蕺山提出「心之性情」，思孟學派之心性情為一的義理架構才在一定程度上獲得復歸。

第二，孔子「心學」的認知之心與孔子「情學」的感性情感歸結到荀子的禮，是為儒學的外化。感性情感發而有不中節、有過不及，這就需要加強對禮的學習和認知，以對感性情感進行規約。認知之心與禮和感性情感的關係都是外在的關係，認知之心與禮是一種外在的獲取關係，認知之心與感性情感是一種外在的對治關係。

第三，朱子之學是孟學與荀學的綜合。天道流行，天命下貫，這由《中庸》、《易傳》開始，到荀子卻被打住，拐一個彎才到朱子。在天命之性下貫的過程中，思孟、陸王、朱子皆承認並秉受之，荀子則強調天人之分，不承認天命之性。所以朱子之學的義理結構是孟荀之學的綜合，心和情分別是荀子的認知之心和感性情感，性則是思孟的天命之性。

第四，思孟學派充分吸收儒學外化派心之認知功能後所形成的一種未來理論形態就是「新思孟學派」。從義理結構上看，新思孟學派其實就是孔子之學。這裏之所以要稱之為「新思孟學派」而不稱之為「孔學」，是由成德的內在根據所決定的。成德的內在根據一定是由儒學內化派或思孟學派所提供，這就是內在的道德直覺（良知之心）和內在的道德動力（道德情感）。當然，其中的情況十分複雜，這裏只是一些綱概性想法，詳細的理論分疏，只能留待來日。

第三節　《中庸》之課題

孔子開創了仁學，為禮樂找到了一個內在根據。這是孔子的偉大貢獻。人類天生具有一種形上本能，必將一切問題究到極處。孔子提出仁是禮的內在根據以後，人們必然要繼續追問：仁到底是什麼？仁的終極根源到底在哪裏？這兩個問題推動儒學必然要向內、向上充其極地發展，其結果就是儒學的形上化或儒學的形上學建構。

孔子雖然開創了仁學，但孔子之仁學存在兩個方面的缺憾。一是孔子對仁的本質內涵說明不夠透徹。孔子說人而不仁如禮樂何，孔子看到禮樂等外在的道德規範和倫理準則必然要有一個內在的根據，這就是仁。據此，孔子創立了仁學，把仁作爲道德的內在根據。但從概念的明確性來看，在孔子那裏，仁還是一個比較模糊的概念。孔子沒有說明仁爲什麼能夠成爲道德的內在根據，也沒有說明仁是如何成爲道德的內在根據的。我們後面將會分析到，仁之所以能夠成爲道德的內在根據是因爲「仁者人也」，仁是性，是人之所以爲人的本質規定性。仁是道德的內在根據，還在於仁有的兩個本質內涵，這就是良知之心和道德情感。良知之心是其直覺原則，道德情感是其動力原則。只有弄清了仁的兩個本質內涵，才能明白仁是如何成爲道德的內在根據的。只有明白了仁是如何成爲道德的內在根據，才能最終確定仁是什麼。但孔子沒有來得及解決這一問題。這個問題其實就是儒學的內化。儒學內化是由思孟學派逐步完成的。通過思孟學派的努力，仁內化爲性，也就是仁的兩個本質內涵良知之心和道德情感內化爲天命之性。我們在後面將會論述，是《中庸》首先完成了道德情感的內化，性情爲一，性體即情體。孟子完成了良知之心的內化，心性爲一，心體即性體。至此，心性情爲一，儒學內化完成，心體即性體即情體，是爲道德的內在本體和形上根據。對仁的本質交待不夠，就使得孔子不能建立起道德的本體。

二是孔子對仁的終極根源交待不夠明確。孔子強調「知天命」，還說「天生德於予」。這些話頭隱含有將內在德性追溯到天的思想萌芽。但在孔子那裏，天的意義很多，沒有完全固定到哲學化的形上天。「天生德於予」之天只是一種情感天，還不能說內在德性的直接根源就是天。現在我們知道，仁是性，是內在的道德本體。「天命之謂性」，天是性的終極根源。這個天不是人格天，更不是情感天、命運天，而是形上天，是自然天的生命情感化。孔子還沒有說到這一層，這就意味著他沒有尋找到道德的終極根源。

孔子沒有建立道德的本體，這是由孔子仁學的實踐性格所決定的。子貢談他對孔子之學的感覺時說：「夫子之文章，可得而聞也；夫子之言性與天道，不可得而聞也。」子貢這句話包括兩個方面的意思：第一，孔子之禮的思想是顯見的。關於子貢所說之「文章」〔註 7〕，朱子說：「文章，德之見乎外者，威儀文辭皆是也。」〔註 8〕牟宗三的解釋則更爲具體：「所謂『文章』，當然不是文學作品，而是成文而昭彰的東西，其中最典型的應是實際的工作或事業。」〔註 9〕可見，「文章」即禮文憲章，說白了就是實踐層面的道德規範和倫理準則。孔子重視學禮、習禮、演禮，重視從實踐上落實內在的道德原則。因此，孔子之禮的思想是「可得而聞」，是顯而易見的，是易爲人熟知的。第二，孔子之性與天道的思想是隱微的。孔子當然更重視仁，重視禮的內在根據。但孔子不提倡空談仁，孔子談仁一定要關聯著禮來講，一定要關聯著現實的道德實踐來說。當然，孔子也重視性與天道，在其仁學中也包含著仁和性與天道同一的思想，但孔子並不特別著意於此，他的性與天道思想仍然是「不可得而聞」，是幽隱不彰的。這兩方面的意思就使孔子仁學表現爲一種實踐性格。孔子仁學的實踐性格決定了孔子談仁一定要落到實踐，這決定了孔子不會對仁作抽象的定義和闡明，而只是根據具體的道德實踐和倫理情景隨宜指點。在這種情況下，仁與性的關係就處於一種渾沌狀態，還沒有得到清晰的理論分析。孔子說「仁者愛人」，這還是強調從現實的孝悌之情中來感受仁，非常質實。後來《中庸》說「仁者，人也」，仁是人之所以爲人的本質規定性，孟子說「仁，人心也」，仁是人之所以爲人的良心本心，仁的本質內涵和根本性質才一步步明朗化，對仁的理論分析也逐漸深化。

孔子沒有找到道德的終極根源，這從孔子天論的形態可以看出來。孔子所說的天包括人格天、命運天、情感天、自然天等形態，還沒有哲學化的形上天。

〔註 7〕古代所說之「文章」與今天文學中所說之文章不同。對此，章太炎曾經有過詳細考辨：「文學者，以有文字著於竹帛，故謂之『文』。論其法式謂之『文學』。凡文理、文字、文辭，皆稱『文』。言其採色發揚謂之『彣』，以作樂有闋，施之筆箚謂之『章』。《說文》云：『文，錯畫也，象交文。』『章，樂竟爲一章。』『彣，䵊也。』『彰，文彰也』。或謂『文章』當作『彣彰』，則異議自此起。《傳》曰：『博學於文。』不可作『彣』。《雅》曰：『出言有章。』不可作『彰』。古之言文章者，不專在竹帛諷誦之間，孔子稱堯舜『煥乎其有文章』，蓋『君臣朝廷尊卑貴賤之序，車輿衣服宮室飲食嫁娶喪祭之分』謂之『文』，『八風從律，百度得數』謂之『章』。文章者，禮樂之殊稱矣。」（《國故論衡》中卷《文學總略》，民國八年《章氏叢書》本）還說：「古時所謂文章，並非專指文學。……文章就是禮、樂。」（《國學概論》，上海：泰東圖書局，民國十二年，第 94～95 頁）

〔註 8〕《論語集注》卷三，《四書章句集注》，第 79 頁。

〔註 9〕牟宗三：《中國哲學的特質》，《牟宗三先生全集》（28），第 28 頁。

先秦天論發展過程中，曾經出現過一股疑天、怨天、罵天的「疑怨思潮」或「疑怨運動」。〔註10〕這股思潮的結果是人格天的逐漸衰落。到了孔子的時代，人格天已不居主宰地位。但人格天畢竟深入人心千百年，所以在孔子那裏，人格天並沒有完全銷聲匿迹。孔子見南子，子路很不高興。孔子有口難辯，只能發誓說：「予所否者，天厭之！天厭之！」（《論語》6.28）桓魋要殺孔子。孔子毫無懼色地說：「天生德於予，桓魋其如予何？」（《論語》7.23）孔子被匡人拘禁。孔子正氣十足地說：「文王既沒，文不在茲乎？天之將喪斯文也，後死者不得與於斯文也；天之未喪斯文也，匡人其如予何？」（《論語》9.5）顏淵死，孔子失聲慟哭：「噫！天喪予！天喪予！」（《論語》11.9）這些地方的天具有生殺予奪等人性特徵，是一種擬人化、人格化的天。但這些天都是孔子在情況緊急或情緒激昂的情境下說出的，是一種情急之語。也就是說，在孔子思想中，人格天雖然仍保留其遺迹，但已失去其原有的宗教意義，更多的是情感意義，人格天其實已轉向了情感天。情感天只是人在緊急情況下本能的情感表達，尚不具哲學意義，更沒有確定的道德意義和哲學內涵。所以情感天是不能成爲道德終極根源的。

《論語》中的天還有一種形態，就是命運天。命運天是指天對人生命運的決定和限制。命運天對人生命運的決定和限制主要表現在三個方面。第一是生死。伯牛生病，孔子說：「亡之，命矣夫！斯人也而有斯疾也！斯人也而有斯疾也！」（《論語》6.10）顏回早逝，孔子說：「不幸短命死矣！」（《論語》6.3）子夏也說：「死生有命，富貴在天。」（12.5）是生是死，活長活短，這是由上天決定的。第二是富貴。「富而可求也，雖執鞭之士，吾亦爲之。如不可求，從吾所好。」（《論語》7.12）富貴在天，富貴可求不可求，是由天決定的，不是由人所決定的。第三是事業成敗。實行仁義王道是孔子最大的政治抱負。孔子一生，顛沛流離，憂道不憂貧，知其不可而爲之，最終仍然是「道之不行」（18.7）。對此孔子只能說：「道之將行也與，命也；道之將廢也與，命也。」（《論語》14.36）道之行不行，不是人所能決定的，而是天命所在。從命運天所決定的內容來看，無論是生死、富貴還是事業成敗，都是外在的

〔註10〕楊澤波：《孟子性善論研究》，北京：中國社會科學出版社，1995年，第165頁；《從以天論德看儒家道德的宗教作用》，《中國社會科學》2006年第3期。當然，也有人否定這種思潮的存在。（陳筱芳：《西周天帝信仰的特點》，《史學月刊》2005年第5期）不過，從本書第三章將考察的人格天之興衰來看，這種思潮還是應該存在的。

東西，不是內在的德性，不是內在的仁。爲仁由己，仁是可以自己把握的，而命運天所決定的東西不是人自己可以把握的。所以命運天也不是仁的終極根源，不是道德的終極根源。

疑怨運動的結果是人格天的沒落，代之而起的是自然天。〔註 11〕自然天在《論語》中主要有以下幾處：「天何言哉？四時行焉，百物生焉，天何言哉？」（《論語》17.19）「大哉！堯之爲君也！巍巍乎！唯天爲大，唯堯則之。蕩蕩乎！民無能名焉。」（《論語》8.19）「夫子之不可及也，猶天之不可階而升也。」（《論語》19.25）從這些地方可以看出，自然天具有兩個特性：一是化生萬物、運行四時之流行性。二是至大無外、至高無上之無限性。在第三章我們將看到，自然天正是因其這兩個特性而轉化爲哲學化的形上天，從而成爲道德的終極根源。但在孔子這裏，自然天還只是一種比喻用法，並無太多的哲學意味。「天何言哉」是孔子用來比喻「予欲無言」的，「唯天爲大」是用來比喻堯之功績巍巍和恩惠蕩蕩的，「猶不可階而升」是用來形容「夫子之不可及」的。後人對這幾處自然天有各種各樣神乎其神的說法，平心而論，這些說法不是無意曲解，就是有意拔高，有違經書願義，不可過於認眞。純粹的自然天只是颳風下雨、日月運行的自然現象，無生命情感，無道德涵義，當然也就不可能成爲道德的終極根源。

總之，孔子沒有建立道德本體，沒有尋找到道德的終極根源，所以孔子也就沒有構建起儒家的形上學體系。但儒家形上學建構又有其理論上的需要。這種需要可以從兩個方面來說。從儒學的內化進程來說，當孔子提出仁是禮的內在根據後，仁學就進入了一個更加內在的問題，即追問仁的本質內涵。追問的結果就是要求建立道德的本體。從普遍的人性上來說，人類天生具有一種形上本能，必然要打破沙鍋問到底，追問仁的終極根源。追問的結果就是要求尋找到道德的終極根源。這兩點的統一就是儒學的形上學建構。

從儒家思想的內化進程來看，儒學有建立道德本體的內在需要。孔子說仁是禮的內在根據，那麼接下來自然就會追問：仁是什麼？仁的本質內涵是什麼？

孔子中庸的外在根據是禮。這是孔子祖述舜，憲章文武，從三代傳承下來的。對此，孔子更多的是述而不作。孔子終其一生，周遊列國，四方遊說，

〔註 11〕陳來：《古代思想文化的世界——春秋時代的宗教、倫理與社會思想》，北京：三聯書店，2002 年，第 61 頁。

甚至連做夢都在想著恢復周禮。孔子的偉大抱負和雄心壯志在這裏，但孔子所以偉大之處並不在這裏，他的偉大在於他所開掘出的內在人格世界。這才是孔子對儒學最具創造性的貢獻。這就是孔子中庸的內在根據即仁。

就孔子中庸兩個根據的關係來說，中庸的外在根據是禮，內在根據是仁，而仁又是禮的內在根據。禮是經驗世界的道德規範和倫理準則，禮所規範的是外在行爲。而禮以時爲大，有時空性，要隨著歷史的發展而變化，禮有地域性，會根據地點的不同而迥異。所以禮作爲道德的外在根據，不是絕對的道德規範，不是唯一的倫理準則，不是道德的終極根據。僅僅以禮樂等道德的外在根據作爲道德的判斷標準，就會陷於道德相對主義的泥潭。春秋戰國禮崩樂壞的深層原因，就在於禮樂只是道德的外在根據，不具有終極性，不具有絕對性，是不徹底的、相對的，因此每個人都可以因時因地自作詮釋，結果就是各自爲政，禮崩樂壞。孔子對此有極其清醒的意識：「人而不仁，如禮何？人而不仁，如樂何？」（《論語》3.3）孔子深切感受到，禮樂背後必然要有更本質的東西支撐著禮樂等道德的外在根據。

孔子雖然提出仁是禮的內在根據，但孔子並沒有明確說明仁到底是什麼，仁到底有什麼本質內涵。這一問題是儒學發展必然要面對的問題。仁的本質內涵不明確，就無法知道仁是如何成爲禮的內在根據的。仁的本質內涵不明確，也就不知道仁爲什麼能夠成爲禮的內在根據，也就不知道仁爲什麼是絕對的、唯一的、終極的道德根據。孔門弟子對孔子論仁參悟不透，理解不一，原因就在這裏。孔子之後，儒門分化，原因也在這裏。所以這一問題必須得到解答。這一問題的解答，就是道德本體的建立。

從人普遍的思維特性來看，人類有一種形上本能，必然要追尋道德的終極根源。人是有限的也是無限的。就其無限的一面來說，人天生是宗教的動物。〔註 12〕人總是要基於其有限性而追求其無限性，追求終極的宗教性東西。這是人天生的超越嚮往和形上需求。人本能地要追求那些絕對的、唯一的、永恒的、至上的、至大的、普遍的、無條件的東西。人之超越的嚮往和形上的需求是人之最高級的本能，即人類的形上本能。

人類本能的超越嚮往和形上需求東西在不同文化系統和民族心理中有不同的名稱，但總體來看，無外乎天、帝等表示絕對的觀念。胡適曾寫信對顧

〔註 12〕李杜：《中國古代天道思想論》，臺北：藍燈文化事業公司，1992 年，第 117 頁。

頡剛說，在梵文、希臘文、拉丁文和中文裏，天、帝或天帝、上帝同出一源，並且是世界上最古的字。〔註13〕劉復（半農）不同意胡適的說法：

> 想來他（引者按：指胡適）的意思以爲「帝」的觀念是初民就有的，所以說「最古」。其實，神靈崇拜中的「帝」是個很進化的階級，斷斷不是最古。西印度各民族，直到現在還沒有「帝」或「上帝」或「天帝」一類的名稱，若要向他們解釋一個「帝」字，只能指東畫西的說「星」，說「日」，說「大」，說「善靈」，說「不欺之善靈」等等。他們非但不知道「帝」，而且竟沒有一個抽象的「天」，要向他們說明一個「天」，只能借用實物，說「雲上頭的」，「星中間的」，「上面的地」，「在上」，「星與日」，「高高的」等等。〔註14〕

劉半農曲解了胡適的意思，混淆了字與字所代表的觀念。胡適說天、帝等字是最古的文字，意思並不是指這些文字本身是最古的，而是在說這些文字所表達的觀念是最古的。「最古」是從人類的本能來說的。有什麼東西比本能還要古呢？劉半農所舉的例子，不但沒有起到反駁作用，反而證明了人類的形上本能和超越嚮往是與生俱來、先天存在的。西印度的原始民族雖然沒有天或帝的名稱，但他們卻有「星」、「日」、「大」等觀念。在他們的觀念中，星和日就是天或帝的意思。雖然他們沒有天和帝的名稱，但有大、在上、高高的等具有終極性的抽象觀念。這些抽象觀念正是天或帝所要表達的意思。天、帝等文字本身也許是人類明中比較進步的、比較後出的現象，但天、帝等文字所代表的形上觀念卻是與生俱來、本來原有的。

人類本能的超越嚮往和形上需求在西方哲學中有著悠久的傳統。康德和舍勒對此就曾有非常精到的論述。康德說形而上學是人的一種自然傾向：

> 形而上學即使不是現實地作爲科學，但卻是現實地作爲自然傾向（metaphysica naturalis）而存在。因爲人類理性並非單純由博學的虛榮心所推動，而是由自己的需要所驅動而不停頓地前進到這樣一些問題，這些問題不是通過理性的經驗運用、也不是通過由此借來的原則所能回答的，因此在一切人類中，只要他們的理性擴展到了思辨的地步，則任何時代都現實地存在過、并還將永遠存在某種形

〔註13〕胡適：《論帝天及九鼎書》，《古史辨》第一冊，上海：上海古籍出版社，1982年，第199頁。

〔註14〕劉半農：《「帝」與「天」》，《古史辨》第二冊，上海：上海古籍出版社，1981年，第23頁。

而上學。〔註 15〕

形而上學的自然傾向就是一種形上本能。這種自然傾向或形上本能推動著人類一定要追求那些絕對的、無條件的東西。康德通過先驗的辯證邏輯推論出絕對的、無條件的對象一共有三個：一是靈魂，即關於思維主體的絕對的無條件者；二是世界，即關於客體對象的絕對的無前提者；三是上帝，即關於主客體的至上條件者，是一切存在者之存在者，也是最高級別的絕對者。

舍勒更形象地將人類的形上本能稱爲「形而上學癖」。人類天生就對形上學有一種深深的癖好。「形而上學癖」源自人性中的一種「絕對域」。人性中有一個領域是保留絕對、無限東西的，這個領域就是「絕對域」。絕對域永恒存在，人類的靈魂和精神時刻都被絕對域包圍著。人類的靈魂和精神處於絕對域中，就如魚兒游在水中，無論是明確地意識到它，沒有意識到它，還是意識不到它，它都一如既往地存在著。而且，絕對域不能是一片空白，它必然要被填充。人們有意識地填充其絕對領域的方式有兩種，第一種是宗教信仰的方式，這是最直接、最方便也是最省事的一種填充方式，在這種方式下，絕對域的填充物就是上帝。第二種是哲學思辨的方式，在這種方式下，絕對域的填充物就是各種絕對的、無限的、普遍的理念。舍勒說：

> 人本質上必然地是形而上學家——假如他不信上帝之實在性。……任何一個有限意識——如果它是不信上帝的——都具有某種形而上學，甚至不可知論的實證主義者亦不例外。〔註 16〕

一個人在本質上如果不是一個虔誠的教徒，就必然是一個形而上學家，甚至連不可知論的實證主義者也必然具有其形上學。不可知論者聲稱沒有一種絕對的東西，沒有一種無條件的東西，不承認有一種絕對的、無限的領域，所謂的形上的對象，都是虛無的東西，而虛無的東西都是不可實證的。但他們忘記了，虛無本身也是不可實證的，也是形上的東西。所以不可知論者也有其形上學，其形上學就是一種虛無的形而上學。實證主義者並沒有也不可能根除形上學，他們只是對形上學放棄了判斷。但放棄與原有是兩回事，原有的東西並不因爲被放棄而不存在，形上學存在與否，並不取決於人們的拒斥

〔註 15〕康德：《純粹理性批判》B21，鄧曉芒譯，北京：人民出版社，2004 年，第 16 頁。

〔註 16〕舍勒：《絕對域與上帝理念的實在設定》，孫周興譯，《舍勒選集》（下），上海：上海三聯書店，1999 年，第 900～901 頁。

或疏離。〔註 17〕相反，放棄一種東西正好證明原本就有這種東西，只是人爲地不被承認罷了。

在中國文化傳統中，人類的嚮往超越、追求絕對的形上本能，在屈原的長詩《天問》中表達得最爲淋漓盡致。《天問》的題名向來多解，但總結起來不外三種。第一種理解認爲「天問」其實是「問天」。東漢王叔師說：「何不言問天？天尊不可問，故曰天問也。」〔註 18〕天問就是問天，即人向天來發問。天極尊貴，人不敢向天發問，就如臣子不敢向皇帝發問一樣。臣子向皇帝發問，首先要說「斗膽敢問」幾個字。但這仍然是「敢」問。皇帝只是「天子」，天要比皇帝尊崇得多，即使斗膽也不敢問天。但人類的形上本能是扼抑不了、封閉不住的，作爲有限而又無限的人，必然要有這些問題，也必須要問這些問題。所以屈原就用了一個倒裝句式，「問天」就變成了「天問」。第二種理解認爲「天問」是「天的問題」。天與上帝應該也有其疑問，這些疑問就是天的問題，即天問。〔註 19〕第三種理解認爲「天問」就是天大的問題、象天一樣的問題。《天問》共有一百七十多個問題，多是些終極性問題。對屈原那個時代的人來說，這些問題是無法回答的，很多問題即使現在仍然無法回答，甚至永遠也無法回答。這些問題對當時的人甚至對整個人類來說都是天大的、終極的問題。所以「天問」之「天」應該訓解爲「大」，大是天大、極大的意思，「天問」就是「大問」。〔註 20〕「天問」、「大問」就是天大的問題。《天問》中的問題有一個共同特點，即問而無答。之所以問而無答，是因爲人們對於天大的問題、終極的問題，無語回答，無力回答，也永不能答。但人有形上本能，面對這些問題，又不能不說出來，不可不發出來，「欲付之無言乎？而耳目所接有感於吾心者，不可不發也」〔註 21〕。人們說出這些問題，就是在寄託著自己的一種終極關懷和形上探索。柳宗元就通過《天對》來抒發他對天大問題的看法。這是他的終極關懷和形上努力。人不能不問這些終極問題，不能沒有這些終極關懷。這是人的本能，是人類的形上本能。

總之，孔子提出仁是禮的內在根據，可是孔子沒有解答仁到底從何而來。

〔註 17〕楊國榮：《存在之維——後形而上學時代的形上學》，北京：人民出版社，2005 年，第 1 頁。

〔註 18〕王逸：《楚辭章句》卷三，《四庫》1062/25 下。

〔註 19〕陳子展：《天問解題》，《復旦大學學報》1980 年第 5 期。

〔註 20〕王倩予：《〈天問〉解題衍義》，《社會科學研究》1999 年第 3 期。

〔註 21〕洪興祖：《楚詞補注》卷三，《四庫》1062/162 上。

人類的形上本能逼使人們一定要追問這個問題。中國先哲常把這類天大問題、終極問題溯源於天。仁的問題也一樣。於是天就成了仁的終極根源。但孔子對此沒有明確交待，他沒有指出天是道德的終極根源。

從上面的分析可知，儒家形上學建構問題包含兩個子課題：一是建立道德的本體，即仁的本質內涵之明確問題，二是探尋道德的終極根源，即仁之終極根據源問題。這兩個問題直到《中庸》才開始獲得一定的解答。《中庸》說「仁者人也」，仁是性，是人之所以為人的本質規定性。這就把仁內化到性，成為道德的本體。《中庸》還說「天命之謂性」，天是性的終極根源，是道德本體的終極根源。《中庸》首章「三提句」即「天命之謂性，率性之謂道，修道之謂教」是《中庸》乃至整個儒學的總綱，也可以稱之為「儒門三規」。〔註 22〕三提句前兩句就是《中庸》兩個課題的最終結論：「率性之謂道」表明性是道德的本體，「天命之謂性」表明天是道德的終極根源。《中庸》的兩個形上課題，是儒學內化發展中必然會出現也必須要解決的重大問題。

〔註 22〕「三提句」似乎是胡止歸最先使用的。（《中庸章句淵源辯證》（下），臺灣《大陸雜誌》第二十一卷第七期，第 923 頁）《中庸》「三提句」是全篇思想的提綱挈領性句子。李塨曾說，《中庸》「通篇之理不出首一章，首一章之理不出首三句，首三句不出一『中』字。民受天地之中以生，天命之謂性也；發而皆中節、執中，率性之謂道也；用其中於民，修道之謂教也。」（《恕谷中庸講語》，《續四庫》159/376 上）徐復觀曾把「三提句」的重要性放大到整個儒學思想，說它「是全書（按：即《中庸》）的總綱領，也可以說是儒學的總綱領」。（《中國人性論史．先秦篇》，臺北：臺灣商務印書館，1987 年，第 116 頁）

第二章　《中庸》形上課題一
——道德本體之初證

《中庸》的第一個形上課題是爲儒學建立道德的本體。《中庸》將孔子的仁內化爲性，初步建立起了道德本體。性是人之所以爲人的道德本性，是道德實踐的內在本體和形上根據。性只是道德本體的總體表示，性或道德本體還有其形式和內容的表示。性的形式表示是中。仁和誠是性的實質內容，是性的內容表示，仁是性的主觀面，誠是性的客觀面。中是性的形式表示，因此稱爲道德的形式根據。仁和誠是性的實質內容，因此稱爲道德的實體根據，仁是道德的主觀根據，誠是道德的客觀根據。道德的本體即性之具體涵義就是由中、仁和誠三個概念來規定的。性是性體，中是中體，仁是仁體，誠是誠體。性體、中體、仁體、誠體爲一，同是道德本體。同時，通過道德本體這一概念，《中庸》之性、中、仁、誠等概念及其在《中庸》義理中的位置得到了合理安排。

第一節　性作爲道德本體之提出

這裏所說的「道德」是指道德行爲和倫理關係等一切道德實踐與道德現象的統稱。道德行爲是指每個人憑籍自己的道德本性而自覺自願地做出的行爲，倫理關係是指在道德行爲中所建立起來的人際、家庭和社會關係。「本體」一詞比較麻煩，相關的討論五花八門。這裏所說的本體是指現象所以可能的根據。「道德本體」就是指道德行爲、倫理關係等道德現象和道德實踐所以可能的根據，因其內在於每一個人，具有先驗性和普遍必然性，所以又稱之爲道德實踐的內在本體和形上根據。形形色色的倫理現象和道德實踐之所以可能，就是因為有一個內在本體作為其形上根據。依《中庸》，這一內在的形上本體就是性，性是道德本體。《中庸》是通過實踐證成和邏輯推證提出道德本體的。

一、道德本體之實踐證成

儒家討論道德本體往往是通過道德實踐的方式證成的。在道德踐履中，人們直覺到必然有一個內在的本體和形上的根據存在。《中庸》是儒家的經典文獻，所以也使用了道德踐履的方式來證成道德本體。《中庸》第九章就是典型的道德本體實踐證成方式。這裏就以這一章為例來看看《中庸》是如何通過道德實踐來證成道德本體的。

《中庸》第九章說：

> 子曰:「天下國家可均也，爵祿可辭也，白刃可蹈也，中庸不可能也。」

這一章的前三句話是重點。理解這三句話要先弄清兩個問題：第一，「天下國家可均」的「均」字作何理解？第二，「國家可均」、「爵祿可辭」、「白刃可蹈」又指的什麼？

「均」字一般有兩種解釋。一種解釋認為均是均分、瓜分的意思。游定夫說:「天下國家之富可均以與人。」〔註 1〕這是把均理解為均分。清儒李榕村說:「均謂分以與人也。」〔註 2〕這就更直接了，均就是與人均分。另一種解釋認為均是管理、平治的意思。呂與叔說:「均之為言，平治也。《周官》冢宰『均邦國』，平治之謂也。」〔註 3〕也就是說，這裏的均與「均邦國」的均意思一樣，是平治的意思。在《中庸章句》中，朱子採取的就是呂氏的這種說法。

按照第一種解釋，「國家可均」是說國家天下是可以與人均分的。這就是平時所說的「平分天下」。按照第二種解釋，「國家可均」是說國家天下是可以治理得很好的。這就是《大學》所說的「治國平天下」。哪一種解釋更符合《中庸》原義呢？這裏認為第一種解釋更切合於原義。「國家可均」與「爵祿

〔註 1〕轉引自衛湜《禮記集說》卷百二六，《四庫》120/83 上。

〔註 2〕李光地:《中庸章段》,《榕村四書說》,《四庫》210/13 下。

〔註 3〕呂大臨:《禮記解・中庸》,《藍田呂氏遺著輯校》，陳俊民輯校，北京：中華書局，1993 年，第 278 頁。

可辭」、「白刃可蹈」三句話是排比用法，它們在意義上也應對應。對於每一個人來說，辭爵祿、蹈白刃既是難能之事，也是不欲之事。但治國平天下雖然是難能之事，卻並非不欲之事。所以均字不能理解爲平治，只能理解爲均分。把天下國家與人平分，不但是難能之事，而且也是不欲之事。只有這樣，「國家可均」與「爵祿可辭」、「白刃可蹈」的意義才能對應起來。

均國家、辭爵祿、蹈白刃其實是從三個方面來說的道德行爲。均國家是從政治權利方面來說的道德行爲。泰伯「三以天下讓」（《論語》8.1）就屬於這種道德行爲。辭爵祿是從富貴榮辱方面來說的道德行爲。孔子所說「不義而富且貴，於我如浮雲」（《論語》7.16），孟子所說「富貴不能淫，貧賤不能移」（《孟子》6.2）就屬於這種道德行爲。蹈白刃是從生命氣節方面來說的道德行爲。這是儒家最爲重視的一種道德行爲。孔子所說「志士仁人，無求生以害仁，有殺身以成仁」（《論語》15.9），「三軍可奪帥也，匹夫不可奪志也」（《論語》9.26），孟子所說「威武不能曲」（《孟子》6.2），都屬於這種道德行爲。

進一步說，均國家、辭爵祿、蹈白刃是人所難能又是人所不欲的極端道德行爲。首先，它們表示的是極端的行爲。有什麼比天下國家的權利更大呢？有什麼比高官厚祿更誘人呢？有什麼比肉體生命更重要呢？其次，它們是人所難能的。有什麼比與人平分天下更難呢？有什麼比拒絕高官厚祿更難呢？有什麼比白刃抵頸而面不改色更難呢？最後也是最重要的，它們是人所不欲的。權傾天下，誰想與人平分？高官厚祿，誰想棄之不顧？刀山火海，誰想飛身而入？

均國家、辭爵祿、蹈白刃雖然是難能的，卻不是不能的，相反它們是人人可能的。所以《中庸》說「天下國家可均也，爵祿可辭也，白刃可蹈也」。天下國家沒有什麼值得留戀的，完全可以與人分之，爵位厚祿沒有什麼可以珍惜的，完全可以揮之而去，刀山火海也沒有什麼可以懼怕的，完全可以飛身投入。譚惟寅說得更具體：

> 凡最高難行之事，皆可以能爲之，惟中庸天理，不可以能爲之也。天下國家之大，非尋常貲產之比，疑不可均以與人，然而巢、由之徒，視天下若將浼己，燕子噲舉國以授子之，殊無難色，則是天下國家雖大，在高者處之，均以與人可也。爵之貴、祿之富，天下之人所同欲，疑不可強爲辭辟也，然慕爲夷、齊之潔者，雖賦邑萬鍾，

繫馬千駟，亦不之顧，則是爵祿雖榮，在廉者處之，辭而不受可也。白刃兇器，天下之人所同畏，疑不可冒死而蹈之，然賁、育、專諸、北宮黝之倫，雖千萬眾在前，猶不少慴，是白刃雖凶，在勇者處之，以身蹈之可也。蹈白刃不畏，百千人中無一焉；辭爵祿不受，千萬人中無一焉；均天下國家以與人，雖數千年中亦無一焉。此皆所謂超世絕倫之行，非常人之所易能也，而聖人皆以此爲可能。〔註4〕

均國家、辭爵祿、蹈白刃都是人所難能之事，但總是有人能夠做出來。天下國家不是平常的財產，很難與人均分，但燕子噲等高人卻能夠與人平分；爵祿富貴是天下人都殷切欲求的，很難揮之不顧，但伯夷、叔齊等廉者卻能夠堅辭不受；白刃兇器是人們都害怕的，是很難冒死踩上去的，但賁、育、專諸、北宮黝這些勇者卻能夠挺身而上。

人之難能只是因爲人之不欲。對國家權勢、高官厚祿和感性生命之欲顯然是感性欲求。感性欲求是人的基本需求。感性欲求的基本法則是趨利避害，貪多厭少。感性欲求的動力表現是感性情感。感性欲求得到滿足就快樂愉悅，得不到滿足就不快不悅。感性情感具有強大的行動力，符合感性欲求、感性情感，人就願意爲之，樂意做出相應的行動，反之人就不願爲之，不想做出相應的行動。均國家、辭爵祿、蹈白刃不符合貪多厭少、趨利避害的感性原則，所以是人所不欲，人所難能。

均國家、辭爵祿、蹈白刃與人的感性欲求背道而馳，不合乎人的感性情感，因而是人所不欲的，是人所難能的。但它們只是難能，並非不能。難能可貴。可貴的道德價值和道德意義正從此出。一個人一旦做出這種行爲，就意味著他成就了道德。問題是，這些極其難能之事，極其不欲之舉，到底是什麼使之成爲可能的呢？或者說，其所以可能的根據是什麼呢？

使均國家、辭爵祿、蹈白刃成爲可能的根據歷來有三種說法。第一種說法認爲是智、廉、勇。呂與叔說：「平治乎天下國家，知者之所能也；讓千乘之國，辭萬鍾之祿，廉者之所能也；犯難致命，死而無悔，勇者之所能也。三者，世之所難也，然有志者，率皆能之。」〔註5〕

第二種說法認爲是惠、廉、勇。游定夫說：「天下國家之富可均以與人，爲惠者能之；爵祿之貴可辭，爲廉者能之；白刃可蹈，爲勇者能之。然而中

〔註4〕轉引自衛湜《禮記集說》卷百二六，《四庫》120/85。
〔註5〕呂大臨：《禮記解・中庸》，《藍田呂氏遺著輯校》，第278頁。

庸不可能者，誠心不加，而無擇善固執之實也。」〔註6〕

第三種也是最有影響的一種說法是朱子提出來的，他認為是智、仁、勇。朱子說：國家可均、爵祿可辭、白刃可蹈「三者亦知仁勇之事，天下之至難也」。〔註7〕《中庸》第六章說舜大知，朱子說這是「知之所以無過不及」〔註8〕；第八章說顏回擇乎中庸而弗失之，朱子說這是「行之所以無過不及」〔註9〕；第十章子路問強，朱子說這是「勇之事」〔註10〕。舜之知是生知安行，智者之事；顏回之擇是學知利行，仁者之事；子路之強是困知勉行，勇者之事。舜禪讓天下是國家可均，顏回簞食瓢飲、居於陋巷是爵祿可辭，子路暴虎馮河、死而無悔是白刃可蹈。於是國家可均、爵祿可辭、白刃可蹈與智、仁、勇就通過舜、顏回和子路三人的行為品格聯繫到一起了。

從本質上看，無論是智、廉、勇，惠、廉、勇，還是智、仁、勇，它們都是內在的德性。它們是均國家、辭爵祿、蹈白刃等道德實踐成為可能的根據，也就是說，內在德性是道德實踐所以可能的根據。使道德實踐成為可能的內在德性必然具有兩個特徵。一是普遍性。作為道德所以可能的根據，德性必然是內在於每一個人的。否則就等於說道德實踐有些人可以做，有些人不能做。那麼均國家、辭爵祿、蹈白刃等道德實踐對有些人來說，就非但是難能，簡直就是永無可能，《中庸》以及整個儒家絕會不這樣說的。二是形上性。作為道德的內在根據，德性必然是先驗的、形上的、超越感性的。如果德性仍是經驗的、形下的、感性的，道德的行為也許一時可能，但不能總是可能。〔註11〕

〔註6〕轉引自衛湜：《禮記集說》卷百二六，《四庫》120//83 上。

〔註7〕《中庸章句》，《四書章句集注》，第 21 頁。

〔註8〕《中庸章句》，《四書章句集注》，第 20 頁。

〔註9〕同上。

〔註10〕《朱子語類》卷六三，《朱子全書》16/2065。

〔註11〕這個道理不難理解。如果足夠清醒，足夠理智，根據感性欲求和感性情感的法則，絕對不會做出均國家、辭爵祿、蹈白刃等道德行為。因為道德行為往往不合乎趨利避害、貪多厭少的感性法則。當然，功利主義者會說，出於感性欲求和感性情感也可以成就道德行為，比如為了十元錢可以捨去一元。但是《中庸》所舉均國家、辭爵祿、蹈白刃等三例都是極端的行為。在感性世界裏，有什麼比天下國家、高官厚祿、肉體生命更誘人、更重要、更捨不得的呢？肯定沒有。根據感性法則，這些極端的行為不能成就。但它們確實又是人人可能的，是每一個人都能實實在在地成就的。那麼使之可能的根據就必然不在感性世界，而只能在是超越感性世界中。所以道德實踐所以可能的

道德實踐所以可能的根據是內在德性。內在德性是先驗的、形上的、超越感性的，這就是道德本體。於是，《中庸》就通過這些極端的道德實踐，證成了人人內具的道德本體。

二、道德本體之邏輯推論

《中庸》是原始儒家少有的純理論性著作，它提出道德本體，除了運用道德實踐的方式外，還運用了邏輯推證的方法。以邏輯分析的方法推論道德本體的存在，集中體現於《中庸》第廿章的前兩段：

> 哀公問政。子曰：「文武之政，佈在方策。其人存，則其政舉；其人亡，則其政息。人道敏政，地道敏樹。夫政也者，蒲盧也。故爲政在人，取人以身，修身以道，修道以仁。仁者人也，親親爲大；義者宜也，尊賢爲大。親親之殺，尊賢之等，禮所生也。在下位不獲乎上，民不可得而治矣！故君子不可以不修身；思修身，不可以不事親；思事親，不可以不知人；思知人，不可以不知天。天下之達道五，所以行之者三。曰君臣也，父子也，夫婦也，昆弟也，朋友之交也，五者天下之達道也。知、仁、勇，三者天下之達德也，所以行之者一也。或生而知之，或學而知之，或困而知之，及其知之一也。或安而行之，或利而行之，或勉強而行之，及其成功一也。」
>
> 子曰：「好學近乎知，力行近乎仁，知恥近乎勇。知斯三者，則知所以修身；知所以修身，則知所以治人；知所以治人，則知所以治天下國家矣。凡爲天下國家有九經，曰：修身也，尊賢也，親親也，敬大臣也，體群臣也，子庶民也，來百工也，柔遠人也，懷諸侯也。修身則道立，尊賢則不惑，親親則諸父昆弟不怨，敬大臣則不眩，體群臣則士之報禮重，子庶民則百姓勸，來百工則財用足，柔遠人則四方歸之，懷諸侯則天下畏之。齊明盛服，非禮不動，所以修身也；去讒遠色，賤貨而貴德，所以勸賢也；尊其位，重其祿，同其好惡，所以勸親親也；官盛任使，所以勸大臣也；忠信重祿，所以勸士也；時使薄斂，所以勸百姓也；日省月試，既廩稱事，所以勸百工也；送往迎來，嘉善而矜不能，所以柔遠人也；繼絕世，舉廢

內在德性是先驗的、形上的。儒家講道德，常說殺身成仁、危難見眞等極端話頭，就是爲了逼顯出道德實踐所以可能的根據之形上性。

國，治亂持危，朝聘以時，厚往而薄來，所以懷諸侯也。凡爲天下國家有九經，所以行之者一也。

第廿章在《中庸》所有三十三章文本中是最長也是最複雜的一章。從字數上說，這一章佔了《中庸》整個文本近五分之一的篇幅。這種分章在朱子的《四書》分章中是非常少見的。即使在擅長大段大段講故事的《孟子》中也只有三章（1.7、3.2、5.4）超過這個篇幅。從內容上看，上引內容又見於《孔子家語．哀公問政》，只是《家語》更爲詳盡。較之《中庸》，上引第二段在《家語》中有三處「公曰」和「孔子曰」的問答之詞，這使得哀公和孔子的問答情境更爲具體眞實。

道德本體的邏輯推證就在哀公與孔子的問答之間。在擺明這個推證過程之先，我們需要排除對本章的一個片面理解。初讀這一章，我們會發現哀公與孔子的問答存在一個答非所問的表面緊張。哀公所問的是如何搞好政治，但孔子所答的卻是天道人道。對於一個急切於政治實務的國君來說，孔子的話顯然是答非所問，想必哀公對於孔子的答話也不會太滿意。所以僅僅憑「哀公問政」和孔子所答「文武之政，佈在方策」，就將這一章簡單地看作是講政治現象的，那就把這一章徹底讀歪了。王船山對這種錯誤的讀法早就提出過強烈的批評：

> 此章之迷誤，在錯將「文武之政」四字作法祖說，不論何句，俱以文武插入，至「誠者天之道也」下，方扯不動，方丟了別講學去，首尾不接，不通莫甚焉。其病在開門見山之胡說，令人狂惑。不知「文武之政」二句，是撇開不論之意。蓋謂若「文武之政」，則「佈在方策」，有現成條目，公可勿問，我亦可以不言，但須知何以文武存而舉，文武亡而息，雖有方策，人不能行，則唯不知敏之者在人之道而不在政，若政則一舉即行，猶蒲盧之易生，何難之有！〔註12〕

「文武之政，佈在方策」好像是針對哀公的問話而來，其實卻暗示了孔子無意於討論現象層面的政治事務。這八個字暗含了這樣一層意思：文武之治的策略方案都寫在書上，凡人都可以拿來參考，這不是我所關心的；我所關心的是文武之治背後的東西，即是什麼成就了文武之治，也就是文武之治所以可能的內在根據是什麼。孔子所說的「文武之政，佈在方策」只是虛說，是

〔註12〕王夫之：《四書箋解》卷二，《船山全書》第六冊，長沙：嶽麓書社，1991年，第141頁。

可以「撇開不論之意」，其重點在於尋找文武之政何以可能的內在根據。

當然，文武之政所指的並不僅僅是文王武王的政策制度，而是指全套倫理關係和道德秩序。尋找文武之政的內在根據，就是尋找倫理關係和道德秩序的內在根據。《中庸》第十八、十九章講文、武、周公通喪達孝，第廿章講文武之政，袁蒙齋說「文武之孝與文武之政，一而已矣」〔註 13〕，文武之政與文武之孝通而爲一，政治關係通於孝親關係，國政大事通於家庭瑣事。我們知道，西周以後，中國逐漸形成爲「倫理本位的社會」〔註 14〕。這種性質的社會之最大特徵就是倫理本位性和家國同構性。一個家庭與整個國家不但有著結構上的相似性，而且還有著本質上的相通性。同時，正是由於家國同構性，儒家所講齊家治國平天下才能有理論上的可能性。而且倫理關係和道德秩序的正常合理是家國安穩得以維繫的靈魂支柱，大至社會國家，小至日用倫常，都能夠也必須納入倫理關係和道德秩序中來思考。具體到《中庸》第廿章來說，倫理道德現象無非包括兩個方面的內容，一是君臣、父子、兄弟、朋友、夫婦等五達道，二是修身、尊賢、親親、敬大臣、體群臣、子庶民、來百工、柔遠人、懷諸侯等九經。孔子尋找文武之政的內在根據，並不僅僅是國家政策的內在根據，確切地說，是要尋找整個倫理道德現象的內在本體和形上根據。

五達道和九經等道德現象所以可能的內在本體和形上根據，孔子用了一個字來概括，這就是「所以行之者一也」的「一」：

> 天下之達道五，所以行之者三。曰君臣也，父子也，夫婦也，昆弟也，朋友之交也，五者天下之達道也。知、仁、勇，三者天下之達德也，所以行之者一也。
>
> 凡爲天下國家有九經，所以行之者一也。

「所以行之者一也」這句話中有三個概念非常講究，表達了相當嚴密的邏輯關係。

首先是「所以」一詞。在中國古代的語言系統裏，「所以」與「然」是兩個相對的概念。「然」是實然，是如此這樣的經驗現象；「所以」即「所以然」，是實然之如此這樣的所以如此之根據和原因，一般用來指實然的內在本體和

〔註 13〕袁甫：《蒙齋中庸講義》卷三，《四庫》199/587 下。

〔註 14〕梁漱溟：《中國文化要義》，《梁漱溟全集》第 3 卷，濟南：山東人民出版社，1993 年，第 79～82 頁。

形上根據。

其次是「行」字。「行」是德行，既是指君臣、父子、兄弟、朋友、夫婦等五達道的通行周流，也指修身、尊賢、親親、敬大臣、體群臣、子庶民、來百工、柔遠人、懷諸侯等九經的常行維繫。五達道和九經都是道德現象，「行」即道德現象的實然流行。

最後是「一」字。〔註15〕「一」字有四個方面的意義：一是唯一性，「一」是唯一的一。二是絕對性，只有絕對的東西才具有最終的唯一性。三是先驗性或形上性。經驗現象無物無對，唯一的絕對者是無對的，所以它必定不是經驗的，必定是形上的，是超越經驗的先驗者。四是普遍性。先驗的絕對的唯一性意味著一即一切，一切即一。「一」是唯一性，「一切」是普遍性。絕對的普遍性必然是一，不是一就不具有絕對的普遍性。作爲普遍性之「一」就是「皆」的意思，後儒屢有言及：「『一』之言，『皆』也。蓋曰：皆所以行之者也」〔註16〕。「一」也是「一以貫之」之「一」，「所以行之者一也，此一字與一貫之一本同，但一貫之一是功夫熟後得手處，此一字起手即要是徹始徹終者」〔註17〕，「《中庸》三達德說所以行之者一也，九經又說所以行之者一也，即一以貫之之道」〔註18〕。無論是一切之一，還是一貫之一，都是就「一」的普遍性來說的。總之，這裏的「一」是標誌唯一性、絕對性、形上性和普遍性的概念。

「所以行之者一也」，即是從邏輯上說九經和五倫等道德現象所以能夠常

〔註15〕王引之《經義述聞》引其父王念孫的話說：「『一』字衍文也。五道是所行者，三德是所以行五道者。『五者天下之達道也』即所謂『天下之達道五也』，『三者天下之達德也，所以行之者也』即所謂『所以行之者三也』。文義上下相應，不當有『一』字。此因下文『所以行之者一也』而誤衍。《史記·平津侯傳》『智仁勇此三者，天下之通德，所以行之者也』。《漢書·公孫傳》『仁知勇三者，所以行之者也』。則經文本無一字，鄭於下文『所以行之者一也』注曰『一謂當豫也』，而於此不釋『一』字，則鄭本無『一』字可知。《家語·哀公問政》篇『智仁勇三者，天下之達德，所以行之者一也』，『一』字亦後人據誤本《禮記》加之也。」（《經義述聞》卷十六，臺北：世界書局，1975年，頁386下～387上）王氏說五道是所行者，三大德是所以行之者，三大德是五道的內在本體和形上根據，這是對的。但他根據《史記》和《漢書》推斷「一」字是衍出，卻未必。仁、智、勇不能截然爲三，必定有其統一之處，這個統一之處，即是「所以行之者一也」之「一」。

〔註16〕高拱：《問辨錄》卷二，《四庫》207/15下。

〔註17〕陸隴其：《三魚堂剩言》卷六，《四庫》725/589上。

〔註18〕雷鋐：《讀書偶記》卷三，《四庫》725/704上。

行維繫、所以能夠通行周流的內在根據就是這個「一」。這個「一」是具有唯一性、絕對性、形上性和普遍性的內在本體和形上根據。

三、道德本體之具體所指

五達道、九經是道德現象的概稱，「一」是「所以行之者」，是五達道和九經等道德現象所以能行、所以可能的形上的、唯一的、絕對的、普遍的根據。也就是說，「一」指的是道德本體。但是「一」只是一種指點性的表示語，只是一個由邏輯分析推出來的形式概念，它只是從邏輯上說必須有這麼一個根據。至於「一」所指代的具體內涵，從這個邏輯概念中還看不出來。但我們馬上可以看到，「一」具體指的是性、中、仁、誠。也就是說，道德本體的具體內涵就是性、中、仁和誠，性、中、仁、誠爲一，同是道德本體。〔註 19〕

首先，「一」指的是性，性是道德的本體。

這可以從第廿章的下面幾句話看出來：

> 天下之達道五，所以行之者三。曰君臣也，父子也，夫婦也，昆弟也，朋友之交也，五者天下之達道也。知、仁、勇，三者天下之達德也，所以行之者一也。

這幾句話包括兩層關係，第一層是五達道與三達德的關係，第二層是三達德

〔註 19〕劉蕺山曾說：「朱子最不喜儱侗說道理」。(《中和說》四，《劉宗周全集》第二冊，第 243 頁）在中、仁、誠三個概念上，就可以看出朱子這一治學風格。楊仲思（道夫）問：「言中，則誠與仁亦在其內否？」朱子回答說：「不可如此看。若可混並，則聖賢已自混並了。須逐句看他。」(《朱子語類》卷百一，《朱子全書》17/3390）朱子強調中、仁、誠分開來說，一方面固然是朱子重於分析的治學風格所致，另一方面中、仁、誠三者表達的意思也的確要有所區別，不能儱侗混說。雖然不能儱侗說而必須分開講，但在本質上它們並非分開的，分開講只是爲言說方便。比如有人問：「《中庸》既曰『中』，又曰『誠』，何如？」朱子引蘇東坡詩曰：「此古詩所謂『橫看成嶺側成峰』也。」(《朱子語類》卷六二，《朱子全書》16/2008）朱子解釋這句詩說：「正猶觀山所謂『橫看成嶺，直看成峰』，若自家見他不盡，初謂只是一嶺，及少時又見一峰出來，便是未曾盡見全山，到底無定據也。」(《朱子語類》卷二十，《朱子全書》14/698）還說：「譬如山與嶺，只是一物。方其山，即是謂之山；行著嶺路，則謂之嶺，非二物也。」(《朱子語類》卷六二，《朱子全書》16/2008）行在山中，見嶺是嶺，見峰是峰；但從整個山來看，嶺與峰只是觀看角度不同，並無本質區別，都是山之一個側像。仁、誠、中及性的關係與嶺、峰及山的關係一樣：分開來講是仁、誠、中、性，但它們又都是道德本體之一個面相，並無本質區別。

與性的關係。

從五達道與三達德的關係來說，「天下之達道五，所以行之者三」。前引王引之的話說：「五道是所行者，三德是所以行五道者。『五者天下之達道也』即所謂『天下之達道五也』；『三者天下之達德也，所以行之者也』即所謂『所以行之者三也』。」〔註 20〕五達道是所行者，三達德是所以行之者。「所」是然，「所以」是所以然。所以然是然之本體和根據。所以三達德就是五達道所以可能的本體和根據。五達道是道德現象的概稱，因此三達德就是道德現象的內在本體和形上根據。

從三達德與性的關係來說，「知、仁、勇三者，天下之達德也，所以行之者一也」。五達道是然，是所行者，三達德是所以然，是所以行之者，三達德是五達道的形上根據。但形上本體是「一」，具有唯一性和絕對性，所以究極地說，仁、智、勇三達德必定是一而不能是三，所以說「所以行之者一也」。三達德是三種內在的德性，三達德合而為一即是這內在的德性，也可也簡稱為性。〔註 21〕

〔註 20〕王引之：《經義述聞》卷十六，頁 386 下。

〔註 21〕三達德是一，即指的都是性。《中庸》對此有過明確的表示。《中庸》第廿五章說：「成己，仁也；成物，知也。性之德也，合外內之道也，故時措之宜也。」程明道說：「『性之德』者，言性之所有，如卦之德，乃卦之韞也。」（《程氏遺書》卷十一，《二程集》，第 125 頁）朱子也說：「仁者體之存，知者用之發，是皆吾性之固有，而無內外之殊。」（《中庸章句》，《四書章句集注》，第 34 頁）仁和智是性之所有，是性中固有之德性。仁是仁性，是體之存，智是智性，是用之發。仁是從性之內在之體而言的，即「體之存」，智是從性之外發之用而言的，即「用之發」。體之存即執仁、守仁，用之發即依仁、行仁。仁性是從向內成己而言的，智性是向外成物而言的。但無論是仁性還是智性，並不是兩個性，從本質上來說，仍只是一個性。只不過仁和智是分說之性，性是總說之仁和智。「分而言之，則曰『成己，仁也；成物，知也』。總而言之，則曰『性之德也，合內外之道也』。合者，兼總之意。」（宋儒顧元常語。衛湜：《禮記集說》卷百三三，《四庫》120/270 下～271 上）仁性和智性是分而言之，是分解地說，性是總而言之，是統合地說。仁與智之所以能夠統於性，性之所以能「合外內之道」，就在於勇。程明道說：「知以知之，仁以守之，勇以行之。」（《程氏遺書》卷十一，《二程集》，第 125 頁）還說：「知知，仁守，勇決。」（《程氏遺書》卷十五，《二程集》，第 143 頁）性之體是仁，體之所以能存，人之所以能執仁、守仁，在於勇；性之用是智，用之所以能發，人之所以能依仁、行仁，也在於勇。總之，仁智勇是性中固有的三大德性，性與仁智勇是一而三、三而一的關係。分而言之，性是仁、智、勇三達德，所以說「所以行之者三」；總而言之，仁智勇三達德是性，所以說「所以行之者一」。

總之，五達道是行之者，是然，仁智勇三達德是所以行之者，是所以然，三達德是五達道的內在本體和形上根據；仁智勇三達德合而言之即是性，所以說「知、仁、勇三者，天下之達德也，所以行之者一也」，這個「一」即是性。「行天下之達道者，在夫三德，則知仁勇之所以爲達德也者，皆吾性之所發見者也，故所以行是三德者一也。一者何也？性也。」〔註 22〕五達道之所以能行在於三達德，三達德合而言之就是性。所以性是「所以行之者一也」之「一」，是道德的本體。

其次，「一」指的是中，中是道德的本體。

在《中庸》裏，與中直接對應的是和。首章說：「喜怒哀樂之未發謂之中，發而皆中節謂之和。中也者，天下之大本也，和也者，天下之達道也。」中是未發之大本，和是已發之達道。中與和直接對應，和與達道直接對應。大本是達道的本體，所以中是和的本體和根據，也就是達道的本體和根據。但是這裏的中、和、大本、達道都是從喜怒哀樂之情來說的，並未涉及倫理道德問題。

其實，達道是一個雙關語，既指喜怒哀樂之和，又指人倫日用之道。在《中庸》裏，「達道」一詞共出現過兩次，第一次是首章「和也者，天下之達道也」，這個達道指的是中和之和，第二次是第廿章「君臣也，父子也，夫婦也，昆弟也，朋友之交也，五者天下之達道也」，這個達道指的則是五倫。前者直接與情感相關，後者直接與道德相關。

關於這兩個達道的關係，有兩種說法。第一種是平列的關係。比如元儒袁俊翁說：

> 和者天下之達道，蓋自人之常情言之也；五者天下之達道，蓋自人之大倫言之也。夫自人之常情觀之，孰無喜怒哀樂發而中節之和者乎？此其爲天下之達道也。又自人之大倫觀之，孰無君臣、父子、夫婦、長幼、朋友之交者乎？此其爲天下之達道也。前所謂達道者，以大本對言之，大本主於內，達道主於外。後所謂達道者，以達德對言之，達德主於內，達道主於外。和者之達道，在《禮運》即所謂「七情」；五者之達道，在《禮運》即所謂「十義」。〔註 23〕

《禮記》有「七情」和「十義」之說：「何謂人情？喜、怒、哀、懼、愛、惡、

〔註 22〕宋儒沈清臣語。轉引自衛湜《禮記集說》卷百三十，《四庫》120/198 下。
〔註 23〕袁俊翁：《四書疑節》卷六《二達道同異》，《四庫》203/812。

欲，七者弗學而能。何謂人義？父慈、子孝、兄良、弟弟、夫義、婦聽、長惠、幼順、君仁、臣忠，十者謂之人義。」（《禮記・禮運》9.13）「七情」是情感，「十義」是道德。和者之達道就是從「七情」來說的，五倫之達道就是從「十義」來說的。和者之達道是就人之常情來說的，五倫之達道是就人之大倫來說的。就人之常情來說，喜怒哀樂發無不中節就是和，這是天下之人應當共由之路；就人之大倫來說，君臣、父子等五倫各安其位，這是天下之人應當遵守之道。和者之達道是相對於大本之中而言的，大本之中主於內，達道之和行於外，中是和者之達道的內在本體和形上根據。五倫之達道是相對於三達德而言的，三達德主於內，五達道主於外，三達德是五達道的內在本體和形上根據，三達德合而言之即性，性即是五達道的內在本體和形上根據。

這裏出現了兩個達道，兩個達道各有其本體。和者之達道的本體是中，五倫之達道的本體是性。兩個達道如果是平列的關係，那麼兩個本體也就是平列的關係，中與性就是平列的關係。但是天下之達道是天下共由且必由之路，所以天下之達道必定是一，而不能是兩，更不能是多。如果有兩條或多條達道，那就不成其爲天下達道，而只能稱其爲羊腸小道或歪門邪道。

這就引出了兩個達道之關係的第二種說法，即兩個達道是內外的關係。比如清人王澍曾答問：

> 問：《中庸》前以中節之和爲達道，此又以君臣父子五者爲達道，豈有二乎？曰：中節之和是以其所具者言也，君臣五者是以其所接者言也。要之，中節之和即是施於此五者之間，而此五者處之各得其理，亦只是喜怒哀樂之中乎其節而已，其歸一也。〔註 24〕

皆中節之和是從達道之所具者來說的，君臣父子等五倫是從達道之所接來說的。喜怒哀樂之情發皆中節是和，君臣父子等五倫各安其序也是和。情感中節是和，五倫中禮也是和。中節即是中禮，中禮即是中節，禮與節是相同的，平時以「禮節」合言，正是此意。所以情感之和就是五倫之和。喜怒哀樂發皆中節是達道，君臣父子等五倫行皆中禮也是達道。兩個達道並無二致，仍是一個達道。只不過和之達道是從內具屬性來說的，五達道是從外施對象來說的。和者之達道與五達道是內與外的關係，前者是內，後者是外。雖然是內外，但並非截然爲二，其實質仍然爲一。和者之達道發而外接於日用五倫，

〔註 24〕王澍：《中庸困學錄》，《續四庫》159/414 下。

就是五達道。

中是和者之達道的內在本體和形上根據，性是五倫之達道的內在本體和形上根據，既然兩個達道是一，和者之達道即五倫之達道，那麼其內在本體和形上根據也就是一，所以中就是性。性是「所以行之者一也」之「一」，是道德的本體，中也是「所以行之者一也」之「一」，是道德的本體。所以晁說之說：「一於中也。達道之五行於達德之三，達德之三行於中之一也。」〔註25〕

再次，「一」指的是仁，仁是道德的本體。

孔子答哀公問政，表面上是在談文武之政，其實是在談文武之政之所以可能的，推而廣之，即是在談倫理道德之所以可能的。孔子說：「文武之政，佈在方策。其人存，則其政舉；其人亡，則其政息。人道敏政，地道敏樹。夫政也者，蒲盧也。故爲政在人，取人以身，修身以道，修道以仁」。文王武王的政治制度就寫在公案文牘上，俯身可查。但「爲政在人」，文武之治之所以成其爲文武之治，其內在的根據在於人，「方策載文武之政，而人則政之精神也」〔註26〕。這裏的人不是泛指一般人，而是指道德的人或人的道德性。說到「爲政在人」還不夠，還要進一步說「取人以身」。「取人以身」與「其身正，不令而行；其身不正，雖令不從」（《論語》13.6）和「苟正其身矣，於從政乎何有？不能正其身，如正人何？」（《論語》13.13）意思一樣，都是講爲政者首先要自身端正。這裏的身也不是一般意義上的自然肉身，而是身體力行，是切身的言行，更直接地說，就是道德的實踐和道德的行爲。只有在道德實踐和道德行爲中，才能把一個人的道德性呈現出來。人的道德性就是仁，所以說「修身以仁」。孔子把文武之政、道德實踐所以可能的根據一步步往內收縮，直到說出一個仁字。仁是文武之政、道德實踐的內在根據，是道德的本體。這才是孔子所要表達的最終意思。

仁和性是道德的本體，而道德本體具有唯一性和絕對性，仁與性不能爲二，必然爲一，所以仁即性，仁就是「所以成之者一也」之「一」。

這個意思，孔子是通過兩層關係的疏通來實現的：一是仁與性和道的關係，二是仁與性和三達德的關係。

從仁與性和道的關係來說，仁和性都是道之體，道之體只有一個，所以

〔註25〕晁說之：《中庸傳》，《叢書集成初編》本，北京：中華書局，1991 年，第 8 頁。

〔註26〕袁甫：《蒙齋中庸講義》卷三，《四庫》199/588 下。

仁即性。這就是《中庸》第廿章「修道以仁」和首章「率性之謂道」兩句話的關係。「修身以道，修道以仁」之「以」字是「按照」、「根據」的意思。「根據」有介詞的用法，有名詞的用法。「修身以道，修道以仁」的「以」最初是介詞用法，這句話的意思是說根據道來修身，根據仁來修道。根據道和仁來修身和修道，當修有所成，修也應有其根據，於是介詞性的「根據」就轉而成爲名詞性的「根據」。於是，道就是修身的內在根據，仁就是修道的內在根據。從體用關係上來說，體是內在的根據，用是由根據所發，仁是修道的根據，所以仁就是道之體。「天命之謂性，率性之謂道」，天命流行，賦予人物爲性，人物循性而行是道。道是性之流行，性是道之所以爲道者，是道之體。仁是道之體，性也是道之體，所以仁即性，是道德本體。

從仁與性和三達德的關係來說，仁是三達德之專言，性是三達德之總名，專言也就是總名的意思，所以仁即性。仁智勇三達德專言之即仁，偏言之即仁、智、勇；專言之仁兼體用而言，偏言之仁、智、勇只就用上來說。宋儒黎立武說：

> 《中庸》始言率性修道，此言修道以仁，則性者，仁而已矣。嗟夫！微言緒論，絕而復傳者，賴有此書存焉。修道謂教，仁之用也，故曰「修道以仁」；天命謂性，仁之體也，故曰「仁者，人也」。中庸之道，一言以蔽之曰仁而已。……蓋人道不外乎五者，五者實根於一性，本然之性即本體之仁。凡相生相養，相親相愛，相須相成，痛癢而切身，顚連而同氣，自孩提親愛以至仁民愛物，自事親之孝以達之爲天下國家，無非順天性、盡人道而已。道出於性，不知人，不能率性以修道，若何而治人？性出於命，不知天，不能盡性以至命，若何而配天？曰生知、學知、困知，知之事也；曰安行、利行、勉行，勇之事也。夫五達九經，本乎一性之仁，知者知乎此，勇者行乎此，故皆曰行之者一。〔註27〕

明儒蔡清也說：

> 所以行之者三，智仁勇也，而智仁勇又以仁爲主。蓋智只是知所以爲仁，勇只是強於爲仁。〔註28〕

〔註27〕黎立武：《中庸分章》，《叢書集成初編》本，北京：中華書局，1985 年，第 10～11 頁。

〔註28〕蔡清：《四書蒙引》卷四，《四庫》206/122 上。

清人楊亶驊還說：

> 修道者，去其悖乎道者求合於道，與篇首所云修道義同。率性謂道，仁即性也。……前言修道以仁，此言達德，兼言知、仁、勇者，知、勇皆以成仁，專言之則爲仁，分言之則爲知、仁、勇。猶前「仁者人也」，可專言仁，亦可兼義、禮言仁也。上言「所以行之者三」，下文言「所以行之者一」者，一即仁。跟上文「修道以仁」，則知以知此仁，勇以強此仁，行之者一，故修道專言以仁也。〔註29〕

專言之，仁就是仁，偏言之，仁統括智、勇，智是知仁，勇是強仁。前面說仁智勇三達德合而言之即是性，這裏說仁智勇三達德專而言之即是仁。專言之即是合言之，所以仁即性。所以「知，仁，勇三者，天下之達德也，所以行之者一也」之「一」是性也是仁，仁也是道德的本體。

最後，「一」指的是誠，誠是道德的本體。

最普遍的一種說法認爲，「所以行之者一也」之「一」是誠。這種說法始自二程。二程曾說：「知、仁、勇三者，天下之達德，所以行之者一。一則誠也。止是誠實此三者，三者之外，更別無誠。」〔註30〕還說：「一以貫九者誠也，故其下論誠。」〔註31〕朱子繼承了二程的說法：「一則誠而已矣。達道雖人所共由，然無是三德，則無以行之；達德雖人所同得，然一有不誠，則人欲間之，而德非德矣。」「一者，誠也。一有不誠，則是九者皆爲虛文矣，此九經之實也。」〔註32〕

在程朱的義理系統裏，誠是眞實不二的天理，是悠久不已的天道。「一」是唯一，唯一才是至純不二。「一」又是一貫，一貫才能生生不已。所以「一」就是眞實不二的天理，就是生生不已的天道，也就是誠。按照程朱的理論，將「一」訓爲誠，應該說是非常貼切的。〔註33〕這也幾乎成爲一種通用的訓解。程朱以後，多從此說。蔡清就說：「所以行之者一也，『一』字對『三』

〔註29〕楊亶驊：《中庸本解》卷下，《叢書集成初編》本，北京：中華書局，1985年，第20～21頁。

〔註30〕《程氏遺書》卷二上，《二程集》，第19頁。

〔註31〕《程氏經說》卷八《中庸解》，《二程集》，第1157頁。

〔註32〕《中庸章句》，《四書章句集注》，第29、30～31頁。

〔註33〕二程與朱子對《中庸》第廿章的分章有很大的不同。二程分爲六章，朱子總爲一章。朱子之所以這樣分，可能是感到，既然「一」是誠，那麼「誠者，天之道也」一段之前都應該上提而合併爲一章。於是就導致了朱訂第廿章成爲《中庸》所有分章中最長的一章。

而言。下文『凡爲天下國家有九經，所以行之者一者也』，『一』字亦然，皆是數目字。但『一』字所指是誠也。」〔註 34〕當然，程朱之說完全是從他們自己的義理系統裏帶出來的，他們先將誠解釋爲誠實不二，不二故一，從而在「一」與誠之間搭上關係，劃上等號。但是程朱畢竟沒有交待《中庸》文本中的線索，《中庸》文本內也從沒有明確說過「一」指的即是誠，或者誠指的即是那個「一」。所以後來就有人不滿意程朱這種武斷訓解。比如明儒高拱與人問答：

> 問：一者誠而已，何如？曰：若指誠言，何不曰「所以行之者誠也」，而曰「所以行之者一也」？言一而不言所謂一，爲此空虛無著之說必待後人求其事以實之乎？且上文曾無誠字，今突然謂一爲誠，則爲義不明，至下文「不明乎善，不誠乎身」，始說出誠字，今驀然預指於此，則爲言不順，捨卻本文而別爲說，以塡補之，是亦添蛇足也。〔註 35〕

高拱認爲，程朱之訓一爲誠是畫蛇添足，無益於理。高拱辯難的理由主要就是《中庸》沒有明言誠即一，所以《中庸》也不會認爲一即誠。否則，《中庸》第廿章爲什麼不直接說「所以行之者誠也」，而偏要拐彎抹角來說「所以行之者一也」？而且，在兩個「所以行之者一也」之前，第廿章不曾出現誠字，直到下文「不明乎善，不誠乎身」才出現誠字，現在乍然說「一」即誠，爲言不順，過於突兀。

高氏的辯難不能說是胡攪蠻纏，毫無道理，程朱於此的確疏於說明。但高氏把程朱的疏闕歸因於「捨卻本文而別爲說」，過分強調文本上的表面聯繫，這就很容易把《中庸》的深層義理埋沒掉。如果一切都只能從字面上來理解，《中庸》至多不過是三千多字的名言警句，很難看出它有什麼一以貫之的高明義理，《中庸》也實以升格爲宋明理學的一部重要經典。

其實，「一」和誠的確是同一的關係。這可以從兩個方面來論證，其一是《中庸》的「大本」說，其二是《中庸》的「盡性」說。

「大本」一詞，在《中庸》內出現過兩次，分別見於首章和第卅二章：

> 中也者，天下之大本也；和也者，天下之達道也。致中和，天地位焉，萬物育焉。（第一章）

〔註 34〕蔡清：《四書蒙引》卷四，《四庫》206/121 下。

〔註 35〕高拱：《問辨錄》卷二，《四庫》207/15-16。

唯天下至誠，爲能經綸天下之大經，立天下之大本，知天地之化育。（第卅二章）

在這兩章中，分別交待了大本的兩種說法。在首章中，大本指的是喜怒哀樂的未發之中，在第卅二章中，大本指的是生生不息的至誠之道。天下之大本即宇宙萬物生生不息的內在本體和形上根據。這個本體和根據具有唯一性和絕對性，因而大本不能有二，只能爲一。中是天下之大本，誠也是天下之大本。所以中即誠，誠即中，中與誠爲一。袁俊翁說：

天下之理，一本而已，初豈有二本哉？要之，前後所謂大本者一也。大本者何？此理之全體是也。首章專言大本者，指此理自然之本體也。末章多一「立」字，乃指此理本體之所以然也，其理則一而已矣。前言大本者主於中，中即喜怒哀樂未發之中，正所謂「人生而靜，天之性也」。後言大本者主於誠，誠即「至誠無息」之誠，正所謂「誠者，天之道也」。無過不及之謂中，眞實無妄之謂誠，惟誠故中，惟中故誠，此二字乃《中庸》一書首末之綱要，夫豈有二理耶？前言大本者，指自然之全體，由體而達用，即下文所謂達道是也；後言大本者，指全體之所以然，體立而用行，即上文所謂大經是也。論至於此，是則前後所言大本者一也，特其所以言者有不一，以下文多一「立」字故爾。雖然，前後立言，一則曰天下之大本，二則曰天下之大本，及論達道、大經亦曰天下之達道、天下之大經。天下云者，謂人有此生，均有此理，自天子至於庶人，天下之所同也。〔註 36〕

大本即本體，指的是理之全體。中作爲大本，指的是理的自然之本體、全體。誠作爲大本，指的是本體、全體之所以然。中是從理之全體、理之整體來說的，誠則是從理之所以爲理、理之本質來說的。換言之，中是理之形式，誠是理之內容。形式是內容之形式，內容是形式之內容，兩者是一而二、二而一的關係。所以中即誠，誠即中。兩者說法不同，但所指涉的對象是同一的，都是天下之大本。前面說中是「所以行之者一也」之「一」，是道德的內在本體和形上根據，中與誠爲一，那麼誠也是這個「一」，也是道德的內在本體和形上根據。

「盡性」之說見於第廿二章：

〔註 36〕袁俊翁：《四書疑節》卷六《二大本同異》，《四庫》203/811-812。

唯天下至誠，爲能盡其性；能盡其性，則能盡人之性；能盡人之性，則能盡物之性；能盡物之性，則可以贊天地之化育；可以贊天地之化育，則可以與天地參矣。

至誠的誠可以在兩種意義上使用，一是本體之誠，一是工夫之誠。《中庸》第廿章說：「誠者，天之道也；誠之者，人之道也。」誠者天之道，是從本體上來說的；誠之者人之道，是從工夫上來說的。所以從本體上說，至誠之誠就是「誠者」；從工夫上說，至誠之誠就是「誠之者」。我們知道，《中庸》裏的性是從本體來說的，而盡性則是從工夫來說的。也就是說，「誠者」就是性，「誠之者」就是盡性。性與誠者是同一的，都是從本體而言的；盡性與誠之者是同一的，都是從工夫而言的。盡得人物之性，即是誠者；去盡人物之性，即是誠之者。誠者與誠之者的交彙就是至誠。至誠之誠既是本體又是工夫，既是性又是盡性。簡言之，誠即性，性即誠，誠與性是同一的。

前面說「一」即性，這裏說性即誠，所以「一」即誠。性是「一」與誠之間的中介，經過性這個中介，我們才說「一」即誠。因此王文祿說：「一有誠之義，不可訓以誠。下文『一也』，豈可訓誠乎？性一故也。」〔註37〕「一」有誠之義，但不能直接說就是誠，但可以間接地解釋爲誠，這個間接的中介就是性，性是「一」與誠之間的中介概念，「一」即性，性即誠，所以「一」即誠。性是「所以行之者一也」之「一」，是道德的內在本體和形上根據，所以誠也是這個「一」，是道德的內在本體和形上根據。

《中庸》通過道德實踐證成了人人內具的道德本體，又通過邏輯推證分析出道德本體就是「所以行之者一也」之「一」。「行之者」是然，「所以行之者」是所以然。「所以行之者」是本體，「行之者」是本體發用之所及。「所以行之者一也」之「一」是「行之者」所以能行的唯一的、普遍的、先驗的、絕對的形上根據。「行之者」可以從兩個方面來看，一是君臣之禮、父子之孝、夫婦之愛、昆弟之悌、朋友之信等五達道，二是修身、尊賢、親親、敬大臣、體群臣、子庶民、來百工、柔遠人、懷諸侯等國家九經。五達道和九經是家庭、社會、國家倫理關係和道德現象的概稱。「所以行之者一也」之「一」指

〔註37〕王文祿：《中庸古本前引旁釋後申》，《叢書集成初編》本，北京：中華書局，1991年，第14頁。他還進一步對此作了說明：「鬼神、忠恕、知行、誠明，皆性之別名；三達德、五達道、九經、三重，皆性之散見；位育、參贊、時宜、化平，皆性之完具。每言一也，凡五焉，原性不二，誠亦不二，所以一也。」（《中庸古本後申》，第25～26頁）

的是性、中、仁、誠，所以性、中、仁、誠等都是「所以行之者」，都是倫理關係和道德現象的內在本體和形上根據。「一」具有普遍性和絕對性，五達道和九經無不以性、中、仁、誠爲其本體和根據；「一」具有唯一性，性、中、仁、誠同體而異名，一體而四義，同是道德的內在本體和形上根據。〔註 38〕

第二節　中是道德本體之形式表示

「中」字之本義可能很多〔註 39〕，但在《中庸》裏，「中」字是在兩種意義上來使用的：一是中和之中，二是中庸之中。中和是具體討論性情關係的，中庸是普遍討論事理關係的。於是中有兩層涵義：一是無過不及之時中，一是不偏不倚之執中。由於儒學的內化轉向，《中庸》雖然也談無過不及之時中，但更重於不偏不倚之執中，執中之中是時中之中的內在本體。但作爲內在本體之中只是道德本體的形式，是道德本體的一種形狀描述。前面說道德的本體、道德的內在根據是性，因此中就是性的形式表示，是道德的形式根據。

一、中和與中庸

中首先是「中和」之中。《中庸》首章說：

> 喜怒哀樂之未發謂之中，發而皆中節謂之和。中也者，天下之大本也；和也者，天下之達道也。

〔註 38〕需要預先說明的是，性、中、仁、誠雖然是一，但畢竟又有區別。「天命之謂性，率性之謂道」，天命流行賦予人物，這是天道；人物稟得成爲性，這是人道。天命是客觀地說，稟得是主觀地說。無論是客觀還是主觀，都是針對性而言的，性是天命和稟得的交結點。也就是說，性是道德本體的總稱。性作爲道德本體，可以從客觀和主觀兩個方面看說。從客觀面來說，性就是天道，從主觀面來說，性就是人道。「誠者，天之道也」，誠是天道之實，是天道本身，所以誠是客觀地從天而言的性。「仁者，人也」，仁是人所以爲人的本質性規定，所以仁是主觀地從人而言的性。仁與誠都有其具體的內容，都是從性的內容上來說的，所以仁和誠是道德本體的實質內容。除此之外，性還有其形式的表示，這就是中。在下一節我們將看到，中有兩種涵義，一是無過不及，一是不偏不倚，無論是無過不及還是不偏不倚，都只是一種形式的表示。綜合性、中、仁、誠四者的涵義，性是道德本體的總稱：中是性的形式，是從道德本體的形式來說的，仁與誠是性的實在內容，仁是主觀地說的性之實在內容，誠是客觀地說的性之實在內容。

〔註 39〕關於「中」之字源本義，可參見蕭兵：《中庸的文化省察——一個字的思想史》第一章，武漢：湖北人民出版社，1997 年。

一般認爲，這幾句話是講情性理論的。「宋初三先生」之首的胡安定說：「《中庸》始於情性。」〔註 40〕胡安定做出這個判斷的文本依據就是《中庸》首章的這幾句話。朱子《中庸章句》也認爲這幾句話是講「性情之德」的。明儒薛敬軒也說：「《中庸》兼『中』、『和』之義以名篇，則《中庸》一書，『性』、『情』二字貫之。」〔註 41〕這大有將性情擡至《中庸》全篇綱要的地位。現在有些詮釋者甚至認爲，《中庸》一書就是一本研究盡性與盡情之書。〔註 42〕

喜怒哀樂未發是中，發而皆中節是和。中是大本，和是達道。本即本體，本體發用流行即道。後人常將喜怒哀樂之未發的大本之中和已發的達道之和與性和情相連。孔穎達開其先河說：

> 「喜怒哀樂之未發謂之中」者，言喜怒哀樂緣事而生，未發之時，澹然虛靜，心無所慮而當於理，故「謂之中」。「發而皆中節謂之和」者，不能寂靜而有喜怒哀樂之情，雖復動發，皆中節限，猶如鹽梅相得，性行和諧，故云「謂之和」。「中也者，天下之大本也」者，言情欲未發，是人性初本，故曰「天下之大本也」。「和也者，天下之達道也」者，言情欲雖發而能和合，道理可通達流行，故曰「天下之達道也」。〔註 43〕

孔穎達雖然將中和與性情聯繫起來考察，但他的分析完全是按照漢唐時期的人性理論來比附中和與性情的關係，性和情都只是自然之性和自然之情，尚看不出中與和、性與情之間的體用關係。《中庸》之中與和、性與情的體用關係，直到宋代心性之學昌盛之後才被抉發，並逐漸發展成爲儒家心性學說中重要的話題之一，兩宋很多理學大家都有獨到的論述，其中分析最爲精緻也最爲系統的是朱子，他說：

> 喜怒哀樂，情也。其未發，則性也，無所偏倚，故謂之中。發皆中節，情之正也，無所乖戾，故謂之和。大本者，天命之性，天下之理皆由此出，道之體也。達道者，循性之謂，天下古今之所共由，道之用也。此言性情之德，以明道不可離之意。〔註 44〕

〔註 40〕《宋元學案》卷一，《黃宗羲全集》第三冊，杭州：浙江古籍出版社，2005 年，第 72 頁。

〔註 41〕薛瑄：《讀書續錄》卷三，《薛瑄全集》，第 1372 頁。

〔註 42〕陳兆榮：《中庸探微》，臺北：正中書局，1975 年，第 39 頁。

〔註 43〕鄭玄注、孔穎達疏：《禮記正義》卷五二，北京：北京大學出版社，2000 年，第 1663 頁。

〔註 44〕《中庸章句》，《四書章句集注》，第 18 頁。

喜怒哀樂是情，喜怒哀樂之情的未發是性，性無所偏倚，故稱之爲中。喜怒哀樂之情發皆中節，無所爽失，故稱之爲和。這就是朱子所說的「性情之德」：「中，性之德；和，情之德。」〔註 45〕在朱子看來，《中庸》頭兩句話「天命之謂性，率性之謂道」，天命之性即未發之中，也就是天下之大本；率性之道即已發之和，也就是天下之達道。需要注意的是，道有體用，天命之性自然流行是道，即天道，這是道之體；率性而行無所做作也是道，即人道，這是道之用。達道之道從中體流出，因而是道之用而不是道之體。

中與和、性與情、大本與達道、道之體與道之用這些相對而出的概念，以喜怒哀樂之發與未發爲界線，劃分出兩個陣營：一個是本體的陣營，一個是發用的陣營。本體是形上的、先驗的陣營，發用是形下的、現象的陣營。這兩個陣營的關係是體與用的關係，中、性、大本、道之體是形上本體，和、情、達道、道之用是本體發用。所以性與中是體，情與和是用，喜怒哀樂之情所以能夠有發皆中節之和，就在於有一個未發的大本之中（性）爲其內在本體和形上根據。〔註 46〕

中又是「中庸」之中。中是道德的本體，具有絕對的普遍性。本體必然要呈現發用，表現其絕對普遍性。中和之中只是中作爲本體在情感問題上的體現，它還必須體現於一切倫理道德現象。體現於一切道德現象的中就是「中庸」之中。

不過，在此需要有一個由情感問題向更爲普遍的道德問題的轉化。這個轉化就是由「中和」向「中庸」的轉化。這個轉化，朱子稱爲「變和言庸」：

> 變和言庸者，游氏曰：「以性情言之，則曰中和，以德行言之，則曰中庸是也。」故中庸之中，實兼中和之義。〔註 47〕

朱子提出「變和言庸」有其問題意識。朱子的問題意識來自兩個方面，一是中和與中庸的關係，一是《中庸》的名篇。

〔註 45〕《朱子語類》卷六二，《朱子全書》16/2038。

〔註 46〕如果將喜怒哀樂之情視爲一般的情感現象，那麼朱子關於中和、性情之體用關係的分析是無可爭辯的。但從《中庸》文本來看，發與未發都是從情感來說的，都是喜怒哀樂之情的發與未發，尚沒有涉及性，更沒有說未發是性。中與和最初也只與情感直接相關。中與和是體用關係，也就意味著情感自身即有體有用。作爲體之情絕不是一般的情，更不是形下之情。在後文第四章將會看到，未發的大本之中與發皆中節的達道之和都是情，而且都是形上的道德情感。

〔註 47〕《中庸章句》，《四書章句集注》，第 19 頁。

《中庸》對中和與中庸的論述，在篇幅上是不平衡的。《中庸》對中和的論述只有首章那兩句話，此後從第二章到第廿章前半，幾乎都是在說中庸。而且《中庸》只在首章論中和的那兩句話中，對中與和兩個概念有所交待，此後數章論中庸再沒有對中或和作過任何說明。

中和與中庸的這種不平衡極易產生一個問題：中和與中庸都說到中，那麼它們到底是什麼關係呢？遊定夫曾明確注意到這個問題：「道之體無偏，而其用則通而不窮。無偏，中也；不窮，庸也。以性情言之，則爲中和；以德行言之，則爲中庸，其實一道也。」〔註 48〕中和是就性情問題而言的，中庸是就道德實踐而言的，中和與中庸「其實一道也」，兩者並無輕重之分。朱子則認爲，中庸包括了中和：一方面，「中庸之中，實兼中和之義」。中庸之中包含了中和之中，在外延上，中庸之中大於中和之中。另一方面，「中庸該得中和之義，庸是見於事，和是發於心，庸該得和」〔註 49〕。「該得」就是「包括」的意思，與「兼」同義。中庸與中和的區別不在中而在庸與和，庸是見於事，和是發於心，庸包括和，所以中庸包括中和。朱子通過中庸與中和的外延大小解決了兩者的輕重關係：中庸外延大於中和，中庸包括中和，中庸的意義要重於中和。

中和與中庸雖然在外延上有大小之不同，但中和之中與中庸之中並非兩個中，從本質內涵上看，兩個中仍然是同一的。它們的區別僅在於所討論的問題不同，朱子曾說：

> 以性情言之，謂之中和；以理義言之，謂之中庸：其實一也。以中對和而言，則中者體，和者用，此是指已發、未發而言。以中對庸而言，則又折轉來，庸是體，中是用。如伊川云「中者天下之正道，庸者天下之定理」是也。此「中」卻是「時中」、「執中」之中，以中和對中庸而言，則中和又是體，中庸又是用。〔註 50〕

中和是從性情方面來說的，中庸是從事理方面來說的，兩者的本質是同一的。但是中與和、中與庸、中和與中庸三對概念之間有體用關係。當中與和對言時，中是未發之體，和是已發之用；當中與庸對言時，情況又翻轉過來，庸是體，中是用；當中和與中庸對言時，中和是體，中庸是用。中與和、中和

〔註 48〕游酢：《游廌山集》卷一《中庸義》，《四庫》1121/644 上。

〔註 49〕《朱子語類》卷六二，《朱子全書》16/2010。

〔註 50〕《朱子語類》卷六三，《朱子全書》16/2056。

與中庸的體用關係還好理解，問題是中與庸對言時的體用關係。一般來說，中與庸對言，中是體，庸是用，但朱子正好相反。出現這種反常情況的原因，在於朱子固守伊川「中者天下之正道，庸者天下之定理」的說法，認爲庸是不易之定理，認庸爲體，視中爲用。下面將會看到，這只是伊川對庸的一種過度詮釋。

中和與中庸的關係弄清楚了，《中庸》名篇的問題也就簡單了。《中庸》開篇先說的是中和而不是中庸，按照古人名篇的慣法，篇名常取自首段或前面章節中的字詞。那麼《中庸》稱之爲《中和》似乎更符合古人名篇慣例。朱子曾討論過這個問題：

> 曰：此篇首章先明中和之義，次章乃及中庸之說，至其名篇，乃不曰中和，而曰中庸者，何哉？曰：中和之中，其義雖精，而中庸之中，實兼體用。且其所謂庸者，又有平常之意焉，則比之中和，其所該者尤廣，而於一篇大指，精粗本末，無所不盡，此其所以不曰中和而曰中庸也。〔註51〕

從義理上看，中庸的外延要廣於中和的外延，中庸可以包含中和，而中和不能包含中庸，因此應該以中庸名篇而不以中和名篇。

中和只限於性情，經過「變和言庸」，和擴展到庸，性情關係就擴展爲事理關係。中是理，是體，是天命之本然；庸是事，是用，是人事之當然。在「變和言庸」的過程中，中作爲本體沒有發生變化，中仍然是性，是體，是內在本體和形上根據，發生變化的是中之用，是本體之流行發用。所以由中和到中庸的變化其實是由和到庸的變化。

中和之和是喜怒哀樂之發皆中節，那麼中庸之庸是什麼意思呢？就《中庸》的文本來說，庸可以有兩種訓解，一是訓庸爲用，二是訓庸爲常。

訓庸爲「用」是一種最簡單、最直接同時也是最古老的說法。《莊子．齊物論》說：「唯達者知通爲一，爲是不用，而寓諸庸。庸也者，用也；用也者，通也；通也者，得也。」用可能是庸的古義、通義，所以釋庸爲用就成了古書通訓。如《說文》曰：「庸，用也」，「用，可施行也」。鄭玄《禮記目錄》認爲：「名曰《中庸》者，以其記中和之爲用也。庸，用也。」《中庸》第六章說「執其兩端，用其中於民」，中與用直接對應，這應該說是庸訓爲用之比較早的一個證據。當然，「用」最初還是方法論上的意義，當進一步哲學化以

〔註51〕《中庸或問》上，《朱子全書》6/549。

後，「用」在方法論上的意義就轉化爲了體用論意義上發用流行的意義。

庸除了可以訓爲用以外，還可以訓爲「常」。與訓庸爲用一樣，訓庸爲常也是很早就有了。《禮記》說：「賢者不得過，不肖者不得不及。此喪之中庸也，王者之所常行也」（《禮記．喪服四制》49.7）。「中庸」與「常行」對言，雖然庸與常未必直接對應，但多少總有些關係。到了後來，《爾雅．釋詁》就直接說「庸，常也」。鄭玄對《中庸》第二章「君子中庸」和第十三章「庸德之行，庸言之謹」兩處的庸字也訓爲常。〔註 52〕

以上只是一種字源學的解釋，是爲庸這個字有某種意義尋找文獻證據。到了宋儒，尤其是程朱，對庸字的訓解就更多地具有了哲學意義。程朱只把庸訓爲常，不訓爲用。程明道說：「中則不偏，常則不易，惟中不足以盡之，故曰中庸。」程伊川也說：「庸只是常。……庸者是定理也。定理者，天下不易之理也，是經也。」還說：「不易之謂庸。……庸者天下之定理。」〔註 53〕庸是常，是經，是不易之定理。朱子也訓庸爲常：「《中庸》之『庸』，平常也。所謂平常者，事理當然而無詭異也」〔註 54〕，「惟其平常，故不可易；若非常，則不得久矣。譬如飲食，如五穀是常，自不可易。若是珍羞異味不常得之物，則暫一食之可也，焉能久乎！『庸』固是定理，若以爲定理，則卻不見那平常底意思。今以平常言，則不易之定理自在其中矣。」〔註 55〕

程朱雖然都訓庸爲常，但程朱又有所不同。其差異之處即在於二程所理解的常是不易、經常的意思，進而又引申爲定理；朱子雖然也承認庸有定理的意思，但朱子更強調常之平常義，經常、定理蘊含在平常之中。二程最終將庸訓爲定理，這就有過度詮釋之嫌疑。因爲這樣無法理解中與庸之間是一種什麼樣的關係。中已經是定理，已經是內在本體和形上根據，如果庸也是定理，那麼庸與中就是並列關係，庸也成了內在本體和形上根據。這不但與

〔註 52〕鄭玄對《中庸》之「中庸」有兩個訓法，《禮記目錄》訓篇名中庸之庸爲用，而「君子中庸」之庸又訓爲常。在一篇文章中，同一個詞卻一字兩訓，似乎不太符合解字之法。有人認爲，《禮記》的注文作在前，《禮記目錄》作在後，因而應當以《目錄》之說爲定說。（任銘善：《禮記目錄後案》，濟南：齊魯書社，1982 年，第 69 頁）還有人說，庸訓爲用是確詁，「餘說皆非也」。（傅武光：《四書學考》卷五《中庸考》，臺北：《國立臺灣師範大學國文研究所集刊》第十八期（1974 年 6 月），第 137 頁）這樣看來，訓庸爲用更爲恰切。

〔註 53〕《程氏遺書》卷十一、十五、七，《二程集》，第 122、160、100 頁。

〔註 54〕《朱子語類》卷六二，《朱子全書》16/2009。

〔註 55〕《朱子語類》卷六二，《朱子全書》16/2006。

通常的理解不一致，也與中與和的關係不相協調。所以朱子訓庸爲平常之常，就更切合中庸之原義，更易於接受。朱子之失在於他只是訓庸爲常而不訓爲用。庸是常，常是平常，是人事之當然，是內在本體發用之所及。這固然兼顧到了用的意思，但內在本體與平常之事只是平列地擺在那裏，易於讓人產生中體是死體、死理的印象。這就爲朱子心性之學的內在問題埋下了伏筆。

如果把庸訓爲用，就可以在字面上消除一些誤解。我們知道，如果庸訓爲用，「中庸」就有兩種理解，一是中用，中體用於日用平常之事，這是中體之自然自主地流行發用；一是用中，通過自主自覺的工夫實踐，將內在的中體呈現於日用平常之事上。可見，將中庸之庸同時理解爲常和用就更爲全面了。中庸之中是道德的內在本體和形上根據，中庸之庸是內在本體和自然發用（用）和流行及於日常之事（常）。中與庸是體用關係，中體發用流行於日用倫常之事，就是體之見於用，及於事。

總之，中同時在兩個意義上來使用，中和之中是在性情的意義來使用的，中庸之中是在理事的意義上來使的。但無論是在哪一種意義上，中只是一個中，是道德的內在本體和形上根據。

二、無過不及與不偏不倚

無論是中和還是中庸，中都是體，這就是體中，和與庸是用，從體用一源來看，和與庸也可以說就是中，這就是用中。所以中就一名二義，有了兩層涵義，既是體又是用。中的兩層涵義用兩個詞來表達，分別是「不偏不倚」和「無過不及」。正因此，朱子說：「中者，不偏不倚、無過不及之名。兼此二義，包括方盡。」〔註 56〕

〔註 56〕《朱子語類》卷六二，《朱子全書》16/2004。呂紹綱有一個集子叫《庚辰存稿》（上海：上海古籍出版社，2000 年），裏面收有兩篇關於中庸的文章，一篇是《論孔子「中」的哲學》，另一篇是《論〈中庸〉——兼朱熹「中庸」說之謬》。呂氏的基本論調是反朱子。他認爲，朱子論中庸的最大問題是用「不偏不倚」釋「中」，「『不偏不倚』其實是宋儒的思想，用以解釋『中』，是對孔子『中』哲學的根本性歪曲」（第 45 頁），「不偏不倚與無過不及同義，都是程氏所謂『在中』之中，亦即喜怒哀樂未發之中」，朱子「在中的問題上邏輯混亂，認識不清，整個兒的未曾弄懂」。（第 106～107 頁）其實，「不偏不倚」是《中庸》原本就含有的思想，呂氏卻說是宋儒的思想，甚爲可怪。一詞二義，無論是文字訓解還是哲學思辨，都是允許的。一中二義，中有體用，不偏不倚之中是體，無過不及之中是用，這有何不可？而呂氏卻說，中只有時中的第一層涵義是「無過不及」。《中庸》第四章說：

子曰：「道之不行也，我知之矣：知者過之，愚者不及也。道之不明也，我知之矣：賢者過之，不肖者不及也。人莫不飲食也，鮮能知味也。」

無過不及是從道之行不行、明不明來說的。智者賢者過之，愚不肖者不及。過與不及都不是道，無過不及才是道。

在《中庸》中，道有兩個層面的含義。一是天命流行之道，即天道。「天命之謂性」，天命流行，澤被萬物，人物稟得即爲性。所以天道與性是同一的。天命之性主觀地說是仁，道就是仁義之道；客觀地說是誠，道就是「至誠之道」（第廿四章）。第十一章「君子遵道而行」、第十二章「君子之道費而隱」、第十三章「道不遠人」、「忠恕違道不遠」、第廿五章「誠者自成也，而道自道也」之道都是天道。二是率性而行之道，即人道。「率性之謂道」，率性而行，運於事物，無不中禮，禮儀法則是人人共行、人人當行、人人能行之道。首章和第廿章「達道」、第十三章「君子之道四」、第廿章「修身以道，修道以仁」、第廿七章「聖人之道」之道都是人道。無論是天命流行之道，還是率性而行之道，都是性之道。天道、人道也只是一個道，並非兩個道。天道是從性之本然處說的，天道是道之體；人道是從性之發用處說的，人道是道之用。天道和人道合而言之即是中庸之道，天道是中庸之道之體，人道是中庸之道之用。

無過不及是中庸之道的外在形式，是中體發用流行所表現出來的形式。中體發用流行而無過不及，就是中庸之道，這顯然是從用上來說的中庸之道。從用上來說的中庸之道，《中庸》稱爲「時中」：

仲尼曰：「君子中庸，小人反中庸。君子之中庸也，君子而時中；小人之中庸也，小人而無忌憚也。」（第二章）

在先秦儒家，「時中」共出現過兩次，最早的一次即出於這裏，另一次是《易傳．蒙象》「以亨行時中」。關於《中庸》的時中，宋儒薛季宣說：「時中，時措之宜也，中節者也。」〔註57〕譚惟寅也說：「中之道出而應物，見於時措之

中，只有無過不及。他理解不偏不倚之在中也是從時中來理解的，只有用而沒有體，只知用而不知體，這是一種典型的物化觀念。因爲朱子說一中二義，中有體用，所以他就說朱子「邏輯混亂，認識不清」。這實在是冤枉了朱子。朱子復生，目睹於此，情何以堪？

〔註57〕薛季宣：《中庸解》，《浪語集》卷二九，《四庫》1159/441上。

宜者，謂之時中。」「時措之宜」出於《中庸》第廿五章，鄭康成注曰：「時措，言得其時而用也。」孔穎達疏曰：「措，猶用也。……得時而用之，則無往而不宜」。宋儒的訓解就更爲具體，顧元常曾說：「『時措』云者，無時而不用之也，故『時措之』絕句。『宜也』，又自是一句。」〔註 58〕故「時措之宜也」一句話應該這樣斷句：「時措之，宜也。」時是無時、時時的意思。程伊川也說：「『時措之宜』，言隨時之義，若『溥博淵泉而時出之』」〔註 59〕，「時措之宜」和第卅一章「溥博淵泉，而時出之」的意思一樣，都是隨時的意思。時中是時措之宜的意思，無時不用，用得其時，無往不宜，用無不當。所以二程又有「即時而中」和「無時不中」之語〔註 60〕，隨時措用，時時應物，無不中節，皆得其宜，就是時中。

《中庸》第二章還有兩個難點：第一，前一句說「小人反中庸」，後一句說「小人之中庸」，小人到底有無中庸？第二，君子是時中，小人是無忌憚，君子之時中與小人之無忌憚的分野到底在哪裏？

關於第一點，《中庸》文本有兩種情況，一是通行本即鄭玄注本，後一句是「小人之中庸」，無「反」字。唐開成石經《禮記》此處也無「反」字。二是魏王肅本，後一句是「小人之反中庸」，有「反」字。王肅本於世無傳，王本之說見於陸德明《經典釋文》卷十四。鄭本很明顯，小人是沒有中庸可言的。麻煩的是王本「小人之反中庸」如何處理。

王本雖然不傳，但在義理上更爲通順，所以重於義理的宋儒向來推崇王本。胡安定、司馬溫公、程明道都從此說。〔註 61〕程明道說：「『小人之中庸，小人而無忌憚也』，小人更有甚中庸？脫一反字。小人不主於義理，則無忌憚，無忌憚所以反中庸也。亦有其心畏謹而不中，亦是反中庸。語惡有淺深則可，謂之中庸則不可。」〔註 62〕朱子的辨析更爲詳盡：

> 曰：「小人之中庸」，王肅、程子悉加「反」字，蓋疊上文之語。然諸說皆謂小人實反中庸，而不自知其爲非，乃敢自以爲中庸，而居之不疑，如漢之胡廣，唐之呂溫、柳宗元者，則其所謂中庸，是乃

〔註 58〕轉引自衛湜《禮記集說》卷百二五、百三三，《四庫》120/53 下、120/271 下。
〔註 59〕《程氏遺書》卷十八，《二程集》，第 226 頁。
〔註 60〕《程氏外書》卷七、二，《二程集》，第 393、365 頁。
〔註 61〕朱彝尊《經義考》卷百五一云：「晁說之曰：『小人之中庸也』，王肅本之下有『反』字。胡先生、溫公、明道皆云『然』。」
〔註 62〕《程氏遺書》卷十五，《二程集》，第 160～161 頁。

> 所以爲無忌憚也。如此，則不煩增字而理亦通矣。曰：小人之情狀，固有若此者矣，但以文勢考之，則恐未然。蓋論一篇之通體，則此章乃引夫子所言之首章，且當略舉大端，以分別君子小人之趣向，未當遽及此意之隱微也。若論一章之語脈，則上文方言君子中庸而小人反之，其下且當平解兩句之義以儘其意，不應偏解上句而不解下句，又遽別解他說也。故疑王肅所傳之本爲得其正，而未必肅之所增，程子從之，亦不爲無所據而臆決也。諸說皆從鄭本，雖非本文之意，然所以發明小人之情狀，則亦曲儘其妙，而足以警乎鄉原亂德之奸矣。〔註 63〕

從朱子的辯說中可以看出，當時兩個版本之爭已相當流行。一派認爲無需加一「反」字。小人也有中庸，但小人是視無忌憚爲中庸，因此小人所謂的中庸其實是反中庸，不需要增加「反」字。呂東萊就曾說：「人說『小人中庸』欠一『反』字，亦不消著『反』字，蓋小人自認無忌憚爲中庸。」〔註 64〕另一派即以朱子爲代表，認爲應該有一個「反」字。朱子從文脈走勢上對王本作了一個辯護。《中庸》上文說君子中庸、小人反中庸，按照文章的脈絡發展來說，文章接下來當然是要對上文兩點分別解說。如果下文仍是小人中庸，那麼就只是對上文的中庸有所解說，而對上文之反中庸沒有交待，於文脈不合。所以「小人之中庸」應該有一個「反」字，以與上文對應。王本未必是增字，很可能就是正傳，而鄭本可能是誤傳。〔註 65〕

但無論哪一種說法，小人是無所謂中庸的，只有君子才配稱中庸。退一步說，即使小人有所謂中庸，那也是小人自認爲的中庸，其實質仍是反中庸，是無忌憚。這在古代文法就是所謂「正反同詞」，即一個詞用的是其正面的形式，但其意思卻正好相反。「小人之中庸」就是這種文法的典型例子，「名義上是中庸，而實際上並非中庸。這裏也是正反同詞，同用中庸一詞。王肅、程顥不知此例，而增『反』字，大可不必。」〔註 66〕

〔註 63〕《中庸或問》上，《朱子全書》6/564-565。

〔註 64〕呂祖謙：《麗澤論說集錄》卷七，《四庫》703/416 下。後來袁蒙齋接受了這種觀點，認爲「無忌憚即反也」，不必贅述「反」字。見袁氏《蒙齋中庸講義》卷一，四明叢書本，頁 14。

〔註 65〕當然，朱子前後說法亦有矛盾。《朱子語類》卷六九說：「如《中庸》，王肅作『小人反中庸』，這卻又改得是。」（《朱子全書》16/2317）這就與《中庸或問》「未必肅之所增」相齟齬。

〔註 66〕徐仁甫：《廣古書疑義釋例》卷一，《古書疑義舉例五種》，第 7 頁。

既然只有君子才配稱中庸，君子的中庸是時中；小人無所謂中庸，小人所謂的中庸其實是一種肆無忌憚。君子之時中和小人之無忌憚，君子之中庸和小人之反中庸，有著本質的區別。兩者的區別是什麼呢？區分的標準又是什麼呢？這就涉及中的第二層涵義。

中的第二層涵義是不偏不倚。不偏不倚本來是宋儒對中的一個解釋，但這個解釋也有其文本依據，這就是《中庸》第十章的「中立而不倚」：

> 子路問強。子曰：「南方之強與？北方之強與？抑而強與？寬柔以教，不報無道，南方之強也，君子居之。衽金革，死而不厭，北方之強也，而強者居之。故君子和而不流，強哉矯！中立而不倚，強哉矯！國有道，不變塞焉，強哉矯！國無道，至死不變，強哉矯！」

子路問什麼是眞正的強〔註 67〕，孔子告訴他：別人以強暴無禮的方式對待自己，自己不但不思報復，還要寬柔厚敦和地施以教導，「以直報怨，以德報德」（《論語》14.34），這是眞正的強。枕戈而臥，死而無憾，「無求生以害仁，有殺身以成仁」（《論語》15.9），這是眞正的強者。柔和而不喪失原則，溫潤而不同流和污，恪守中道，不偏不倚，「和而不同」（《論語》13.23）、「周而不比」（《論語》2.14），這是眞正的強。國家有道，不爲富貴榮祿改變自己的德行，國家無道，不爲霸權強勢改變自己的一貫主張，這也是眞正的強。

那麼，眞正的強是如何可能的呢？人們爲什麼能夠以直報怨、以德報怨？人們爲什麼能夠殺身成仁、死而不厭？人們爲什麼能夠中立不倚、和而不流？從這些強者的行爲內容來看，這些強其實就是種種難能可貴的道德行爲，所以以上問題也就是問：這些道德行爲所以可能的內在根據是什麼呢？

〔註 67〕子路好勇逞強，「問強」就反映了他的這種性格。孔子連續說了三個地域方向上的強：「南方之強與？北方之強與？抑而強與？」詮釋者一般把「抑而強」釋爲子路之強，孔穎達說子路之強即中國之強。於是就有三種強：一是南方之強、北方之強和中國之強。「寬柔以教，不報無道」是南方之強，「衽金革，死而不厭」是北方之強，「和而不流」、「中立而不倚」是中國之強。孔穎達還具體地說南方指荊陽之南，北方是沙漠之北。朱子更是認爲，「南方風氣柔弱，故以含忍之力勝人爲強」，「北方風氣剛勁，故以果敢之力勝人爲強」，南北方的地理氣候影響著南北方人的氣質，其氣質又影響著其強。這種理解充斥了濃鬱的地緣決定論味道，實不可取。其實，這裏的南方、北方和中國，都是虛指，而不是實指。同樣，三種強也是虛指，並非實指南方人之強、北方人之強和中國人之強。而且，南方、北方和中國是互文，三種強與三種方向並非嚴格的一一對應關係，無論是南方、北方、中國，還是東方、西方，都可以有這三種強。孔子舉出南、北、中只是偶舉而非遍舉。

答案就是一個「中」字。用《中庸》的話說就是「中立而不倚」。「中立而不倚」，孔穎達疏曰：「中正獨立而不偏倚」。二程說，「中者，只是不偏，偏則不是中」，「不偏之謂中」。〔註68〕當然，這些只是解字工夫，尚看不出中的精義所在。《中庸》顯然沒有停留在這個層面，它要探索的是中之更深層意義，即爲什麼能夠中立不倚呢？這是因爲人心中還有一個中，即不偏不倚之中。人們在行爲上能夠做到中立不倚，這還只是中之第一層涵義，即無過不及之時中。而之所以能夠做到無過不及，之所以能夠做到中立不倚，之所以能夠做到時中，肯定還有一個中，這就是不偏不倚之中。朱子曾一語道破：「所以能時中者，蓋有那未發之中在」〔註69〕，未發之中也就是心中的不偏不倚之中。無過不及之時中之所以可能，就在於有一個內在的不偏不倚之中，不偏不倚之中是無過不及之中所以可能的內在根據。人們時時固守執著於這個內在的不偏不倚之中，就能夠抵禦聲名利祿的誘惑，就能夠中立不倚，無過不及。

固守執著於不偏不倚之中，也就是「執中」。《中庸》第六章說：

> 子曰：「舜其大知也與！舜好問而好察邇言，隱惡而揚善，執其兩端，用其中於民，其斯以爲舜乎！」

第四章的「知者過之」只是小智，只是耍小聰明，所以才會有過。舜好問善，隱惡揚善，執其兩端，用中於民，這就是大智慧。蘇季明曾就這一章求教於程伊川：

> 「舜『執其兩端』，注以爲『過不及之兩端』，是乎？」曰：「是。」曰：「既過不及，又何執乎？」曰：「執猶今之執持使不得行也。舜執持過不及，使民不得行，而用其中使民行之也。」又問：「此執與湯執中如何？」曰：「執只是一個執。舜執兩端，是執持而不用。湯執中而不失，將以用之也。若子莫執中，卻是子莫見楊、墨過不及，遂於過不及二者之間執之，卻不知有當摩頂放踵利天下時，有當拔一毛利天下不爲時。執中而不通變，與執一無異。」〔註70〕

蘇季明所說的「注」就是鄭玄的注：「兩端，過與不及也。」「湯執中」語出《孟子．離婁下》：「湯執中，立賢無方。」〔註71〕（《孟子》8.20）「子莫執中」

〔註68〕《程氏遺書》卷十五、卷七，《二程集》，第160、100頁。

〔註69〕《朱子語類》卷六二，《朱子全書》16/2004。

〔註70〕《程氏遺書》卷十八，《二程集》，第213頁。

〔註71〕關於《孟子》的「湯執中」，十幾年前還有一個小辯論。有人從古文字形的變化上說《論語》中的「中庸」一詞和《孟子》中的「執中」一詞都是錯別

語出《孟子·盡心上》:「楊子取為我，拔一毛而利天下，不為也。墨子兼愛，摩頂放踵利天下，為之。子莫執中。執中為近之。執中無權，猶執一也。所惡執一者，為其賊道也，舉一而廢百也。」(《孟子》13.26)

兩端即過與不及兩頭。執是有執持、把持的意思，還有執守、執著的意思。湯執中是執守執著，執中不失，《中庸》此章的執中是執持把持，執之不用。《孟子》「湯執中」的「執中」與《中庸》「用其中於民」的「用中」的意思相近，都是強調執而不失。用中之中是相對於過與不及兩端而言的，但這個中與過與不及兩端並非平面的關係，而是立體的關係，並不是兩點之間的中點，而是在過與不及兩端之上或之外的另一個層面的中。所以《中庸》「執兩用中」含有「擇善而固執之」(第廿章)、「發強剛毅，足以有執」(第卅一章)和「湯執中」等的執字的意義，是執著、執守的意思，執中就是執守著內在的不偏不倚之中。

內在的不偏不倚之中是人人固有的剛健中正的德性。《中庸》第十四章說：

> 君子素其位而行，不願乎其外。素富貴，行乎富貴；素貧賤，行乎貧賤；素夷狄，行乎夷狄；素患難，行乎患難：君子無入而不自得焉。在上位不陵下，在下位不援上，正己而不求於人，則無怨。上不怨天，下不尤人。故君子居易以俟命，小人行險以僥倖。子曰:「射有似乎君子，失諸正鵠，反求諸其身。」

無論是處在富貴的環境還處在貧賤的情境，無論是處在蠻夷的社會還是處在患難的境況，君子都能隨其自然，按照其自然情境行事，都會「無入而不自得焉」。之所以能夠如此，是因為君子知道有一個中內在於己。遇事只須向內尋求就夠了，不必問世間得失。不偏不倚之中不但內在於君子，也內在於每

字，「中庸」應是「事祇」,「執中」應是「藝事」。這個考證之目的是想證明孔子不是中庸主義者，孔子與中庸沒有關係。(夏淥:《孔子與中庸無關說》,《武漢大學學報》(哲學社會科學版) 1994 年第 3 期) 有人擁護說，孔子的確不是中庸哲學的祖師爺。(陳志鴻:《孔子不是中庸哲學祖師爺》,《文匯報》1994 年 9 月 12 日) 這種考證是建立在今古文字形的差異上的，但我們現在所看到的《論語》《孟子》顯然是今文寫成的。於是就有人反問，你這個考證是如何在今文寫成的《論語》中看出古文字來的呢？(劉金:《「孔子與中庸無關說」質疑》,《書城》1995 年第 2 期) 問題扯不清。其實，兩方的基點都是錯誤的，他們都先設定中庸不是好東西，偉大的孔子不能與之有染。他們腦子裏的「中庸」只是鄉愿，只是「小人之中庸」，不是「君子之中庸」，不是真正的中庸。中庸之悲，由此可見。

一個人，是人人都可以反身求得的。這與外在於己的東西不同，外在的東西能不能求得，不完全取決於人。內在的不偏不倚之中則是人人可以完全把握得住的，得失全在自己，不可埋怨老天，也不可責備別人。這就像射箭，射不中靶心，不要苛責靶子太遠，也不要埋怨弓箭太差，而要反躬自問：自己的本事練到家了嗎？

內在於己的不偏不倚之中，按照《易傳》的說法，是一種「剛中」，是一種剛健中正的德性。由於這種德性是剛健的，人們如果能夠持守這種德性，就會以極其堅強、極其果敢、極其無畏、極其無懼的精神氣慨屹立於世。如果時刻堅守著內在的不偏不倚之中，他就會中立不倚，至死不變，而不會向強暴低頭，不會向利誘屈服。君子與小人的分野全在於能否執中，能否執守內在於己的剛健中正之德性。不偏不倚之中人人具有，關鍵是看能否一如既往地堅守據持。能夠持守不偏不倚之中就是君子。君子未必能夠達到無過不及之時中，但只要時時堅守不偏不倚，就是做到了中立不倚，也就成就了自己剛健中正之德性。不能夠堅守不偏不倚之中即爲小人。小人雖然一時甚至一世都可能左右逢源，八面玲瓏，但如果沒有內在的不偏不倚之中，那只是沒有原則的鄉愿，只是「小人之中庸」。君子之所以能夠執守不偏不倚之中，因爲君子懷有一種謹懼敬畏的道德情感，時時害怕失去內在於己的那個中。君子之所以不能達到無過不及之時中，是因爲不偏不倚之中必然要運用於現實，而現實不是人能完全掌控得了的，所以往往有不得其用、不得其中。遇到這種情況，君子只能「居易以俟命」。小人之所以不能執守不偏不倚之中，那是因爲他們的心靈被感性情感所支配，一味順從物欲，向外逐去。但外部的東西又不是人所能完全掌控得了的，所以就憑一時運氣，就「行險以僥倖」。僥倖之極就是肆無忌憚。世間一切罪惡，均從此出。

綜上所說，中有兩層涵義，即不偏不倚之執中和無過不及之時中。元儒許益之說：「偏則不在中而在一邊，倚則斜迤而不正；過是越過於中，不及是未至於中。不偏不倚是豎說，中字指未發之體而言；無過不及是橫說，中字指已發之用而言。此皆是反說，以四旁影出中字。」〔註 72〕無過不及之時中是時措之宜，是言行舉止上的恰適其宜，不偏不倚之執中是剛中，是人人內具的剛健中正之德性。不偏不倚之中和無過不及之中是體用關係，不偏不倚

〔註 72〕許謙：《讀中庸叢說》卷上，《續四庫》159/282 下。

之中是體，是「體中」，是中之本然；無過不及之中是用，是「用中」，是中之當然。不偏不倚之執中是無過不及之時中的內在本體和形上根據。有用必有體，之所以能夠無過不及而時中，是因爲有不偏不倚之執中。有體必有用，時時堅守不偏不倚之中，雖然未必能時時無過不及，但應當無過不及。如果沒有不偏不倚之執中，即使能夠無過不及，也只是阿諛奉承之鄉愿，也只是小人之一時得意、一世僥倖。

《中庸》之中的兩層涵義，其實也就是孔子中庸的兩個形式。無過不及也就是孔子中庸的外在形式，不偏不倚也就是無適無莫，是孔子中庸的內在形式。不偏不倚之中是無過不及之中的內在本體，作爲內在本體之中，也就是性。但無論是無過不及還是不偏不倚，都只是一種形式表示，所以中只是性的形式表示，是對道德本體的一種形式描述。程伊川和呂與叔曾討論過這個問題。呂與叔說「中即性也」，伊川對這個說法非常不滿意：

> 「中即性也」，此語極未安。中也者，所以狀性之體段。如稱天圓地方，遂謂方圓即天地可乎？方圓既不可謂之天地，則萬物決非方圓之所出。如中既不可謂之性，則道何從稱出於中？蓋中之爲義，無過不及而立名。若只以中爲性，則中與性不合，與「率性之謂道」其義自異。性道不可合一而言。中止可言體，而不可與性同德。〔註73〕

伊川之所以不滿於呂與叔「性即中」的說法，原因就在於中沒有具體內容，只是對性所作的一種形式描述。當我們說性是道德的本體時，性是沒有任何顏色的概念，無動無靜，無始無終，無大無小，無高無低。不但沒有這些性相，而且從根本上說，動靜、始終、大小、高低等概念都不能拿來形容性，因爲性是形上的、先驗的概念，動靜等形容詞只是用來形容經驗的、形下的現象。但爲了理論的方便，又不能不對性有所說明，有所形容。怎麼辦呢？只能用不偏不倚之中來對性作一個形容。這就是伊川所說的「中也者，所以狀性之體段」。有人問：「『體段』二字，莫只是言個模樣？」朱子答曰：「然。」〔註74〕狀是描狀、形容，體段即形象、模樣。中所以狀性之體段，就是對性的形象和模樣的一種描狀和形容。蘇季明問：「中莫無形體，只是個言道之題目否？」伊川回答說：「非也。中有甚形體？然既謂之中，也須有個形象。」〔註75〕形體與形象不同。形體是實然的有形之體，形象是有形之體的影像。

〔註73〕《程氏文集》卷九《論中書》，《二程集》，第606頁。
〔註74〕《朱子語類》卷二四，《朱子全書》14/833。
〔註75〕《程氏遺書》卷十八，《二程集》，第201頁。

中只是一個形式，不是實然的有形之體。所以中可以說形象，但不可以說形體。伊川還非常形象地用天圓地方來作比喻。天是圓的，地是方的，這樣說是可以的。但不能反過來說圓就是天，方就是地。因爲方圓只是對天地的一個形容和描狀，方圓是虛的，而天地是實的，不能把虛直接說成是實。

中只是性的形式，只是道德本體的形式描述，朱子對這一點看得很切。朱子多次說：「中是道理之模樣，誠是道理之實處，中即誠矣」，「『中』字是狀性之體」，「『中』是虛字，『理』是實字，故中所以狀性之體段」〔註 76〕，「中者，所以狀性之德而形道之體」〔註 77〕，「其謂之中者，蓋所以狀性之體段也。有所謂『中之道』者，乃即事物自有個恰好底道理，不偏不倚，無過不及。其謂之中者，則所以形道之實也。只此亦便可見來教所謂狀性、形道之不同者。但又見得中字只是一般道理，以此狀性之體段，則爲未發之中，以此形道，則爲無過不及之中耳」。〔註 78〕中字是虛字，是虛說，理字才是實字，是實說。理即性。所以中只是一個描述性的形容詞，只是性之模樣，只是對性的一種形式描狀，不涉及性的內容。

綜上所說，中是體，即中體，是道德的本體。中是在兩種意義上使用的，一是中和，一是中庸。中和有關性情，中與性是體，和與情是用。中庸有關事理，中與理是體，庸與事是用。中有兩層涵義，即不偏不倚之中和無過不及之中。不偏不倚之中是體，無過不及之中是用。中體潛存就是不偏不倚之「在中」，中體發用就是無過不及之「時中」。〔註 79〕不偏不倚之中是性，是

〔註 76〕《朱子語類》卷六二，《朱子全書》16/2008、2037、2042。

〔註 77〕《朱子文集》卷四二《答胡廣仲》，《朱子全書》22/1903。

〔註 78〕《朱子文集》卷三一《答張敬夫》，《朱子全書》21/1338-1339。

〔註 79〕「在中」之說最早出於程伊川之口。蘇季明問：「中之道與喜怒哀樂未發謂之中，同否？」伊川說：「非也。喜怒哀樂未發是言在中之義，只一個中字，但用不同。」（《程氏遺書》卷十八，《二程集》，第 200 頁）朱子認爲伊川所說的「在中」一詞「是言在裏面底道理，非以『在中』釋『中』字」（《朱子語類》卷六二，《朱子全書》16/2040-2041）。「在中」在伊川那裏還沒有獨立的意義，賦予「在中」以獨立的哲學意義並與「時中」對言是朱子的發明。他說：「在中者，未動時恰好處；時中者，已動時恰好處。」（《朱子全書》16/2040）於是「中，一名而有二義，程子固言之矣。今以其說推之，不偏不倚云者，程子所謂在中之義，未發之前無所偏倚之名也；無過不及者，程子所謂中之道也，見諸行事各得其中之名也。蓋不偏不倚，猶立而不近四旁，心之體、地之中也。無過不及，猶行而不先不後，理之當、事之中也。故於未發之大本，則取不偏不倚之名；於已發而時中，則取無過不及之義，語固各有當也。然方其未發，雖未有無過不及之可名，而所以爲無過不及之本體，實在於是；

道德的本體，但「中」只是對性之形式描述，而尚不涉及道德本體之實質內容。

第三節　仁與誠是道德本體之實質內容

性是道德的本體，中是性的形式表示，但是性還有其實質內容，這就是仁和誠。作爲道德本體，性有獲得和發用兩個過程。《中庸》把性之獲得過程稱爲天道，把性之發用過程稱爲人道。「天命之謂性」，天道流行，人物稟得，性之獲得過程是由天到人，由天說下來，這是一個客觀的過程。「誠者天之道」，誠是這個客觀過程的實質內容，所以也就是性之客觀面。「率性之謂道」，性體發用，澤被萬物，性之發用過程是由人到物，是從人而說出去，這是一個主觀的過程。「仁者人也」，仁是這個主觀過程的實質內容，所以仁是性之主觀面。

一、仁是道德本體之主觀內容

《中庸》之仁是對孔子仁學的進一步發展。孔子雖然創立了仁學，但對仁之具體內涵和形上本質沒有做確定的說明。《中庸》則直接提出「仁者人也」，仁是人之所以爲人的本質規定性，仁與性就打合爲一，成爲「仁性」。於是仁便內化爲性，而性也獲得了確定的內涵。

《中庸》論仁不再採取孔子隨宜指點、遮遮掩掩的方式，而是單刀直入、直陳其義。第廿章說：

> 其人存，則其政舉；其人亡，則其政息。人道敏政，地道敏樹。夫政也者，蒲盧也。故爲政在人，取人以身，修身以道，修道以仁。仁者人也，親親爲大；義者宜也，尊賢爲大。親親之殺，尊賢之等，禮所生也。在下位不獲乎上，民不可得而治矣！故君子不可以不修身；思修身，不可以不事親；思事親，不可以不知人；思知人，不可以不知天。天下之達道五，所以行之者三。曰君臣也，父子也，夫婦也，昆弟也，朋友之交也，五者天下之達道也。知、仁、勇，

及其發而得中也，雖其所主不能不偏於一事，然其所以無過不及者，是乃無偏倚者之所爲，而於一事之中，亦未嘗有所偏倚也。」（《中庸或問》上，《朱子全書》6/548）

三者天下之達德也，所以行之者一也。

我們已經知道，上面一段話是在追問政治倫理秩序的內在根據的。政治秩序的安美和諧在於人的道德修爲，人的道德修爲又在於仁。所以政治秩序和道德修爲最終都以仁爲其內在根據。

在這裏，「仁者人也，親親爲大」八個字非常重要。這八個字可以分爲兩層意思。第一層意思是「仁者人也」四個字所包含的仁與人之間的內在關係，第二層意思則是「親親爲大」四個字所包含的《中庸》之仁的本質。

單獨看「仁者人也」這四個字，不容易理解《中庸》所要表達的意思，但如果與後面「義者宜也」四個字聯繫起來看，就容易理解了。我們知道，義的一般解釋是宜，宜就是應該的意思。「義者宜也」即是說宜是義的定義，揭示的是義之本質涵義。「仁者人也，親親爲大」與「義者宜也，親賢爲大」是對舉爲文，兩句話在語法和句式上完全相同，都是以一種雙關語的形式對仁和義所下的定義。〔註 80〕這種定義方式是中國語言中的一種特殊現象，這種定義方式的特點在於定義項和被定義項幾乎是一種同義同音反覆。《孟子》和《禮記》中都出現過這種定義方式。孟子說：「仁也者，人也。」（《孟子》14.16）《禮記》說：「仁者，仁此者也；禮者，履此者也；義者，宜此者也；信者，信此者也；強者，強此者也。」（《禮記．祭義》24.19）特別是《祭義》的這句話，仁、禮、義、信、強五個概念幾乎是用它們本身來解釋的，這意味著整個句子的內涵是不待證明的，是不證自明的。

「仁者人也」就是以這種特殊的定義形式揭示了仁與人在意義上是完全等值、完全等價的。當然，這裏的人指的不是人的生理狀態，而是人的普遍本性，是人之所以爲人的本質規定性。許益之曾說：「『仁者，人也』，此是自古來第一個訓字，言混成而意深密，深體味之，則具人之形，必須盡乎仁。」〔註 81〕「人之形」就是人們平時所說的「人模人樣」，「具人之形」就是具有人的模樣，成爲一個眞正意義上的人。仁是人之爲人的本質規定性，所以要「具人之形」，要成爲一個眞正意義上的人，就「必須盡乎仁」，必須使內在的仁性充分展示呈現出來。相反，不具人形就是沒有仁性，沒有良心。人們平時罵人常說「狗模熊樣」，嚴格說來這並不是罵人，這與「沒有良心」、「傷

〔註 80〕陳榮捷：《中國哲學文獻選編》（上），楊儒賓等譯，臺北：巨流圖書公司，1993 年，第 186 頁。

〔註 81〕許謙：《讀中庸叢說》卷下，《續四庫》159/293 下。

天害理」、「爲富不仁」等話一樣，只不過是指出了一種價值事實：沒有將其作爲人之爲人的本質規定性之仁性完全呈現出來，還只是一個潛在的、沒有完成的人，當然也就不能稱其爲人。所以「仁者，人也」完整的表達應該是「仁者，人之所以爲人」〔註 82〕，「仁者，人之所以爲人之理」〔註 83〕。人的本質規定性就是仁，仁與人之爲人是完全同一的、完全等值的。仁揭示了人的本性，人的本性由仁來揭示。〔註 84〕

仁是人之爲人的本質規定性，是人禽之辨的分界點，也就是後來孟子所說的「人之所以異於禽獸者幾希」之幾希。在儒家看來，這幾希一點的仁性體現於「親親爲大」，體現在親親之情中。

親親包括橫豎兩個方面。從豎的方面來說，就是父母與子女之間的親親之情，從橫的方面來說，就是兄弟姐妹之間的親親之情。豎的親親之情最主要的就是孝，橫的親親之情最主要的就是悌。由孝悌所維繫的倫理關係就是五達道中非常基本的兩達道，即父子和昆弟。「君子務本，本立而道生。孝弟也者，其爲仁之本與！」（《論語》1.2）孝悌之情是仁之根本和基礎，孝悌之情充沛布滿，周流無遺，仁性也隨之完全呈現出來。《管子．戒》還曾更簡練地說：「孝弟者，仁之祖也」。仁性最初就體現在孝悌之情中，就好像仁是從孝悌的親親之情中產生出來的一樣。孝悌之情是仁性本體最直接的發用，它體現了道德本體的直接擴充。《論語》所說的「仁之本」和《管子》所說的「仁之祖」是一個意思，都是在強調孝悌在體現仁、表現仁這個方面之重要性。

理解了這一點，《中庸》所說的「親親爲大」也就容易理解了。「親親爲大」之「大」與「仁之本」之「本」和「仁之祖」之「祖」的意義一樣，也是在強調親親在體現仁、表現仁這個方面之重要性。「仁者人也，親親爲大」的意思就是說，仁作爲人之所以爲人的本質規定性，在孝悌的親親關係中體現得最爲充分，孝悌等最基本的倫常關係也最能體現仁性。通過孝悌來體會仁之普遍存在和普遍意義是儒家的傳統，孟子曾說：「孩提之童無不知愛其親者，及其長也，無不知敬其兄也。親親，仁也；敬長，義也。無他，達之天下也。」（《孟子》13.15）三歲小孩就知道愛他的父母，稍微長大一點，就知道尊重他的兄長，這正是其仁性之自然流露。從中也可以看到親親對於仁的

〔註 82〕張沐：《中庸疏略》，《續四庫》159/346 上。

〔註 83〕王充耘：《四書經疑貫通》卷七，《四庫》203/949 上。

〔註 84〕白奚：《「仁者人也」——「人的發現」與古代東方人道主義》，《哲學動態》2009 年第 3 期。

重要性。所以《中庸》說：「修身以道，修道以仁」，「思修身，不可以不事親」。修身必須根據仁道來進行，修身又必須從侍奉雙親開始，因爲事親之孝最能體現仁道。

孝是父母與子女之間垂直的親親關係，悌是兄弟姐妹之間橫向的親親關係，將孝悌統合起來就是夫婦之間的親親關係。而且，垂直的親親之孝往外延伸就成爲君臣之忠，橫向的親親之悌往外延伸就成爲朋友之信，這一縱一橫的交叉原點就是夫婦之愛。於是家庭之親親關係就擴展成爲一種更大的倫理網絡，這個倫理網絡就是儒家所說的「五倫」，《中庸》稱之爲「五達道」。這個立體的倫理網絡，可用圖表示如下：

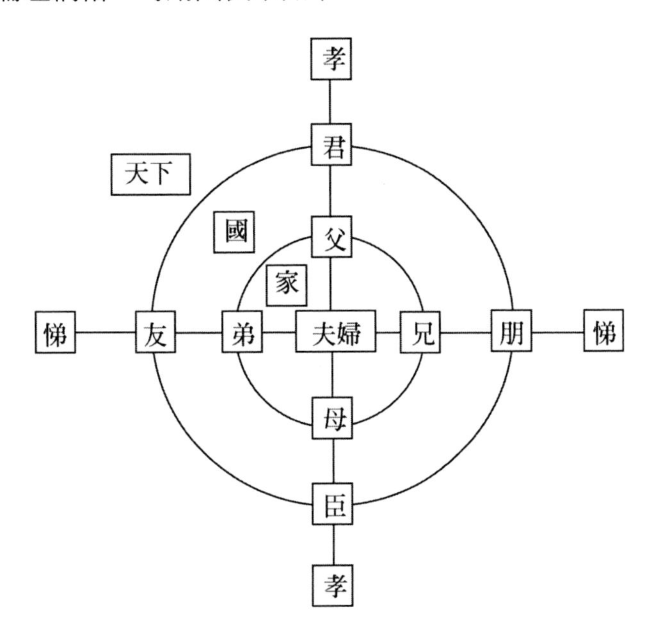

五倫或五達道向外涵蓋家國天下，而向內收縮於夫婦一點，夫婦之愛就成了整個倫理網絡的原點。《中庸》認爲，作爲人倫關係之原點，夫婦之間的親親關係直接地體現著仁。《中庸》第十五章說：

> 君子之道，闢如行遠必自邇，闢如登高必自卑。《詩》曰：「妻子好合，如鼓瑟琴。兄弟既翕，和樂且耽。宜爾室家，樂爾妻帑。」子曰：「父母其順矣乎！」

君子之道就是率性而行的仁道。就像遠途跋涉必須從近處起步，就像攀登高峰必須從低處擡足，仁道也必須就近證成。仁道的起點到底在哪裏呢？《中庸》引用《詩經》說：仁道就是從和樂融融的家庭關係中開始的。有了這種和美的家庭關係，父母也就時常會感到順心無比。《詩》文是以一個丈夫兼兒子的口吻來表達整個意思的。能夠做到妻子好合，也就是做到了孝順父母。這兩句《詩》文裏的家庭關係包括夫婦、父子和兄弟關係，其中第一個關係就是夫婦關係。《中庸》第十二章進一步說：

> 君子之道費而隱。夫婦之愚，可以與知焉；及其至也，雖聖人亦有所不知焉。夫婦之不肖，可以能行焉；及其至也，雖聖人亦有所不能焉。天地之大也，人猶有所憾。故君子語大，天下莫能載焉；語小，天下莫能破焉。《詩》云：「鳶飛戾天，魚躍於淵。」言其上下察也。君子之道，造端乎夫婦；及其至也，察乎天地。

初讀《中庸》者，一般會認爲，這段話是在說中庸之道的「不可離」和「不可能」的。造端乎夫婦是說中庸之不可離的，察乎天地、聖人不能是說中庸之不可能的。如果這樣理解，這段話的整個意思就是：中庸之道廣大而隱微。從隱微處來說，中庸之道就發端於夫婦居室之間、男歡女愛之中；從廣大處來說，中庸之道至大無外，至小無內，上下昭著，達於天地。呂與叔說：「鳶飛於上，魚躍於下，上下察之至者也。愚不肖之夫婦，可以與知，可以能行，則常道盡矣，此所以謂『造端乎夫婦』者也。孝弟之至，通乎神明，光乎四海，無所不通，則至道成矣，此所謂『及其至也，察乎天地』者也。」〔註85〕朱子也說：「君子之道，近自夫婦居室之間，遠而至於聖人天地之所不能盡，其大無外，其小無內，可謂費矣。然其理之所以然，則隱而莫之見也。」〔註86〕正由於中庸之道發端於夫婦居室之間，所以「夫婦之愚，可以與知焉」，「夫婦之不肖，可以能行焉」；正由於中庸之道至大無外，至小無內，所以「及其至也，雖聖人亦有所不知焉」，「及其至也，雖聖人亦有所不能焉」。

這些理解固然不錯，但還沒有抓住這一章的要害。《中庸》舉夫婦之例來說明中庸不可離，有其特別用意。

在分析夫婦倫常的特殊意義之前，先來看一個有趣的現象。這就是《中庸》第十三章和第廿章關於五倫的內容。第十三章說：「君子之道四，丘未能一焉：所求乎子，以事父，未能也；所求乎臣，以事君，未能也；所求乎弟，以事兄，未能也；所求乎朋友，先施之，未能也。」第廿章說：「君臣也，父子也，夫婦也，昆弟也，朋友之交也，五者天下之達道也。」爲了明白起見，

〔註85〕呂大臨：《禮記解・中庸》，《藍田呂氏遺著輯校》，第281頁。

〔註86〕《中庸章句》，《四書章句集注》，第22頁。

現將兩章相關內容列表對照如下：

第　十　三　章	第　廿　章
1 所求乎子，以事父，未能也 2 所求乎臣，以事君，未能也 3 所求乎弟，以事兄，未能也 4 所求乎朋友，先施之，未能也 （5 所求乎夫，以事妻，未能也）	2 父子也 1 君臣也 4 昆弟也 5 朋友之交也 3 夫婦也
君子之道四，丘未能一焉	五者天下之達道也

孔子之所以說「丘未能一焉」，有三種可能：其一，這是孔子的歉虛。其二，這是針對第十四章的君子「正己而不求於人」，「失諸正鵠，反求諸其身」而言的。道德本性人人自足，君子遇事應該反求諸己，而不應該求諸人，更不應該求諸外。求子事父、臣事君、弟事兄、朋友信都是先求諸人，所以孔子才說「未能一焉」。根據這種理解，第二十章可以補一句：「所求乎夫，以事妻，未能也」。〔註 87〕其三，這是承第廿章「君子之道費而隱」來說的。君子之道廣大且精微，當它精微的時候，夫婦也有所能，當它廣大的時候，即使聖人也有所不能，故孔子說「丘未能一焉」。

這三種可能都有其道理。但除此之外，我認爲還有一種可能，這就是夫婦之道在儒家倫理學中的特殊性。夫婦居室和男歡女愛是人倫之始，更是生命的開始之處，是生命的發祥之地。這是任何人都能知能行、應知應行的。從這一點來說，孔子當然不會說也不能說自己做不到這一點。

夫婦居室是生命的發祥地。新生命一旦降生，他必將披荊斬棘，茁壯成長，直至成爲一個頂天立地、傲視萬物的眞正的人。在生命的成長過程中，他可能會遇到風刮日曬和霜打雨淋，他甚至可能會遭受無情的摧殘和重力的壓制。但是生命的力量卻一刻也不會因爲外在的壓力而屈服，生命的腳步也不會因爲外來的抑制而停止。《中庸》引《詩經》說：「『鳶飛戾天，魚躍於淵。』言其上下察也。」生命力就像愉快的鴿兒在廣袤的天空自由地飛翔，就像怡悅的魚兒在無際的海洋自在地翻躍。這就是生命的活力所在。夫婦居室的眞正喻義正在這裏，它是勃勃生機、無限生機、生生之機的象徵。〔註 88〕孝悌

〔註 87〕杜維明：《論儒學的宗教性——對〈中庸〉的現代詮釋》，段德智譯，武漢：武漢大學出版社，1999 年，第 120 頁。

〔註 88〕從字源學上看，仁字從人從二，但仁的二人不是一般意義上的二人，更不是

是對父母和兄弟的一種自然情感，更是對道德生命的崇敬和持重。

仁是人之所以爲人的本質規定性，人之所以爲人的仁性直接體現在孝敬悌愛的倫常親親關係中。王船山說：「親親是天性之仁見端極大處。」〔註 89〕如果把「仁者人也，親親爲大」八個字的語序顛倒過來，就更好理解了：「親親爲大，仁者人也」。仁從親親中體現，人性由仁來規定。《中庸》論仁性，先從親親說仁，再從仁說性。親親即生生，從仁說性，就是從生說性。

孔子反覆指陳、津津樂道之仁並不是什麼神秘的東西，從根本上說，仁就是從無限的生命感中所折射出的無限的價值感，從無窮的生命力中所透發出的無窮的創生力。《中庸》論性是從仁說性，性就不再是自然的生理之性、生物之性，而是從生理性、生物性內部所滲透著的生命力和生命感中，蒸發、昇華出一種更基本、更高尚的道德性和生命性，這就是仁性。簡單地說，仁就是生生之機，性就是生生之性，仁性就是生生之理。仁是天地之間的生生之機，人類萬物無不據之以生。正如有了生命，萬物便獲得欣欣向榮的無限生機，有了生命，世界便呈現蒸蒸日上的無窮生意一樣，有了仁性，人生就通體充盈著潤澤一切的價值感，有了仁性，人生就永遠萌動著沛然莫之能御的創生力。仁性正是通過這種無限的價值感和無窮的創生力，使夫婦、父子、兄弟、朋友、君臣等人倫關係和道德秩序獲得價值和意義，也使宇宙萬物生長發育的無限過程和春耕夏播秋收冬藏的無窮反覆呈現出生命的情調。

《中庸》從親親之情說仁，又從生生之仁說性。親親即生生，從親親說仁，即是從生生說仁，從仁說性，即是從生說性。我們知道，告子也主張「生之謂性」（《孟子》11.3）。從字面上看，告子的說法也是從生說性，似乎與《中庸》沒有區別。但是如果深入分析，就可以發現，兩者存在本質的不同。

從形式上說，《中庸》雖然也是從生說性，但在生與性之間，還有一個曲折，這個曲折點就是仁。《中庸》從生說性，是從生說仁、再從仁說性、最後

兩男或兩女，而應是一男一女，也就是結合爲夫婦的一男一女。只有一男一女才意味著「生」。所以生生之仁只有在夫婦二人的兩情相悅中才有可能。事實上，「人對宇宙唯有在兩種動勢的相濟相剋中才能釀造新生機，新生命的自覺，最初即是受到了人唯有在男女兩情相悅中才能孕育出新生命這一現象的啓發，並以此爲出發點去觀察、捕捉、把握天地萬物所以生生不息的契機的。……『仁』字即表現爲人是以男女兩性的結合爲出發點來理解宇宙生生不已的闕機的。」參見陳洪杏《生・親・愛・仁——孔子是如何發現「仁」的？》，《哲學動態》2009 年第 3 期。

〔註 89〕王夫之：《讀四書大全說》卷三，《船山全書》第六冊，第 515～516 頁。

才從生說性這樣一個過程的簡化。在從生言性之間，有一個從生說仁、從仁說性的環節。但是告子是直接從生說性，生與性之間，直來直去，沒有任何曲折。《中庸》與告子從生說性的根本區別就在於這個曲折。

從本質上說，《中庸》的仁雖然也是從夫婦居室和親親倫常說起，但仁並不是實然的夫婦居室和親親倫常本身，而是從夫婦居室和親親倫常中所透發和折射出來的生命之價值和意義，這就是生生之機、生生之理。夫婦居室和親親倫常當然是生命情感的體現，但這只是一種實然的生命，仁是從這些實然的生命中提煉出來的價值和意義，是實然生命之所以有意義、之所以有價值的原因和根據。經過這個提煉的過程之後，《中庸》才更進一步說：「仁者人也」。仁是性，是人之所以爲人的本質規定性。所以仁性不只是實然的感性，而是一種超越之性，是實然的感性生命之所以有意義和有價值的原因和根據，所以仁是《中庸》從生論性的轉捩點、拐彎處，《中庸》論性的全部意義都在這個轉捩點，都在這處拐彎處。但告子是直接從生論性，「食色，性也」，生是吃喝拉撒、男歡女愛的自然生理，所以性也只是吃喝拉撒、男歡女愛的生物本能。後來程明道雖然也說：「告子云『生之謂性』則可。凡天地所生之物，須是謂之性。……亦是萬物各有成性存存，亦是生生不已之意」。〔註 90〕但程明道並不是直接就生論性，他是先從萬物之生中看出個「生生不已之意」，然後才說生之謂性。生生不已之意即仁性的生生之機。

仁性是一種生命感和生命力，即生生之機。仁是道德的本體，它必然要表現，必然要實現。仁性發用流行實現出來，就是生生之意，再往外擴充，就是生生之氣，擴充至極，必然施及宇宙萬物。一己生生就成了宇宙萬物的生生不已。

「仁者人也」，仁是人之所以爲人的本質規定性，仁就體現在人與人之間的倫理關係中。「親親爲大」既意味著仁是從夫婦居室所象徵的自然生命生生不息中所反觀並昇華出來，同時也表明了仁性生命發用流行是具有一定次序性的。夫婦關係是生命的起源和發端，父子關係是生命的垂直傳承和繼續，兄弟關係是生命的平面鋪開和推展。夫婦、父子、兄弟等三倫直接體現著生命的生生不已，尤其是父子關係，在中國古人看來，它是生命的垂直延續，更能代表生命的生生不息性。這就是儒家何以非常重視孝慈的原因。但對三

〔註 90〕《程氏遺書》卷二上，《二程集》，第 29～30 頁。東方朔曾對程明道從生論仁，從仁言性，最後從生說性做過專門考察。見其《「天只是以生爲道」——明道對生命世界的領悟》，《中國哲學史》2003 年第 4 期。

倫關係的重視，並不僅僅因爲它們是自然生命的承載，更由於道德生命是從它們所承載的自然生命中反觀而昇華、提煉出來的。對孝敬慈愛之情的重視，也並不僅僅是爲了自然的傳種接代和實然的生命承繼，更是對生生不已之生命力的崇敬和持重，也就是對內在於己之道德仁性的崇敬和持重。只內在於己之仁性生命最初直接體現在孝敬之中。《中庸》第十八章說：

> 子曰：「無憂者，其惟文王乎！以王季爲父，以武王爲子，父作之，子述之。武王纘大王、王季、文王之緒，壹戎衣而有天下，身不失天下之顯名。尊爲天子，富有四海之內。宗廟饗之，子孫保之。武王末受命。周公成文、武之德，追王大王、王季，上祀先公以天子之禮。斯禮也，達乎諸侯大夫，及士庶人。父爲大夫，子爲士，葬以大夫，祭以士。父爲士，子爲大夫，葬以士，祭以大夫。期之喪，達乎大夫。三年之喪，達乎天子。父母之喪，無貴賤，一也。」

只有文王是沒有憂慮的，因爲他的事業前有父親季歷開創，後有兒子武王繼承，更有周公製禮作樂，尊祀先祖。季歷、文王、武王三人一脈傳承的事業是什麼呢？又是怎麼令文王無憂的呢？這就是「周公成文、武之德，追王大王、王季，上祀先公以天子之禮」。文王、武王父子所傳承的就是文武之德，周公以禮的形式將這種德固定化、現實化。

文武之德就是仁，就是生生不已的道德生命。周公通過製禮作樂，把文武之德顯現、固定下來。周公所制之禮就是喪祭之禮。「斯禮也，達乎諸侯大夫，及士庶人」，這種禮法向下通行於諸侯、大夫，及於庶人，向上通達於天子。這就是三年之喪。三年之喪是天下通喪，無分貴賤，人人如此。文武之德就體現在三年之喪的禮儀之中。宰我欲短三年喪，心安於吃白米飯、穿花衣裳，就是安於自己的物質需要，安於自己的自然生命。孔子認爲人之爲人不能只安於這些，更要安於三年之喪中所體現出來的孝敬之情，更要安於孝敬之情中所流動著的精神價值，這就是人之爲人之仁性生命。宰我僅僅安於外在的物質需要，就是僅僅安於自己的物質生命，孔子安於三年之喪，則是安於自己的精神生命和道德生命。三年之喪不只是一種禮儀形式，它的重要性在於滲透流淌於其中的孝敬之情，在於它所承載著的仁性生命。宰我沒有看透這一層，所以孔子說他不仁。季歷、文王、武王一線傳承的，正是這生生不已的仁性生命和道德價值。周公通過喪祭之禮的形式，把文武之德表現出來，傳承下去。仁道生生，傳之不息，「文王之德之純，純亦不已」，文王又有什麼可以感到憂慮的呢？

孝敬之情對仁性的這種承載作用，在《中庸》第十九章還有進一步的表述：

> 子曰：「武王、周公，其達孝乎！夫孝者，善繼人之志，善述人之事者也。春秋修其祖廟，陳其宗器，設其裳衣，薦其時食。宗廟之禮，所以序昭穆也。序爵，所以辨貴賤也。序事，所以辨賢也，旅酬下爲上，所以逮賤也。燕毛，所以序齒也。踐其位，行其禮，奏其樂，敬其所尊，愛其所親，事死如事生，事亡如事存，孝之至也。郊社之禮，所以事上帝也。宗廟之禮，所以祀乎其先也。明乎郊社之禮、禘嘗之義，治國其如示諸掌乎！」

這一章看似在講廟堂禮儀的，其實它也是在講文王之德純亦不已的。

「夫孝者，善繼人之志，善述人之事者也」，孝就是善於繼承先人遺志，善於讚述先人業迹。孝是從內聖外王兩個方面對先人的繼承和發揚。孔子曾說：「父在，觀其志；父沒，觀其行。三年無改於父之道，可謂孝矣」（《論語》1.11）。父親活著的時候，要體察他的遠大志向；父親去世以後，要考察他的偉大業績。遠大志向是內聖之事，偉大業績是外王之事。終生沿承父親的內聖外王之道，就是做到孝了。「觀其行」就是「善述人之事」，顯然是指武王、周公從外王方面對文王帝業的鞏固和開拓。「觀其志」就是「善繼人之志」，就是指武王、周公從內聖方面對文王志願的繼承和深發。

「武王、周公，其達孝乎」，朱子《中庸章句》訓達爲通，達孝就是通稱之孝。那麼這句話的意思即是「武王、周公之孝，乃天下之人通謂之孝」，武王、周公之孝是天下通行之孝。達不但有通達的意思，還有達於的意思，就像第十八章所說「達乎大夫」，「達乎天子」之達。武王、周公之孝有一個向外通達的願望，並不只是孝於文王一人而已，還要達於他人。

這一章連續出現了四個「序」字：序昭穆、序爵、序事、序齒。禮儀陳設不是一體平鋪、齊頭並進的，而是有一定的先後次序的。宗廟按昭穆來排列次序，以區別尊卑；助祭者按爵位來排列次序，以區別貴賤；進獻祭品的人按職事排列次序，以區別才能；宴飲按髮色排列坐次，以區別長幼。經過這些次序安排，孝敬之情的發用流佈就形成了這樣一種格局：由親人到族人，再到鄰里鄉黨，直到天下國家。《中庸》第廿章對這種次序也有明確的表述：「知所以修身，則知所以治人；知所以治人，則知所以治天下國家矣。凡爲天下國家有九經，曰修身也，尊賢也，親親也，敬大臣也，體群臣也，子庶民也，來百工也，柔遠人也，懷諸侯也」，「故君子不可以不修身；思修身，不可以不事親；思事親，不可以不知人；思知人，不可以不知天。」《中庸》還對這種次序作過理論上的總結：「仁者人也，親親爲大；義者宜也，尊賢爲大。親親之殺，尊賢之等，禮所生也。」仁是人之爲人的本質規定性，以親親之情爲最重要；義就是應該做的事，以尊賢敬才爲最重要。敬愛親人是有遠近之分的，尊賢敬才是有高下之等的，禮就是由此而產出來的。

仁性是生生不已的道德生命，它體現於孝親之情，呈現於尊賢之義。但孝親之情和尊賢之義是有遠近高下的次序的，所以仁性生命之流行和發佈也應該有一定的次序性。這個次序的第一步就是孝悌。仁性流行由孝敬之情到尊賢之義再到天下國家的這種次序性，並不是人爲安排的，而是天然而然的。《中庸》第十七章說：

> 子曰：「舜其大孝也與！德爲聖人，尊爲天子，富有四海之內。宗廟饗之，子孫保之。故大德必得其位，必得其祿，必得其名，必得其壽。故天之生物，必因其材而篤焉。故栽者培之，傾者覆之。《詩》曰：『嘉樂君子，憲憲令德。宜民宜人，受祿於天。保祐命之，自天申之。』故大德者必受命。」

舜因孝成德，萬民敬仰，千代祭祀，於是天就將大命於舜，使他獲得福祿名位。這就是「天之生物，必因其材而篤焉。故栽者培之，傾者覆之」。

「必因其材而篤焉」，宇宙萬物本來就有材質之差和遠近高下之等，這種差等性反映在人的孝敬等自然情感上，就決定了人的親親之情也必然有遠近之別，這就是《中庸》所說的親親之殺和尊賢之等。親親之情是仁性之體現和運用，所以仁性的流行也必然呈現出遠近、尊卑、貴賤等差別性。孝敬之情最能體現生命的延續性，仁性的流行也必然從對父母的孝開始。這顯然是對「孝弟爲仁之本」和「弟子入則孝，出則弟，謹而信，泛愛眾，而親仁」思想的直接繼承。由親親之孝悌，到朋友之誠信，再到大眾之博愛，這是一種由近到遠的次序，只有這樣，才算是「親仁」。親仁應是近仁，就是說離仁非常近了，而不是像一般所解釋的那樣，是親近有仁德的人。離仁非常近，就意味著這些畢竟不是仁，而只是仁之發用流行。然而由孝悌親人，到誠信友人，再到博愛眾人，雖然不是仁性本身，但仁性自身之流行發用必然是這樣一種由近及遠、逐步推擴的過程。因爲這個過程是天然如此的。

仁性的發用流行雖然由孝悌親親開始，但仁性並不只是停留於孝悌親親，它也必然要向外擴充。這就決定了眞正的孝是達孝，必然要通達於外，必然要「老吾老，以及人之老」(《孟子》1.7)。仁性爲什麼必然要流行發用、遍潤萬物呢？這有兩個原因，一是因爲仁性是天之所命，而天命是普遍的。《中庸》首章說「天命之謂性」，第廿五章還說天覆萬物，天命之性也必然是普遍的。二是因爲誠是萬物的共性，自己、他人和萬物之性在終極根源處是相同的。

仁性必然向外擴充，流佈萬物。《中庸》第十六章曾對仁性流行，遍佈萬物的氣象，給予了極高的讚歎：

> 子曰:「鬼神之爲德，其盛矣乎！視之而弗見，聽之而弗聞，體物而不可遺。使天下之人齊明盛服，以承祭祀，洋洋乎如在其上，如在其左右。《詩》曰:『神之格思，不可度思！矧可射思！』夫微之顯，誠之不可掩如此夫。」

「體物而不可遺」，朱子認爲體物即物之體，這是不準確的。《中庸》第廿章有「體群臣」，第廿四章有「動乎四體」。前者之體字是動詞，後者之體字是名詞。「體物而不可遺」顯然與「體群臣」的用法相同，用作動詞。清儒李塨曾說:「體如體群臣之體，君非臣體也，而軫恤之至，如體之。」〔註91〕體群臣不是說君是臣的體，而是說君對臣的體貼、體恤、體諒。既然體爲動詞，那麼體物的主體是什麼呢？根據最後一句話「誠之不可掩如此」來看，體物的主體顯然就是誠。在下一節即將說到，誠是性的客觀面，仁是性的主觀面；從性來說，仁即誠，誠即仁。體物是誠來體物，當然也就是性來體物，也就是仁來體物。作爲性的客觀面，說誠來體物，多少顯得生硬，因爲我們平時說體恤、體諒時，總是從主觀面而不常從客觀面來說。說誠來體物還不如說仁來體物更順暢，而且誠來體物本身就是仁來體物。

「鬼神之爲德」極言仁德充其極、體物不遺的氣象。根據上古人對鬼神的理解，鬼神具有來去無形的特徵，或者說來去無形就是鬼神，鬼神就是來去無形。「視之而弗見，聽之而弗」就是對鬼神這種來去無形性的一種描述。仁必然要充其極，達於無聲，至於無形，「視之而弗見，聽之而弗聞」，「不見而章，不動而變，無爲而成」(第廿六章)，「不動而敬，不言而信」，「無聲無臭」(第卅二章)。

〔註91〕李塨:《中庸傳注》,《續四庫》159/360下～361上。

仁性始自親親之愛，但是仁性又必將發用流行，向外通，向外透，由近及遠，由裏到外，最後遍及宇宙萬物。「仁心之感通遍潤一切而不遺，仁道之顯現遍成一切而不遺」。〔註92〕仁性的這種發用流行，就像鬼神那樣，來時無形，去時無蹤，視之不見，聽之不聞。「視弗見，聽弗聞，性也。體物而不可遺，情也。」〔註93〕視之不見，聽之不聞是對仁性本體之發用流行的描狀，體物而不可遺則是仁性本體發用流行的效果，仁性對萬物的潤澤是以孝悌仁慈等道德情感的形式進行的。雖然無形無迹，但是仁性光被天下，澤潤四方，無一人脫漏，無一物遺棄，宇宙萬物無不沐浴在仁性的潤澤之中。仁性流行，遍潤萬物，是在無聲無息中進行的，個過程顯示出一種神化玄妙的特徵，「體物不遺，妙萬物而無不在也」〔註94〕。而且「誠之不可掩如此」，仁性本體的發用和流行是遮擋不住、蓋捂不住的。

二、誠是道德本體之客觀內容

「誠」是《中庸》的標誌性概念。誠之於《中庸》，就如與「仁」之於孔子，「心」之於孟子，「禮」之於荀子，已經成為一種象徵和標誌。誠對《中庸》的這種標誌意義是由《中庸》所賦予它的全新涵義所決定的。我們知道，誠字的基本涵義是「實」。但在《中庸》以前的文獻中，誠字很少出現，即使出現，其用法也多是作為副詞或形容詞，表示對事物眞實性的強調，是「誠然如此」、「確實如此」的意思。到了《中庸》，誠的字義徹底定格。〔註95〕《中庸》共有二十五個誠字，無一用作虛詞。《中庸》賦誠字以全新的內涵，即宇宙萬物的實體性。

作為宇宙萬物的實體性，誠又有兩個方面的涵義：其一，誠是實，是實理，是天命實理；其二，誠是成，是天命實理之實現，是成實萬物。

《中庸》論誠，首先就從實體實理說起。中國哲學的實體常常指實有此體，實有此理。體是體用之體，也是本體之體。朱子說：「所謂實體，非就事物上見不得。且如作舟以行水，作車以行陸。今試以眾人之力共推一舟於陸，必不能行，方見得舟果不能以行陸也，此之謂實體。」〔註96〕朱子所說的實

〔註92〕牟宗三：《心體與性體》第一冊，《牟宗三先生全集》（5），第567～568頁。
〔註93〕許謙：《讀中庸叢說》卷上，《續四庫》159/290上。
〔註94〕顧憲成：《中庸說》，《續四庫》162/427下。
〔註95〕關於「誠」字意義之發展，參見本節最後的「附說：誠字涵義之發展與定格」。
〔註96〕《朱子語類》卷十五，《朱子全書》14/469。

體也即是實理，是事物內部實實在在的根據。所以朱子常以實理說誠：「誠，實理也」，「誠者，實有此理」，有時乾脆說「誠是理」。〔註97〕實是誠之古義，實體和實理是由此古義所引申出的極具本體意味的概念。無論實體或實理，都是從本體上說的。誠是宇宙萬物的實有本體，既是本然的實體，又是內在的實理。

誠是萬物之實體，這從《中庸》第十六章可以看出：

> 鬼神之爲德，其盛矣乎！視之而弗見，聽之而弗聞，體物而不可遺。使天下之人齊明盛服，以承祭祀，洋洋乎如在其上，如在其左右。《詩》曰：「神之格思，不可度思！矧可射思！」夫微之顯，誠之不可掩如此夫。

通過上一節的分析知道，「體物而不可遺」之體是動詞，是體諒、體貼、體恤的意思。作爲動詞的「體物」之體又可以從兩面看。從主觀面來看，「體物」之體是動詞，意思是體諒、體貼、體恤。動詞的體一轉而爲名詞，這就是仁體。仁體之發用流行就是體物，仁之體物就是對宇宙萬物的澤被遍潤。經過仁體之澤被遍潤，宇宙萬物都獲得了道德意義，這就是仁體成就宇宙萬物。從客觀面來看，仁成就宇宙萬物，萬物也必然有其可以成就之處，這樣仁體流行才有著落，才有承載。萬物之可以成就之處也必然與仁體之成就是完全同一的。萬物之可以成就之處即仁體所成就萬物之處。於是仁體之流行甚至仁體之自身就客觀化爲萬物本然之體，「體物」之體也就由動詞再轉而爲名詞，成爲「物之體」、萬物本然之體。

「夫微之顯，誠之不可掩如此」之微即誠，此誠即內在之體，是爲「誠體」。「微之顯」之顯即不可掩匿而必然彰著。「微之顯」和「不可掩」即是說誠體之顯發彰著是遮掩不住、必然如是的。「誠之不可掩如此」之「如此」即指所引《詩》之「神之格思，不可度思！矧可射思！」「洋洋乎如在其上，如在其左右」即是此誠體顯發彰著之效果。

於是整個第十六章的意思，如果用一句話概括，那就是第廿四章所說的「至誠如神」。誠體妙用，神化萬物，誠是宇宙萬物的本然之體，其發用流行即成就宇宙萬物之方方面面；誠體之成就無迹可尋，神妙無窮，此即周濂溪所說：「寂然不動者，誠也；感而遂通者，神也。」〔註98〕朱子對濂溪此句注曰：

〔註97〕《朱子語類》卷六，《朱子全書》14/240。

〔註98〕周敦頤：《通書・聖》，《元公周先生濂溪集》，長沙：嶽麓書社，2006年，第

「本然而未發者，實理之體；善應而不測者，實理之用。」〔註 99〕誠即是實理之體，神是實理之用。程明道更是無分體用，直接就說：「《中庸》言誠便是神。」〔註 100〕

誠是萬物的本然之體，是萬物所以然之實理，這本然之體和所以然之實理，也就是萬物共有之性。《中庸》第廿一章說：「自誠明，謂之性。」由誠體實理自然發出，中間不經過任何曲折就是性。誠即是性，性即是誠。一般認爲這是在講工夫的，不是講本體的。但即使是講工夫，但工夫即本體，本體即工夫，本體與工夫原是一而二、二而一的。

由工夫來印證誠體即萬物之性，在廿二章表達得最清楚：

> 唯天下至誠，爲能盡其性；能盡其性，則能盡人之性；能盡人之性，則能盡物之性；能盡物之性，則可以贊天地之化育；可以贊天地之化育，則可以與天地參矣。

「至誠能盡性」有兩層意思，其一是說至誠能夠盡性，其二是說只有至誠才能盡性。前者是盡性的充分條件，後者是盡性的必要條件，合起來說，至誠就是盡性的充分必要條件。

理解「能盡其性，則能盡人之性；能盡人之性，則能盡物之性」，要聯繫《中庸》開篇第一句話「天命之謂性」來看。程明道曾說：「言天之付與萬物者，謂之天命。」〔註 101〕天命賦予萬物，必定是普遍的賦予。所以「稟之在我之謂性」之「我」不只是指人，也應該包括物。所以明道又說：「『天命之謂性，率性之謂道』者，天降是於下，萬物流形，各正性命者，是所謂性也。循其性而不失，是所謂道也。此亦通人物而言，循性者，馬則爲馬之性，又不做牛底性；牛則爲牛之性，又不爲馬底性。此所謂率性也。人在天地之間，與萬物同流，天幾時分別出是人是物？」〔註 102〕天賦予萬物就叫做命，萬物稟得天命就叫做性。天賦予萬物是普遍地、沒有差別地賦予，萬物稟得之性也是普遍地、無差別地稟得。

人與人、人與物、物與物的本然之性是同一的、沒有差別的，盡性工夫所極盡之性就是指這種一同的、沒有差別的本然之性。至誠是盡性的充分必

---

57 頁。

〔註 99〕《通書注》，《朱子全書》13/101。

〔註 100〕《程氏遺書》卷十一，《二程集》，第 119 頁。

〔註 101〕《程氏遺書》卷十一，《二程集》，第 125 頁。

〔註 102〕《程氏遺書》卷二上，《二程集》，第 29～30 頁。

要條件，至誠便能盡得自己的本然之性，自己的本然之性與人與人物是同一的、沒有差別的，所以盡得自己本然之性也就是盡得人物的本然之性。本體即工夫，工夫即本體，至誠即盡性，誠即性。通過至誠盡性，誠不但是自己之性，而且是人物之性。

性即是誠，誠即是性，性出於天，誠也出於天。第廿二章由至誠盡性，以至於贊天地之化育與天地參，就含有這層意思。第廿章說得更明白：「誠者，天之道也。」朱子注曰：「誠者，眞實無妄之謂，天理之本然也。」王船山說：「道者天之大用所流行，其必繇之路也。」〔註 103〕所以「誠者，天之道也」可以這樣來理解：天理本然就是誠，誠是實有此理；天理髮用流行即天道，誠就是天理髮用流行之實在內容。《中庸》首章「天命之謂性，率性之謂道」，天命下貫即天道流行，命即是道；天命、天道爲人物所稟得即是性。於是命、道與性爲一：命、道是動地說，性是靜地說。靜地說的天命之性就是誠。相對於人道而言，天道象徵客觀性，所以誠即是性之客觀面，是道德本體之客觀內容。清儒王澍說：「一卷《中庸》，以天起，以天結，中間曰『誠之不可掩如此』。夫徹上徹下，只是此理。」〔註 104〕《中庸》從天說到性，從性說到誠，最後又從誠說到天。天是標誌客觀的概念，所以性體之誠即道德本體之客觀面，其意義爲天命實理。

「實」作爲誠之最初涵義，除了「實體」的意義還有「實現」的意義。誠即天道，也就意味著誠即命道，命與道是動地說，誠也可以是動地說。所以胡五峰《知言》開篇第一句即說：「誠者，命之道乎！」〔註 105〕命、道與性爲一，所以誠與性也爲一，誠即性。誠是動地說，性是靜地說。朱子說「言誠時，便主在實理發育流行處；言性時，便主在寂然不動處」〔註 106〕，也就是從誠之天道流行的意義上來說的。誠即天道和命道。天道流行，命於人物爲性。所以誠是從動的方面來說的性，而性是從靜的方面來說的誠。對人物而言，天命是標誌客觀性和普遍性的概念，誠即天道命道，所以誠即性之客觀面，是宇宙萬物的客觀根據。誠的實現意義包括誠體自身的實現，也包括宇宙萬物的實現。宇宙萬物是通過誠來實現的，從誠來說，就是成就或創生

〔註 103〕王夫之：《讀四書大全說》卷三，《船山全書》第六冊，第 529～530 頁。
〔註 104〕王澍：《中庸困學錄》，《續四庫》159/408 下。
〔註 105〕胡宏：《知言・天命》，《胡宏集》，第 1 頁。
〔註 106〕《朱子語類》卷百一，《朱子全書》17/3390。

宇宙萬物。誠體自身之實現和宇宙萬物之成是同一個過程，誠體自身之實現即是宇宙萬物在成就。又由於誠是宇宙萬物之性的客觀面，所以誠成就創生宇宙萬物，其實就是宇宙萬物在自我成就、自我創生、自我實現。

誠具有實現、創生和成就等動態意義，這很容易讓我們聯想到誠與成的關係。一些漢學家注意到，「誠」和「成」與「性」和「生」一樣，在詞源上應該有一種同根的關係。〔註 107〕基於這種認識，另一些漢學家堅持把《中庸》之誠翻譯成「creativity」，把誠理解爲一個過程性而非實體性的概念，「誠是一種由構成性關係的獨特性和持久性所決定的過程，那種構成性關係決定了一個特定的『事物』」〔註 108〕。其實誠與成之詞源學上的原初關係，在中國早期的文獻中就已經通過兩種方式存在著。首先，通過假借，誠與成是可以相通的，在很多文獻中甚至就是可以互換的。〔註 109〕這本沒有什麼稀奇，通假是古代漢語的一個基本現象，中國早期的很多文字都存在這種情況。〔註 110〕其

〔註 107〕葛瑞漢：《論道者：中國古代哲學論辨》，張海晏譯，北京：中國社會科學出版社，2003 年，第 159 頁。

〔註 108〕安樂哲（Roger T. Ames）、郝大維（David L. Hall）：《〈中庸〉新論：哲學與宗教性的詮釋》，彭國翔譯，《中國哲學史》2002 年第 3 期。

〔註 109〕朱駿聲：《說文通訓定聲》，《續四庫》221/328 下。王引之也說：「誠、成同義，而可以互通。」（《經義述聞》卷十四《不誠於伯高》，頁 323 上）《中庸》第廿五章「誠者，自成也」，袁蒙齋說：「誠、成通。」（《蒙齋中庸講義》卷四，《四庫》199/602）

〔註 110〕這樣的例子實在不少，不妨再舉幾處以爲佐證：

（1）《管子・君臣上》：「其誠也以守戰」。俞樾按：「誠當爲成。……誠與成古亦通用。」（《諸子平議・管子三》，光緒九年重定本）「道者，誠人之姓也，非在人也」。陶鴻慶曰：「誠當爲成。」

（2）《道德經》二十二章：「誠全而歸之」。朱謙之案：「『誠』當作『成』。」（《老子校釋》，北京：中華書局，1984 年，第 93 頁）

（3）《墨子・貴義》：「子之言則成善矣」。王念孫說：「成即誠字。」（《讀書雜志・逸周書第一・成》，清同治庚午十一月金陵書局重栞本，南京：江蘇古籍出版社，1985 年影印，頁 8 上）

（4）《楚辭・九章・抽思》：「昔君與我成言兮」。朱子說：「成，一作誠。」（《楚辭集注》卷四，《朱子全書》19/98）

（5）《韓非子・功名》：「近者結之以成，遠者譽之以名。」陶鴻慶曰：「成當作誠。」

（6）《禮記・經解》：「規矩誠設」。鄭玄注曰：「誠，猶審也，或作成。」

（7）《大戴禮記・文王官人》：「非誠質者也」，《逸周書・官人解》「誠」作「成」。所以晉人孔晁與清人王念孫都認爲，這裏的成與誠相通。（孔晁注：《逸周書》卷七，《叢書集成初編》本，第 235 頁；王念孫：《讀書雜志・逸

次，誠與成曾經都是一種德行。誠是一種德行，這不需要多說；成也曾是一種德行，卻並不多見。《國語・周語下》說：

> 且夫立無跛，正也；視無還，端也；聽無聳，成也；言無遠，愼也。夫正，德之道也；端，德之信也；成，德之終也；愼，德之守也。守終純固，道正事信，明令德矣。愼、成、端、正，德之相也。

「德之相」，明儒湛甘泉說：「相，猶相貌之相。愼成端正，德之相貌也。視聽言動本諸心，所以定威儀之則也。〔註 111〕端、成、愼、正四者是通過視、聽、言、動等四個方面表現出來的德行，所以成與愼、端、正是「德之相」，是德性之四種面相。

「成，德之終也」，韋昭注曰：「志定，故能終也。」〔註 112〕「成」是意志堅定：意志堅定了也才能「聽無聳」，不爲所動；意志堅定了，也才能愼守成終。我們知道，誠作爲德行總是與忠、實、信、厚等德行相關，而意志堅定與忠實誠信本來也有內在的相通性。

誠與成在詞源學上的同根關係，被《中庸》轉化爲成就、實現、創生等哲學意義。第廿五章說：

> 誠者，自成也；而道，自道也。誠者，物之終始，不誠無物。是故君子誠之爲貴。誠者，非自成己而已也，所以成物也。成己，仁也；成物，知也。性之德也，合外內之道也，故時措之宜也。

這一章的核心意思就是誠與成的內在聯繫。但由於這一章所使用概念之多義性和表述方式之複雜性，不但使得誠與成的關係變得微妙而難以把捉，甚至連整章的意旨也變得晦澀而難以理解。王船山說，「此章之大迷，在數字互混上」。〔註 113〕船山列出了「自」與「己」、「誠」與「道」、四個「物」字、「終」與「無」等字詞之間的關係。其實，造成此章迷誤難懂的，還包括仁、智與性及誠、道與性的關係。想要解開這一章的迷團，必須先把這些概念及其關係理清。

（1）關於五個「誠」字。朱子曾說，誠之實，有以理之實而言者，如「誠之不可掩如此」，有以心之實而言者，如「反諸身不誠」。〔註 114〕從理和心兩

周書第一・成》，頁 8 上）

〔註 111〕湛若水：《格物通》卷二二，《四庫》716/203 下。

〔註 112〕左丘明：《國語》卷三，韋昭注，《四庫》406/30 上。

〔註 113〕王夫之：《讀四書大全說》卷三，《船山全書》第六冊，第 554 頁。

〔註 114〕《中庸或問》下，《朱子全書》6/598。

個方面來釋誠，是朱子之創見。〔註 115〕將此理解放於朱子之義理系統中，我們可以進而言之：以理之實而言，其實就是以天而言；以心之實而言，其實就是以人而言。換言之，誠之實以理而言，是從天來說的，以心而言，是從人來說的。從天來說，誠之實在天爲實理；從人來說，誠之實在人爲實心。在天爲實理，是客觀地說；在人爲實心，是主觀地說。客觀地說即是從本體方面來說，主觀地說即是從工夫方面來說。

具體到第廿五章，這裏的五個誠字，其意義共有三種情況。其一，誠無分天人，或者說，天之實理和人之實心合一於誠之實，誠既是本體又是工夫。這包括第一和第五個誠字。只是，第一個誠字偏重於天，是從天說到人物；第五個誠字偏重於人，是從人說到物。其二，誠以天之實理而言，是從本體方面來說的。這是第二個誠字的意義。其三，誠以人之實心而言，是從工夫方面來說的。這是第三和第四個誠字的意義。所以朱子有言：「『誠者，物之終始』，以理而言；『不誠無物』，以人而言。」〔註 116〕這應該就是對第二、第三種情況的總結。

（2）關於四個「物」字。先來看前兩個物字：「誠者，物之終始，不誠無物。」朱子說：「物，事也，亦萬物。」〔註 117〕王船山也說：「章中四『物』字，前二『物』字兼己與物而言，兼物與事而言，則或下逮於草木禽獸者有之。」〔註 118〕前兩個物字兼物與事，既包括第二十六章所說的日月星辰、河海華嶽、草木禽獸、魚鼈蛟龍，也包括第二十章所說的日用五倫、國家九經。總之，前兩個物統指人事百態和宇宙萬物。

再來看後兩個物字：「誠者，非自成己而已也，所以成物也。成己，仁也；成物，知也。」根據上面的分析，這個誠字雖然無分天人，但偏重於人，偏重於工夫，所以這個誠字與前面「君子誠之爲貴」之誠更接近。這裏的「己」字顯然就是指人而言。成物與成己、物與己對舉爲言，那麼物就是與人成爲對待關係的概念。王船山說：「『成物』『物』字與『己』爲對設之詞。」〔註 119〕對設之詞即是相互對待的概念。

〔註 115〕陳榮捷：《中國哲學辭典大全・誠》，韋政通主編，臺北：水牛出版社，1989 年，第 685 頁。

〔註 116〕《朱子語類》卷六四，《朱子全書》16/2125。

〔註 117〕同上。

〔註 118〕王夫之：《讀四書大全說》卷三，《船山全書》第六冊，第 555 頁。

〔註 119〕同上。

前兩個物字統指宇宙萬物和人事百態，後兩個物字則專指人以外之物，前兩個物字的外延顯然要大於後兩個物字。因此我們就可以根據所指對象的外延之大小，將四個物字分為兩對，前一對物字所指相同，後一對物字所指相同，但兩對物字涵義的外延是不同的，前一對物字的外延要大於後一對。

（3）關於「自」與「己」和「己」與「物」的關係。《說文》曰：自，鼻也。自己指著自己的鼻子就是自。《說文》還說：己，象人腹；段玉裁注曰：「引申之義為人己，言己以別於人者。己在中，人在外」。一般而言，自與己連稱，而己與物對言；從敘事的立場來說，自與己是同一立場，己與物如己與人一樣是相對立場。但在《中庸》第廿五章中，這些通常意義上的字義關係都被打破。

首先需要說明的是「誠者自成也，而道自道也」與「誠者非自成己而已也」兩句話中之「自」字的涵義不同。前一句話中的自字是指誠，宋儒沈清臣說：「誠者，非有所假而成也，自然而誠者也；道非有所假而道也，自然而道者也」，誠之成與道之道是自然而然，「皆不知所以然而然者也」。〔註 120〕後一句話中之自字沒有實在意義，宋儒侯師聖說：「上言『誠者自成，道自道』，子思恐學者以內外為二事，知體而不知用，故又曰『誠者，非成己而已也，所以成物也』，猶言『能盡其性，則能盡人之性；能盡人之性，則能盡物之性』者也。豈有能成己而不能成物者，不能成物則非能成己者也。」〔註 121〕朱子也說：「『誠者非自成而已也。』此『自成』字與前面不同，蓋怕人只說『自成』，故言『非自成己，乃所以成物』。」〔註 122〕朱子的說法應該是從侯氏而來。他們都認為，「誠者自成」之自字與「誠者非自成己而已也」之自字的意義不同。「非自成己」只是為了破除對前者可能存在的誤讀，所以這句話不要這個「自」字，直接說「誠者非成己而已」，也完全說得通的，因為這個「自」沒有實義，只是為了強調不要對前一個「自成」之自產生誤解。

其次，「自」與「己」不是完全相等的概念。這種不相等性是由「自」字之多義性引起的。上面說「誠者，自成也」之自和「誠者，非自成己而已也，所以成物也」之自的意義不同，前一個自字指誠和道，後一個自字指人。所以「誠者自成也」之自指的是誠自身，而「誠者非自己而已」是說誠所成就的不但包括人之自己，還包括宇宙萬物，誠所成就的不只是己，還有物。

〔註 120〕轉引自衛湜《禮記集說》卷百三三，《四庫》120/267 下。
〔註 121〕轉引自石𡼖《中庸輯略》卷下，《四庫》198/606 下。
〔註 122〕《朱子語類》卷六四，《朱子全書》16/2128。

也就是說，「誠者自成」之自兼指人物，而「誠者非自成己而已」之自則專指人。就此而言，「成己仁也」之己與「誠者非自成己」之自的外延相同，而「誠者自成」之自的外延要大於「成己仁也」之己的外延。王船山總結得很好：「『自成』『自』字，與『己』字不同。己，對物之詞，專乎吾身之事而言也。自，則攝物歸己之謂也。」〔註 123〕很顯然，船山所說的「自成」是「誠者，自成」而不是「非自成而已」。

最後，己、物與誠的關係。「誠者，非自成己而已也，所以成物也」，這裏的「己」專指人，這裏的「物」則是與人相對的外物，而誠之成不但包括人，還包括物。誠之成雖然「非自成己而已也」，但其出發點卻偏向於「成己」。所以誠之成涵蓋人物，即此「天命之謂性」，天命下貫，人物秉得，而下貫之過程，即誠之成就人物之過程。所以誠指天之實理落實於人，是人性之客觀面。那麼誠與人、物的關係就不是一種對待的關係，而是一種成就關係，誠成就人物。

（4）關於誠與仁、智的關係。誠與仁和智的關係見於「成己，仁也；成物，知也」一句話。這一句是承上一句「誠者，非自成己而已也，所以成物也」而來，「成己，仁也」與「成物，知也」之主語都是誠，成己是誠來成，成物也是誠來成，所以這句話是一個省略了主語的句子，其全稱應該是：「誠者成己，仁也；誠者成物，智也。」然而誠與仁和智到底是什麼關係呢？

這要涉及誠與性和仁與智的關係。從誠與性的關係來看，誠與仁和智是同一的。誠即天之實理，天命下貫，賦與人物即是誠之實理。人物稟得天命謂性，這性不是別的，就是誠之實理。然而，人一旦稟得天命的誠之實理而爲性，這性就是仁性。誠與性與仁原本爲一，誠與仁的區別只在於誠是性之客觀面，仁是性之主觀面。誠是實理，就誠、仁兩者統一於性而言，仁也是實理；不但仁是實理，性中所有一切都是實理。所以孟子說：「仁之實，事親是也；義之實，從兄是也；智之實，知斯二者弗去是也；禮之實，節文斯二者是也；樂之實，樂斯二者，樂則生矣。」（《孟子》7.27）仁、義、禮、智、樂都是性之德，因而也都是實理。從這一點來說，誠與仁和智是同一的，同一於實理之性。

從仁與智的關係來看，誠與仁是同一的，而誠和仁與智構成體用關係。首先可以肯定仁和智都是從人而說的。仁是人之所以爲人的本質規定性，但

〔註 123〕王夫之：《讀四書大全說》卷三，《船山全書》第六冊，第 554 頁。

仁性不是冰封於人，它必定要發用流行，外顯外放，遍潤萬物。仁之發用流行、遍潤萬物就是智。朱子《中庸章句》說「仁者體之存，知者用之發」，仁是體，智是用，仁與體構成體用關係。成就人之所以爲人之本質規定性即「成己」，仁性發用流行、遍潤萬物即「成物」，所以成己就是仁，成物就是智。

誠是性之客觀面，仁是性之主觀面，兩者只是性之兩面，只是論說的立場和角度不同，誠是從天來說的，仁是從人來說的，誠和仁歸根結柢就是性。那麼仁與智構成體用關係，誠也與智構成體用關係。所以誠之成己，仁也；誠之成物，智也。仁性之成己成物與誠體之成己與成物都是一樣的，只不過仁性之成是主觀地說，而誠體之成是客觀地說，「誠者，非自成己而已也」，就是爲了凸顯誠體之成的客觀性。王船山說：「誠也者，原足以成己，而無不足於成物，則誠之而底於成，其必成物審矣。成己者，仁之體也。成物者，知之用也。」〔註 124〕當我們說誠與仁同一，從而也與智構成體用關係時，誠已經是主觀地說，是站在人的立場來說的了。而誠又是性之客觀面，那麼誠分體用就是客觀而主觀地說。因爲從純客觀的誠體而說，是天命下貫的實理，天命實理的下貫是絕對普遍的，誠之成人成物是一齊成，無分己與人、人與物。所以從天命實的理角度來看，誠之成是沒有仁智體用之分的。

（5）關於誠與成的內在聯繫。根據以上的梳理，我們已經發現，誠與成的關係可以從兩個角度來思考。首先，從天命的角度或客觀地說，誠之成就是天命流行的意思，天命實理，流行下貫，賦予人物，這就是誠，就是成就了人物。「誠者，物之終始」就是在說誠對物之成。誠是天命實理，誠是天之道，又是命之道，誠道流行於物，即成就了物。這裏的物泛指宇宙萬物和人事百態。其次，從人道的角度或主觀地說，誠之成既包括誠體之自我實現，也包括誠體對物之朗照遍潤。誠體之自我實現就是仁性之自我實現，只不過誠體是客觀地說，仁性是主觀地說。誠體與仁性之自我實現，就是成爲一個眞正意義上的人，即成爲人之爲人。「仁者，人也」和「成己，仁也」說的這個意思。誠體之朗照萬物即仁性之遍潤萬物。「成己，知仁」說的就是這個意思。

約而言之，成即誠之創生、成就、實現。從天命實理來說，宇宙萬物稟得誠以生；從誠體發用來說，仁性本體發用流行，遍潤人物，人物因而獲得意義。前者是自上而下地說，後者是自內而外地說。前者成就了宇宙萬物，

〔註 124〕同上。

後者實現了誠體自身，也創生了人事百態和宇宙萬物。

這種創生、成就、實現作用是一息也不會停止的，也是一刻也不能停止的。不會停止，是因爲天道生生，永無止息；不能停止，是因爲誠體仁性是宇宙萬物的內在根據和形上本體。這兩層意思，在《中庸》第廿六章表達得更加清楚：

> 故至誠無息。不息則久，久則徵，徵則悠遠，悠遠則博厚，博厚則高明。博厚，所以載物也；高明，所以覆物也；悠久，所以成物也。博厚配地，高明配天，悠久無疆。如此者，不見而章，不動而變，無爲而成。天地之道，可一言而盡也，其爲物不貳，則其生物不測。天地之道，博也，厚也，高也，明也，悠也，久也。今夫天，斯昭昭之多，及其無窮也，日月星辰繫焉，萬物覆焉。今夫地，一撮土之多，及其廣厚，載華嶽而不重，振河海而不洩，萬物載焉。今夫山，一卷石之多，及其廣大，草木生之，禽獸居之，寶藏興焉。今夫水，一勺之多，及其不測，黿鼉、蛟龍、魚鱉生焉，貨財殖焉。《詩》曰：「惟天之命，於穆不已！」蓋曰天之所以爲天也。「於乎不顯，文王之德之純！」蓋曰文王之所以爲文也，純亦不已。

朱子說「此章之說，最爲繁雜」〔註125〕，而繁雜的原因主要是前儒對三個概念的理解之紛亂。這三個概念就是不息、不貳和不已。

先說不息。不息與無息同時出現，先說無息，後說不息，都是對至誠的描述和限定。它們就必然有一定的關係，同時也必定有一定的區別，否則何不直接用一個詞而要用兩個詞呢？我們知道，不息就是不會停止的意思，無息就是沒有終結的意思，從字面上看不出它們之間的區別。但不息與徵相提並論：「不息則久，久則徵」。鄭玄說：「徵，猶效驗也，此言至誠之德，著於四方，其高厚日以廣大也。」朱子對鄭玄的這個說法非常滿意，經常引以爲證。王船山則進一步說：「所謂徵者，即二十二章盡人物之性之事，亦即二十七章發育峻極、禮儀威儀之事，亦即三十一章見而敬、言而信、行而說而之事。悠遠、博厚、高明，即以狀彼之德被於人物者，無大小久暫而無不然也；則至誠之一言一動一行，皆其悠遠之征。」〔註126〕可見，不息則久則徵，是對誠體創生、成就、實現宇宙萬物之效驗和表象的一種描述，博厚載物、高

〔註125〕《中庸或問》下，《朱子全書》6/599。

〔註126〕王夫之：《讀四書大全說》卷三，《船山全書》第六冊，第558頁。

明覆物、悠久成物就是對這種描述的具體化。

我們會進一步問，誠體能夠不息的原因是什麼呢？載物、覆物、成物等外在效驗的內在根據是什麼呢？就是無息。因爲第廿六章開頭就說：「至誠無息。」這是對至誠之內在本質的一種描述，而不息是對至誠之外在效驗的一種描述，無息是不息的內在根據。楊龜山說：「無息者，誠之體也；不息，所以體誠也。」〔註127〕誠有體用，誠之體即誠體，所以體誠即以誠爲體。沈清臣說：「無息者，至誠之本體；不息者，至誠之妙用。」〔註128〕無息是從誠之體說的，不息是從誠之用說的。這顯然是對龜山之說的明確。但朱子對龜山之說很不滿意：「如游、楊無息不息之辯，恐未然」〔註129〕，「不息，只如言無息，游、楊氏分無息爲至誠，不息所以體乎誠，非是。」〔註130〕游即游定夫，楊即楊龜山，「游、楊無息不息之辯」即無息爲體、不息爲用的說法。朱子不同意無息不息之辯，因爲他認爲無息即不息、不息即無息，兩者根本不需要區別。

依朱子本意，不息無息爲一，即使龜山也不能不承認。但無息爲體，不息爲用，也只是方便的說法，原本並沒有嚴格區分無息、不息爲二的意思。不息爲用，是說誠體成物，悠久不息；無息爲體，是說誠體自身就是無息無止的，所以也才能成物不息。無息只是對誠體之不息起一種強調作用。

再來看不貳。不息爲用，無息爲體，從不息到無息，即從誠體成物的悠久不息進一步推問到誠體自身的無息無止。至此仍然可以繼續追問：誠體爲什麼會是無息的呢？答案是天道之不貳。緊接著上面的誠體成物之後，《中庸》說「天地之道，可一言而盡也，其爲物不貳，則其生物不測」，把至誠無息往上推，一直推到天地之道。這其實是對第廿章「誠者，天之道也」的一個詳細說明，天之道是天地之道的簡稱，天之道是誠，天地之道是爲物不貳，生物不測，所以誠就是爲物不貳，生物不測。這裏的關鍵是「不貳」。王船山說：

> 一二者數也，壹貳者非數也。壹，專壹也。貳，間貳也。
>
> 且誠之不至而有貳焉者，以不誠間乎誠也。若夫天，則其化無窮，而無有不誠之時，無有不誠之處，化育生殺，日新無已，而莫有止

〔註127〕轉引自衛湜《禮記集說》卷百三四，《四庫》120/276上。

〔註128〕轉引自衛湜《禮記集說》卷百三四，《四庫》120/281下。

〔註129〕《中庸或問》下，《朱子全書》6/599。

〔註130〕《朱子語類》卷六四，《朱子全書》16/2129。

> 息焉：爲元、爲亨、爲利、爲貞，德無不有，行無不健，而元亦不貳，亨、利、貞亦無弗不貳。豈孤建一元，而遂無亨、利、貞以與爲對待之謂乎？故至誠之合天也，仁亦不貳，義亦不貳，三百三千，森然無間，而洗心於密。〔註 131〕

壹貳與一二不同，一二是量，是對物之數量的表示，壹貳是質，而是對物之性質的描述。壹就是專壹無雜，至純無間，貳就是不壹，雜而無間。從質上說，只要是純而無間，數目雖多，仍然是壹而不貳。元亨利貞，仁義禮智，雖然在數量是二，是三甚至是三百三千，但只要是無間無雜，仍然是壹。從量上說，只要是雜而不純，數目雖少，仍然是貳而不是壹。雖然一人一心，但三心二意，雜而不誠，仍然是貳，而不是壹。

天道即誠道，天道至壹無貳，誠道亦不貳無間。無間就是沒有絲毫間隙，沒有片刻歇息。所以壹而不貳也就是無息、不息的意思。壹而不貳是從誠作爲天道來說的，無息不息是從誠作爲宇宙萬物的本體以及誠體之發用流行來說的。王船山說：「至誠者，以其表裏皆實言也。無息者，以其初終不間言也。表裏皆實者，抑以初終無間，故曰『至誠無息』，而不曰至誠則不息。」〔註 132〕船山此說還不夠精細，準確地說應該是：誠是不貳、無息，又是不息；不貳是以表裏皆實言，不息是以初終無間言，而無息是以兩者合言；不貳是從誠作爲天道來說的，無息是從誠作爲本體來說的，不息是從誠體之發用流行來說的；三者又統歸於誠之成物，天道流行即誠體發用，天道至實無間即誠體壹而不貳，誠體成物不息即天道生物不貳，於是誠之實現的意義也就必然悠久無息，永不停止。

最後看不已。《中庸》所說的不已有兩個指向：一是天命。《中庸》引《詩經》說：「『惟天之命，於穆不已！』蓋曰天之所以爲天也。」天之所以爲天就在於天命流行不已，天命不已是天之本質規定性。「誠者天之道」，天命不已即天道流行不已，也就是誠之不已。說到底，不已就是不貳，就是無息，就是不息，就是誠。

二是聖德。《中庸》仍然引《詩經》說：「『於乎不顯，文王之德之純！』蓋曰文王之所以爲文也，純亦不已。」文王之所以爲文，聖人之所以爲聖，就在於其德性德行之純亦不已，德純不已是聖人之本質規定性。朱子注曰：

〔註 131〕王夫之：《讀四書大全說》卷三，《船山全書》第六冊，第 559 頁。

〔註 132〕同上書，第 560～561 頁。

「純，純一不雜也。引此以明至誠無息之意。」純就是至實不貳，也就是誠的意思。其實，純在古代本來就可以訓爲誠的，比如《字彙・系部》說：「純，誠也。」不已和純指的都是誠，那麼不已與純又有什麼區別呢？二程說：「天命不已，文王純於天道亦不已。純則無二無雜，不已則無間斷先後。」〔註 133〕無二無雜即壹而不貳，無間斷先後即無息不息。從前面可以看到，壹而不貳是從誠作爲天道來說的，無息不息是從誠作爲本體及其發用來說的，所以純也是從誠作爲天道、天命來說的。天命予以人之誠性，本自純正無雜。能夠時時使自己的誠性純正不已地顯現出來，即是德純不已。天道與聖德無非一個誠，天道流行即誠道流行，天道流行不已，誠道也不已。聖德純正即誠性不貳，德純不已即誠性不已。天道與人道合而爲一，合一之處即是誠。不已是一種終極性的描述語。終極性的東西只能有一個，所以天命不已與聖德不已是同一的。

總而言之，無息、不息、不貳、不已指的都是誠，是對誠體及其成物的描述。王船山說：「無息也，不貳也，不已也，其義一也」〔註 134〕，無息、不貳、不已的意義是同一的，指的都是誠。不已是對天道、人道及兩者的合一之誠道的總描述，不貳是對誠體和聖德之本質的描述，無息和不息是對誠體成就、創生、實現宇宙萬物的描述。誠體成物之所以不息，在於誠體自身即爲無息；誠體無息，在於誠體即爲至實不貳之實體；誠體不貳，在於天道生物不貳。這樣。《中庸》就通過誠的實體意義和實現意義，將天道和人道打通爲一了。

附說　誠字涵義之發展與定格

誠是《中庸》的象徵性、標誌性概念，這是由《中庸》對誠這個字所賦予的新內涵來決定的。其所以爲新，正像孔子的仁一樣，在於其前所未有。這不是從單個字詞的出現上來說的，而是從字詞意義上來說的。我們很容易檢索到，在《中庸》以前的文獻中，誠字很少出現，即使出現，其用法也多是作爲副詞或形容詞，表示對事情之眞實性或眞實之事情的強調，其意義是「誠然如此」、「確實如此」。這裏僅就今文《尚書》、《詩經》、《論語》、《國

〔註 133〕《程氏遺書》卷五，《二程集》，第 77 頁。

〔註 134〕王夫之：《讀四書大全說》卷三，《船山全書》第六冊，第 560 頁。

語》、《左傳》、《道德經》和《管子》等先秦諸書所出現的誠字，來考察誠的意義在《中庸》之前的發展線索。

（一）《尚書》。今文《尚書》無一誠字，古文《尚書》有兩個誠字：一個是《大禹謨》「至誠感神」，一個是《太甲下》「享於克誠」。這兩個誠已經非常接近《中庸》之誠字的一些用法。尤其是《大禹謨》「至誠感神」，與《中庸》第廿四章「至誠如神」只一字之差，而且在意義上而極爲相近。

（二）《詩經》。《詩經》只出現過一個誠字，這就是《大雅・崧高》「申伯還南，謝於誠歸」。「謝誠於歸」，謝是謝國，歸是返還。根據鄭玄之注，「謝誠於歸」應是「誠歸於謝」。古人說話語序常顛倒，所以孔穎達認爲「謝誠於歸」的意思是誠心歸於謝國，「誠歸者，決意不疑之辭」。於是《詩經》的這個誠字仍然只是作副詞使用，表示誠心實意、毫不動搖的意思。

（三）《論語》。《論語》中出現兩個誠字，即《顏淵》篇「誠不以富，亦祇以異」（《論語》12.10）和《子路》篇「誠哉是言也」（《論語》13.11）。「誠哉是言也」是古人的常用語，意謂「這話確實是這樣呀」。誠只是對其前面內容的一種肯定，本身並無實義。「誠不以富」一句情況很亂。從它的來源來看，應該是引自《詩經・小雅・我行其野》，但現行《詩經》的原話是「成不以富，亦祇以異」。鄭玄注《詩經》曰：「女不以禮爲室家，成事不足以得富也。」又注《論語》說：「言此行誠不可以致富，適足以爲異耳。取此《詩》之異義以非之。」從鄭玄之注中也可以看出，在漢代的時候，《詩經》之「成」與《論語》之「誠」兩個文本各自流行。即使到了唐代，仍然是這種情況，這從唐石經和孔穎達的疏文中都可以看出。但是到了宋代，情況大變，一度出現根據《論語》將《詩經》之「成」改爲「誠」的現象。宋代學者在注解《詩經》時認爲「成」是誤字，應該根據《論語》改爲「誠」，「『成不以富』，成當作誠字，誠信之誠。《論語》舉此詩，其字作誠，則知成字當從言也。」〔註 135〕這種情況一直延續到明清兩代，比如明代朱朝瑛仍然說《詩經》之「成」應從《論語》作「誠」。〔註 136〕但這種風氣似乎並沒有影響到《詩經》的版本，日人山井鼎曾說：「『成不以富』，成作誠，宋板同注。」〔註 137〕注即鄭玄注，宋人雖然主觀上認爲「成」應作「誠」，但

〔註 135〕李樗、黃櫄：《毛詩集解》卷二二，《四庫》71/439 上。

〔註 136〕朱朝瑛：《讀詩略記》卷三，《四庫》82/449 下。

〔註 137〕山井鼎：《七經孟子考文補遺》卷四十三《毛詩注疏》第十一，《四庫》190/233 上。

在《詩經》的刻板上仍然是「成」。明末顧亭林說：「宋蘇氏謂『成』當依《論語》作『誠』，今本《詩經》竟改作『誠』，非。」〔註 138〕根據《論語》引文來改《詩經》是不正確的，顧氏認爲應該根據唐石經和明國子監注疏本改「誠」爲「成」。〔註 139〕

從上述爭論可以看出，《詩經》「成不以富」由於受《論語》「誠不以富」的影響，經歷了一個由成到誠、再由誠到成的曲折往復。無論怎麼說，事實是兩部經典在這個地方的確存在出入，而且兩個地方都可以說得通。而可能的情況似乎應該是孔穎達疏《論語》時所說：「此引《詩》斷章，故不與本義同也。」《論語》引用《詩經》本來就是斷章取義，不但意義與原文不同，而且字也可以有出入。如此一來，《詩經》仍然只有一個誠字，《論語》仍然是兩個誠字。根據鄭玄的解釋，「誠不以富」的意思是實在不足致富，這個誠與《子路》篇的誠一樣，也是副詞用法。

《國語》。《國語》有三個誠字，即《齊語》「誠可立而授之」、《晉語三》「貞爲不聽，信爲不誠」和《楚語下》「接誠拔取以獻具，爲齊敬也」。第一個誠字是確實的意思，第二個誠字是真誠的意思，第三個是誠心的意思，都是副詞用法。

（五）《道德經》。《道德經》只有一個誠字，即第廿二章「誠全而歸之」。河上公章句說：「誠，實也。」也是作副詞用的。

（六）《左傳》。《左傳》只有一個誠字，即「昔高陽氏有才子八人：蒼舒、隤敳、檮戭、大臨、尨降、庭堅、仲容、叔達；齊、聖、廣、淵、明、允、篤、誠，天下之民謂之八愷。」（文公十八年）鄭玄只對齊、淵、允、篤四個字作了訓解，沒有對誠作注。孔穎達說，這八個字是「總言其德」，其中「誠者，實也。秉心純直，布行貞實也」。可見，這個誠字是一種德行，已經具有了實際的意義。較以上諸書誠只是作爲副詞、形容詞或助詞，《左傳》對誠之意義有一定發展。鄭玄訓允爲信，篤爲厚，誠與信開始有意義上的關聯。

（七）《管子》。《管子》一共出現了二十六個誠字。如果《管子》是戰國以前的作品，出現如此多的誠，就是一個奇怪的現象了。歸納起來，《管子》中的誠有兩種義項：一是作爲形容詞，意爲誠實的、守信的。如《乘馬》

〔註 138〕顧炎武：《九經誤字》，《皇清經解續編》卷一，上海：上海書店，1988 年，第 2 頁。

〔註 139〕顧炎武：《詩本音》卷六，《四庫》241/90 上。

篇：「是故非誠賈不得食於賈，非誠工不得食於工，非誠農不得食於農，非信士不得立於朝。是故官虛而莫敢爲之請，君有珍車珍甲而莫之敢有，君舉事臣不敢誣其所不能。君知臣，臣亦知君知己也。故臣莫敢不竭力俱操其誠以來」，《兵法》篇：「教其心以賞罰之誠」，《九守》篇：「用賞者貴誠，用刑者貴必。」二是作爲德行，並多與信連用。這種用法最多，如《立政》篇：「罰未行而民畏恐，賞未加而民勸勉，誠信之所期也」，《七法》篇：「實也、誠也、厚也、施也、度也、恕也，謂之心術」，《樞言》篇：「先王貴誠信。誠信者，天下之結也。」《勢》篇：「故賢者誠信以仁之」，《形勢解》篇：「中情信誠則名譽美矣」，《揆度》篇：「誠信仁義之士」。

《管子》中誠字的用法有三種特徵：首先，誠開始脫離「誠哉斯言」一類的虛詞用法，都具有了實在的意義；其次，誠開始與信、實、仁、恕等表示德性的概念頻繁連結，甚至連用；最後，《管子》似乎對誠極爲重視，比如「誠，暢乎天地，通於神明」，這種對誠推崇備至的語句，簡直就是《中庸》的口氣。

上面的歸納是不完全的，但撇開這些量上的糾纏，我們從中可以發現一個線索，即：誠的最初的意義就是實，誠實意義的發展經歷著一個由無到有，從虛到實，自外到內的過程。今文《尚書》無一誠字，更不用說誠的意義了。《詩經》、《論語》、《國語》、《道德經》諸書中的誠字很少，而且都是以副詞等詞性出現，其作用是對其它概念進行修飾或限定，其本身沒有實在意義。在《左傳》、《管子》中，誠字的意義逐漸豐富，並開始與信、實等概念一起成爲一個獨立使用的德行或德性概念。

到了《中庸》，這種發展趨勢徹底定格。《中庸》中的二十五個誠字，沒有一個是虛詞。而且《中庸》還賦誠以一個全新的內涵，即這些誠字的使用都與宇宙本體有關。從誠字意義的發展過程上來看，這不啻是一個橫空出世的、前所未有的新義。在這個用法下，《中庸》的誠字有兩個方面的意義，一是作爲本體，二是作爲工夫。

誠是宇宙萬物生生不已的本體，這裏簡稱爲誠體。誠體可以用一個字來概括，就是「實」，誠體之實又可以從體用兩個方面來說。從體上來說，誠最根本的內涵就是一個「實理」字。誠體是實實在在、獨一不二的實體和實理，是宇宙萬物之所以存在的本體。從誠字意義的發展可以看到，以實訓誠，這是《中庸》以前的老傳統。但以前只是從事情或事物的實存性上來說的，《中庸》則深入到事情或事物的內部，把誠看作是事情或事物實存性的內在根據，事情或事物之所以能夠存在，就在於它們具有誠，具有實實在在的理。從用上來說，誠最根本的內涵就是一個「實現」字。誠體不但是宇宙萬物存在的形上本體，還通過自己的發用流行，不斷地實現著誠體自身，同時也成就著宇宙萬物。誠體發用流行是悠久無息、無窮無盡的，誠體成就萬物也是生生不息、綿綿不已的。

誠之「實理」與「實現」意義，用《中庸》的話說就是「誠者天之道」。這是從客觀面來說的誠之意義。誠並不只有客觀方面的意義，它還具有主觀方面的意義，這就是誠作爲一種工夫。誠作爲工夫，有兩種路數：一是自誠明的工夫，即《中庸》所說的「自誠明，謂之性」；二是自明誠的工夫，即《中庸》所說的「自明誠，謂之教」。誠的這兩種工夫路數開闢了後世中國哲學進德修業的兩條工夫門徑。

總之，誠的意義就是一個實字，「誠只是實」，「誠只是一個實」〔註 140〕。誠實既可以本體上來說，也可以從工夫上來說。從本體上來說，又可以分爲體和用，從體上說，誠是實體、實理；從用上說，誠是實現、成就。從工夫上來說，也可以分爲誠明和明誠兩套路數，從誠明的路數來說，誠是率性工夫，從明誠的路數來說，誠是修教工夫。程伊川曾說：「眞近誠，誠者無妄之謂。」〔註 141〕朱子將伊川之語合併起來說道：「誠者，眞實無妄之謂也」。「眞實無妄」這四個字正好概括了誠的兩個方面的意義：「眞實」可以說是從本體方面來對誠進行規定的，「無妄」可以說是從工夫方面來對誠進行規定的。《中庸》以後，誠這兩個方面的意義都獲得長足發展。孟子從本體的方面，荀子則從工夫的方面，繼承了誠的內涵。

〔註 140〕《朱子語類》卷六，《朱子全書》14/240、241。
〔註 141〕《程氏遺書》卷二一下，《二程集》，第 274 頁。

第三章　《中庸》形上課題二
——道德終極根源之極成

《中庸》將仁與性打合爲一，仁就內化爲仁性，是爲道德本體。接下來的問題是：作爲道德本體的仁從何而來？這就是《中庸》所要完成的第二個形上課題。《中庸》把天與性打合爲一，是爲天命之性，性根於天，天就是道德的終極根源。當然，作爲道德終極根源的天不是人格天，而是由自然天轉化而來的形上天。自然天轉化爲形上天成爲道德的終極根源，是周人農業生活內化和人們生命情感投射的共同結果，天並非道德的眞正根源，生活實踐和生命情感才是道德的眞正根源。

第一節　人格天不能成爲道德的終極根源

中國先秦之天有多種涵義，比如主宰之天、意志之天、感歎之天、情感之天、物質之天、道德之天、形上之天。但從與道德終極根源的相關性來看，先秦之天可以概括爲三種形態，即人格天、自然天和形上天〔註 1〕。其中，人

〔註 1〕勞思光認爲形上天在《詩經》中已經出現，最典型的證據就是《詩經》中的三句詩文：第一句是「維天之命，於穆不已。於乎不顯，文王之德之純」(《周頌・清廟之什・維天之命》)。第二句是「天生烝民，有物有則，民之秉彝，好是懿德」(《大雅・蕩之什・烝民》)。第三句是「上天之載，無聲無臭，儀刑文王，萬邦作孚。」(《大雅・文王之什・文王》)(《中國哲學史》第一卷，香港：香港中文大學出版社，1971 年，第 6～9 頁）其中第一句和第三句爲《中庸》所引，第二句爲《孟子》所引。但這些天在《詩經》中最初仍是純粹的自然天，還不能徑稱爲形上天。當然，《中庸》和《孟子》在引用這些詩句時已脫離其原意而獲得了哲學意義，發展成爲形上天。

格天和形上天最有可能發展成爲道德的終極根源。如果人格天成爲道德的終極根源，就是一種宗教形態的道德哲學；如果形上天成爲道德的終極根源，就是一種哲學形態的道德哲學。從以後的發展來看，儒學走的是後一條路。所以在儒家哲學中，是形上天而非人格天成了道德的終極根源。

人格天之所以不能成爲道德的終極根源，有兩個方面的原因：先秦天論發展過程中的怨天疑天運動和人格天的沒落是其歷史的原因，人格天觀念的自身缺陷是其理論的原因。

要明白以上結論，需要先明瞭先秦天論發展的一般過程。大體上說，先秦天論發展經歷了三個階段：

第一個階段，人格天主宰一切。從帝與天的關係來說，商周兩代可以有不同的宗教信仰，甚至帝和天可以分屬商與周的最高信仰。〔註2〕周初，天具有至高無上的神聖地位。〔註3〕這可以在傳世文獻和出土文物中獲得雙重證據。這時的天與帝可以並稱甚至互稱，天與帝一樣都是一種具有無限意志的主宰人格，所以這種天是人格天。

第二個階段，自然天全面勝利。由於西周末年的政治腐敗，周祚締造者最初所承諾的「天命有德」不再受到信任，人格天的神聖身份和無上地位遭到前所未有的普遍懷疑，整個社會湧現出一股怨天疑天思潮。民間對天的理解出現了分化，人格天、主宰天、自然天、命運天、情感天、物質天、道德天等觀念蜂湧而出。這是一個天論觀念極度混亂的時期。更爲有趣的是，這種「天塌地陷」的混亂局面與先秦諸子學派的興起有一種伴生性，甚至可以根據對天之不同理解來對諸子之學劃派分宗。〔註4〕怨天疑天運動的最終結果是人格天主宰身份的喪失，取得最後勝利的是自然天。所謂自然天，就是荀子所說的「不爲堯存，不爲桀亡」之天，這種天是一種在與人的關係上保持超然態度或漠然身份的颳風下雨之天。《中庸》正處於這個階段的末期，所以《中庸》之天只能是自然天，不會再是人格天。

第三個階段，形上天橫空出世。單純的自然天當然不能成爲道德的終極根源。自然天成爲道德的終極根源需要有一個轉化，這就是自然天向形上天

〔註2〕顧立雅：《釋天》，《燕京學報》第十八期（民國二十四年十二月），第65頁。

〔註3〕胡厚宣：《殷代之天神崇拜》，《甲骨學商史論叢初集》，成都：齊魯大學國學研究所，民國三十三年，第328頁；傅斯年：《性命古訓辯證》，《傅斯年全集》第二冊，臺北：聯經出版公司，1980年，第278頁。

〔註4〕傅佩榮：《儒道天論發微》，臺北：臺灣學生書局，1988年，第60、95頁。

的轉化。最初，這個轉化有其社會精神方面的必要性。春秋戰國時期天論觀念的混亂局面，無論是對社會的道德秩序、生活安排還是對人們的精神寄託、生命安頓都是不利的。這就需要有一種新的最高統一來再度整合人們的精神嚮往和社會的宗教渴望。然而，春秋戰國時期天命有德的政治神話受到普遍懷疑，人文理性取得普遍勝利，人格天已威風掃地，不再能承擔宗教性的最高統一作用。但是天畢竟是傳統的最高概念。去掉了人格性而被理性化了的天就是自然天。當然，純粹的自然天並不具有道德性，不能成爲道德的終極根源。自然天要想承擔社會道德和精神世界的最高整合作用，必須具有非人格的道德性，也就是必須轉化爲形上天。而從自然天到形上天的轉化是通過一種情感投射的方式來完成的，也就是說，從自然天到形上天，其間經過了一個生命情感的轉化。〔註 5〕

人格天不能成爲道德的終極根源，除了上述歷史原因外，還有其理論自身的原因。這涉及天與道德的關係問題。一般來說，天與道德的關係有兩種：一是內在的直接的關係，道德本性由天所直接降生，天與道德是一種直接的相關性；二是外在的間接的關係，天所直接降命的不是道德本性，而是政權等其他外在的東西，道德只是獲得政權等外在東西的手段和工具，天與道德只是一種間接的相關性。前者以《中庸》「天命之謂性」爲代表，後者以《尚書》「天命有德」爲代表。「天命之謂性」之天是由自然天轉化而來的形上天，它表明天與道德是一種內在而直接的相關性。「天命有德」之天是赤裸裸的人格天，它表明天與道德是一種外在而間接的相關性。

天與道德的相關程度決定其能否成爲道德的終極根源。天與道德如果是內在的直接的關係，這就意味著道德是直接而內在地根於天，天就是道德的終極根源。天與道德如果是外在的間接的關係，這就意味著道德是天所間接地降生的，天與道德只是一種外在的相關性，就不能說天是道德的終極根源。「天命有德」之人格天與道德是一種外在而間接的相關性，所以它不能成爲道德的終極根源。下面就此做具體分析。

「天命有德」語出《尚書・皋陶謨》：

> 天命有德，五服五章哉！天討有罪，五刑五用哉！政事懋哉懋哉！
> 天聰明，自我民聰明。天明畏，自我民明威。達於上下，敬哉有土！

《尚書》中類似的說法還有「弗惟德馨香，祀登聞於天」（《酒誥》），「皇

〔註 5〕關於這個轉化，將在本章第四節詳細論及。

天無親，惟德是輔」(《蔡仲之命》)，「惟德動天，無遠弗屆」(《大禹謨》)。《蔡仲之命》和《大禹謨》雖然公認爲僞，但其所表達的天命理論，亦可視爲是對周初「天命有德」觀念的補充。

根據天的性質、天命的內容、天命和道德的關係，「天命有德」主要有五個方面的內涵，這些內涵決定人格天不能成爲道德的終極根源。

(一)「天命有德」之天是人格天。這從其施予的方式可以看出。天是施予者，其施予的方式是「命」。後來的「天賦」、「天賜」等詞語就是從「天命」觀念演化而來的。這種給予、賦予，殷商和周初叫作「令」，到了西周中葉，才由「令」加上「口」變爲「命」。〔註 6〕這個口象徵的是人。這意味著由令到命的變化過程中有一個轉折，這就是人的參與。具體地說，這個過程是這樣的：起初帝和人格天不食人間煙火，與人世不直接相關，帝和天只是以其宗教性的主宰意志無聲無言地施予。帝和天不言而令行，替天帝發號施令的是死後昇天的先王。不過，先王這時的地位只是「配天」(《尚書・多士》、《君奭》)、「在帝左右」(《詩經・大雅・文王》)，充其量只是天帝的左右助手。後來由於人王的地位得到人爲擡高，先王由天的左右助手直接升格爲帝，人王也就僭稱爲「天子」。人王替天行令，一切他說了算。於是「令」就加上一個「口」變爲「命」。天、帝之令就成爲天子之命。在這個過程中，天與帝與人具有可直接溝通性，「天命有德」之天和殷商時期的帝一樣具有完整的人格性。

(二)天命的主要內容是政權、禍福，天命的條件是敬德。《尚書・召誥》對天命的內容、根據以及如何能夠敬德保命有一個綱領性的說明：

> 今天其命哲，命吉凶，命歷年；知今我初服，宅新邑。肆惟王其疾敬德，王其德之用，祈天永命。

「哲」即明智，「吉凶」即禍福，「歷年」即政權的長短，「疾敬德」即對有德行爲保持一種憂患意識和緊迫感。在這裏，吉凶、歷年是天命的具體項目，哲對人能夠獲得天命的內在條件，人格天賜命於人的內容主要就是這種三種東西。吉凶關係到周王室的禍福，歷年關係到周朝政權的延續。敬德是天命的條件，人格天賜予吉凶和政權這兩項東西的標準，就是看人能否「疾敬德」，能否時時做有德的行爲。只有時常做有德的善事，才能敬德保命、祈天永命，才能獲得人格天的垂青，才能保證周王朝的政權綿延不斷，才能保證周王室

〔註 6〕傅斯年：《性命古訓辯證》，《傅斯年全集》第二冊，臺北：聯經出版公司，1980年，第 203、254 頁。

的生活福如東海。同時，人格天就賜予周人以明智，讓他們知道如何操作，如何敬德保命，如何祈天永命。

在這三者中，只有明智是內在的東西。但是明智只是一種政權計巧，還算不上高尚的道德智慧。因爲哲或明智的最終的目的不是成就道德人格，也不是對民眾做善事，而是計算如何才能祈天永命，如何才能獲得人格天的垂青，從而讓他們的政權永固，使他們的幸福長存。這是一切政治宣傳的共法通則，有時只不過是把「天命」換爲「歷史規律」等名詞罷了。

殷商之帝管轄的範圍包括世間的風、雲、雷、雨等自然現象以及農耕收成、戰爭勝負、君王休咎、政權得失等人間萬象。〔註 7〕周人的人格天具有與帝同等的地位和權威，那麼天也負責以上人間現象。周初文獻對此有明確的記載，《尚書・金縢》說：

> 秋，大熟，未穫，天大雷電以風。禾盡偃，大木斯拔，邦人大恐。王與大夫盡弁，以啓金縢之書，乃得周公所自以爲功，代武王之說。二公及王乃問諸史與百執事。對曰：「信。噫！公命，我勿敢言。」王執書以泣，曰：「其勿穆卜。昔公勤勞王家，惟予沖人弗及知。今天動威，以彰周公之德；惟朕小子其新逆，我國家禮亦宜之。」

天負責著雷、電、風、雨等自然現象以及人間的農耕收成等事務。這些自然現象與政權有著緊密的聯繫，它們是政治存廢、幸福繼否的徵兆。在洛邑新城落成之後，周公首次蒞臨施政，曾向殷商遺臣發佈誥命：

> 王若曰：「爾殷遺多士！弗弔旻天，大降喪於殷。我有周祐命，將天明威，致王罰，勅殷命終於帝。肆爾多士：非我小國敢弋殷命，惟天不畀允罔固亂，弼我，我其敢求位？惟帝不畀，惟我下民秉爲，惟天明畏。我聞曰：『上帝引逸。』有夏不適逸，則惟帝降格，嚮於時夏。弗克庸帝，大淫泆，有辭。惟時天罔念聞，厥惟廢元命，降致罰。乃命爾先祖成湯革夏，俊民甸四方。自成湯至於帝乙，罔不明德恤祀；亦惟天丕建，保乂有殷；殷王亦罔敢失帝，罔不配天其澤。在今後嗣王，誕罔顯於天，矧曰其有聽念於先王勤家？誕淫厥泆，罔顧於天顯民祇。惟時上帝不保，降若茲大喪。惟天不畀不明厥德，凡四方小大邦喪，罔非有辭於罰。」（《尚書・多士》）

〔註 7〕胡厚宣：《殷卜辭中的上帝和王帝》，《歷史研究》1959 年第 9 期；陳夢家：《殷虛卜辭綜述》，北京：中華書局，1981 年，第 571 頁。

在這個誥命中，周公幫助殷商舊臣簡單回顧了夏商周三代政權交替的經過。這個政權交替的經過在《尚書・君奭》中說得更為簡練：「弗弔天降喪於殷，殷既墜厥命，我有周既受。」這種政權授受模式在《尚書》之《康誥》、《召誥》以及《詩經》之《大雅・文王》、《商頌・玄鳥》等西周文獻中，都可以普遍見到。

如果仔細琢磨，就可以發現，在這個政權交替過程中，有三個先在的假定：第一，政權最初不是在夏人、商人手中，也不是在周人手中，而是在天帝的手中。政權從夏到商再到周，是由天帝授意的，否則周也不敢取代殷商建祚立國。所以周公說：「非我小國敢弋殷命，惟天不畀允罔固亂，弼我，我其敢求位？」第二，天帝是具有善意的，總是想讓人間過上幸福快樂的日子的。這就是「上帝引逸」的具體所指。第三，天帝授予和轉移政權的標準是看人王有無道德，即看其是否能「明德」。起初，「有夏不適逸，則惟帝降格，向於時夏」，夏朝享樂得當，能「明厥德」。於是，天帝就把政權降命到夏人手中。但到了夏桀的時候，夏王淫佚放蕩，失去德性，天帝就不再眷顧夏人，並授命商人成湯將政權從夏人手中接走。同樣的道理，政權又從商人過渡到周人手中。我們現在知道，這整個政權交接就像接力賽，接力棒由一人傳到下一人，看似其樂融融，充滿道德溫情，其實在整個遊戲背後隱藏著軍事實力的主宰因素。但這個假定對整個周代及後來的儒家影響很大，往往成為政權接力棒交接授受的判斷標準和既受政權的理由籍口。直到春秋時期，個假定仍然管用。鄭國大夫們有一次討論政權歸屬問題，裨諶就擡出了「天命有德」的牌子：「善之代不善，天命也。」（《左傳》襄公二十九年）從這件事可見，到這個時候，「天命有德」這種籍口仍然有相當的威力。

從這三個假定中還可以看到，天所降命於人的最主要的內容是政權而不是道德，道德是人自己修成的。天直接負責降命的只是政權、雷、電、風、雨、農耕收成等自然現象，但這些對於人來說，都是外在的。所以道德與天命的關係不是直接的降生關係，道德只不過是天命人以政權時最主要的參考條件。

（三）政權得失與道德修廢的關係是一種直接關係。有德無德是天命人以政權時最主要的參照條件，這即意味著政權得失與道德修廢有著非常密切的關係。

道德與政權這種親密關係是由周朝統治者宣揚「天命有德」的政治目的

所決定的。周人宣揚「天命有德」的政治目的不外兩個：一是說明政權的合法性，二是維護政權的恒久性。前一個目的是針對外人，主要是針對殷商遺民來說的，後一個目的是針對周人，主要是針對周朝執政者來說的。周人對於殷人說：周代殷是因為天命有德，周人有德故而獲得政權，這是天意，是天定如此、不可逆反的。換作我們現在的政治術語來說：這是歷史規律，是歷史發展的必然性，殷人就安受天命吧，不要再有復國的念頭了。所以殷裔要順從天命，服從統治，接受周政，打消復國的念頭。這時的天命就意味著一種必然性。對於周朝的執政者來說，周朝政權的獲得首先是文王武王敬天法祖、修德愛民才獲得天帝的眷顧，進而被授予政權。這是在教育周朝歷代的王子王孫要時時保持一種敬天保德、敬德保命的憂患意識。保命就是保住天所賦命的政權，千秋萬代地傳下去。保命的條件就是修德。道德雖然不是天所降命的，但人可以自己修來，天根據人所修來的德性，降命政權於人。這就是《詩經．大雅．文王》所說的「永言配命，自求多福」。

（四）天命是沒有普遍性的。從政治宣傳的主觀目的上說，天只命給周人以德，而且天只命給周人的王室以德。

從理論上說，「天命有德」之有德者只能在王族中產生，一般的百姓只是王族獲取德性的助緣和手段。這就是「天聰明，自我民聰明；天明畏，自我民明威」。《尚書．泰誓中》對此還有過進一步的改寫：「天視自我民視，天聽自我民聽」。說白了，有德無德只是對王族成員而言的，一般人是無所謂有德無德的，一般人只是德性施及的對象，以幫助、陪襯王族成員成為有德者，從而成為繼承政權的候選人。一般人只是執政者獲得天命的工具手段，而不是天命的終極目的。這就避免了人人都參與政治的可能性：並不是每個人都可以通過修習德性而獲得上天的青睞，進而獲取政權。

這是一切政治說教的必要假設。否則，政治說教不但不能達到預期目的，而且還潛存著極大的理論威脅。如果天命有德包括外國人，這就意味著外國人也有可能成為有德者。這就在理論上預示了政治復辟的可能。如果天命有德包括王室以外的本國人，這就意味著王公大臣和其他國人都可以成為有德者，從而也都可以獲得天的垂青，進而獲取政權。這就在理論上預示著政治篡位的可能。這兩種可能都是進行政治宣傳者所不願意接受的，當然也是「天命有德」觀念所不應包含的內容。所以天命有德必須不能具有普遍性，或者說其普遍性只是對執政者的一種自我恫嚇，從其宣傳的最終目的來看，並不必然包含天命一切人以德的思想。

（五）天命與道德的關係是一種間接的、外在的、偶然的關係。通過以上分析，我們可以看到，在「天命有德」的觀念中，天命、政權和道德構成了一種三角關係。在這個三角關係中，政權得失是核心，也是「天命有德」的最終目的。天命是政權的施予者，道德是獲得政權的資本。相對於政權這個終極目的而言，天命與道德都處於一種手段性、工具性地位。政權與天命、政權與道德都是一種直接的關係，但天命與道德之間的關係是圍繞著獲取政權這個終極目的而建立起來的，天命與道德的關係是外在的關係，天命與道德是間接的相關性。這種外在性、間接性意味著如果離開了政權這個終極目的，天命與道德的關係馬上就會中斷。所以「天命有德」觀念中的天命與道德的關係是偶然的關係而不是必然的關係。

另一個周人常用的政治教化術語「天命靡常」，就是這種偶然關係的必然結論。西周末期出現的怨疑運動，其實就是對天命、政權與道德之間關係的懷疑。根據周初宣揚的天命有德觀念，執政者應該是有德者。然而，現實情況是政治的腐敗和執政者的奢淫無德。當時社會上還沒有足夠的政治力量可以對周朝的政治局面來一次重新洗牌，人們只能忍受不合理的政治。忍無可忍而又無力革命，就只能對政權的理論根源即天命進行懷疑、埋怨，甚至詛咒、暗罵。最終，人格天的權威性、神聖性和公共性就失去了民間基礎。這也說明，怨疑運動的興起和人格天的失落，都是基於「天命有德」之內在理論缺陷而來，怨疑運動只不過是從形式上宣告了人格天的失落。

簡單地說，人格天不能成爲道德的終極根源，最終原因就在於「天命有德」觀念的理論缺陷。西周末年的怨天疑天運動和人格天的沒落就直接導源於這一觀念的內部缺陷。「天命有德」觀念的自身缺陷在於天命與道德的關係沒有必然性。人格天所直接降命的是政權等外在的東西而不是內在的道德，天命與道德的關係是一種間接的、外在的、偶然的關係。在這個觀念下，道德的獲得沒有普遍性。天雖然只降命政權於人，而不降命道德於人，但人可以修成道德以敬德保命。而且，能夠修成道德者或「天命有德」之有德者只能是王室中人。從「天命有德」觀念的宣傳者之主觀意圖上說，一般民眾只是有德者或執政者施德的對象，他們本身是無所謂修德，也就無所謂有德。所以在這種觀念下，人格天只能說是政權的根源，而不可能是道德的根源。道德的終極根源不能追溯到人格天。

第二節　《中庸》之自然天及其生生不已的特徵

《中庸》非常重視天。天字貫穿始終，以天開篇，又以天壓卷。《中庸》開篇即曰「天命之謂性」，卷終又引《詩》曰「上天之載，無聲無臭」。〔註8〕《中庸》「天」字凡六十七見。這對於三千五百多字〔註9〕的文章來說，其比例可謂不小。除去用作專稱、哲學意義不大的「天下」二十八次、「天子」五次，其餘的天共有三種情況。

第一種情況是自然天。這種情況最多，而且這種情況下之自然天有一個顯著特點，即自然天是以「天地」的形式出現的：

（1）致中和，天地位焉，萬物育焉。（第一章）

（2）天地之大也，人猶有所憾。（第十二章）

（3）故天之生物，必因其材而篤焉。故栽者培之，傾者覆之。（第十七章）

（4）唯天下至誠，爲能盡其性；能盡其性，則能盡人之性；能盡人之性，則能盡物之性；能盡物之性，則可以贊天地之化育；可以贊天地之化育，則可以與天地參矣。（第廿二章）

（5）故至誠無息。不息則久，久則徵，徵則悠遠，悠遠則博厚，博厚則高明。博厚，所以載物也；高明，所以覆物也；悠久，所以成物也。博厚配地，高明配天，悠久無疆。如此者，不見而章，不動而變，無爲而成。天地之道，可一言而盡也，其爲物不貳，則其生物不測。天地之道，博也，厚也，高也，明也，悠也，久也。

〔註8〕程明道曾說：「《中庸》始言一理，中散爲萬事，末復合爲一理。」（《程氏遺書》卷十四，《二程集》，第140頁）在二程的義理系統中，理即天理，「始言一理」即是指「天命之謂性」說的，「末復合爲一理」即指「上天之載」說的。朱子就是這樣理解明道這句話的：「《中庸》始合爲一理，『天命之謂性』。末復合爲一理，『無聲無臭』。始合而開，其開也有漸。末後開而復合，其合也亦有漸。」（《朱子語類》卷六二，《朱子全書》16/2016）蔡清也認爲「始言一理指天命之性言」，「上天之載，無聲無臭，是即大本大原所在，又萬事之所自出者也」，這就是「末復合一理」。（《四書蒙引》卷三，《四庫》206/79-80）

〔註9〕關於《中庸》的字數，有以下幾種情況：唐開成石經計3550字；《中庸外傳》計3554字；《說郛．中庸古本》計3568字；翟笠山（灝）說：「今本實3567字，宋刻本末章『君子之所不可及者』少一『之』字。」（《四書考異》上《總考二十八》，《續四庫》167/117上右）阮元校刻《十三經注疏》（附校勘記）（北京：中華書局，1983年，第1638頁）計3593字。無論哪一種統計，《中庸》全部文本都不會超過3600字。

今夫天，斯昭昭之多，及其無窮也，日月星辰繫焉，萬物覆焉。今夫地，一撮土之多，及其廣厚，載華嶽而不重，振河海而不洩，萬物載焉。今夫山，一卷石之多，及其廣大，草木生之，禽獸居之，寶藏興焉。今夫水，一勺之多，及其不測，黿鼉、蛟龍、魚鱉生焉，貨財殖焉。「維天之命，於穆不已！」蓋曰天之所以爲天也。「於乎不顯，文王之德之純！」蓋曰文王之所以爲文也，純亦不已。（第廿六章）

（6）大哉聖人之道！洋洋乎發育萬物，峻極於天。（第廿七章）

（7）建諸天地而不悖，質諸鬼神而無疑，百世以俟聖人而不惑。質諸鬼神而無疑，知天也。（第廿九章）

（8）上律天時，下襲水土。闢如天地之無不持載，無不覆幬；闢如四時之錯行，如日月之代明。萬物並育而不相害，道並行而不相悖。小德川流，大德敦化。此天地之所以爲大也。（第卅章）

（9）溥博淵泉，而時出之。溥博如天，淵泉如淵。見而民莫不敬，言而民莫不信，行而民莫不說。是以聲名洋溢乎中國，施及蠻貊。舟車所至，人力所通；天之所覆，地之所載；日月所照，霜露所隊。凡有血氣者，莫不尊親，故曰配天。（第卅一章）

（10）唯天下至誠，爲能經綸天下之大經，立天下之大本，知天地之化育。夫焉有所倚？肫肫其仁！淵淵其淵！浩浩其天！（第卅二章）

在以上諸章，天與地是不分的，甚至是可以互換的。天地之天顯然是自然天，而自然天的本質特徵可以用一個「生」字來概括。自然天的特徵集中反映在「天之生物」（第十七章）和「天地之道，可一言而盡也。其爲物不貳，則其生物不測」（第廿六章）兩句話。尤其是後一句話，是理解《中庸》自然天的關鍵。「一言而盡」與《論語．爲政》「《詩》三百，一言以蔽之，曰『思無邪』」（《論語》2.2）之「一言以蔽之」句式相仿，意思也相近。《論語》的意思是說，《詩》三百篇可以用「思無邪」一句話概括。《中庸》這句話的意思也是說，天地之道「可一言而盡」可以用一句話來概括，這句話就是「其爲物不貳，則其生物不測」。

「其爲物不貳，則其生物不測」之「其」顯然是指天地或天地之道。「爲物不貳」是就天地之道的性質而言的，「生物不測」是就天地之道的功用而言的。或者從體用模式來說，天地之道有體有用，「爲物不貳」是其體，「生物不測」是其用。

「爲物不貳」言天之至誠特質。天地之天是自然天，自然天原本也是一物，「天只是一個大底物」〔註 10〕。一方面，「大物」仍然是物，並沒有脫離於萬物之外。另一方面，天畢竟是「大物」，作爲「大物」就必然與其它物有所不同，其不同之處就在於天具有「不貳」的特性。不貳即壹。王船山說：「一二者數也，壹貳者非數也。壹，專壹也。貳，間貳也。」〔註 11〕壹貳與一二不同：一二是量，是對物之數量的表示；壹貳是質，是對物之性質的描述。壹就是專一無雜，至純無間；貳就是不壹，雜而無間。從質上說，只要是純而無間，數目雖多，仍然是壹而不貳。元亨利貞，仁義禮智，雖然在數量是二，是三甚至是三百三千，但只要是無間無雜，仍然是壹。從量上說，只要是雜而不純，數目雖少，仍然是貳而不是壹。雖然一人一心，但三心二意，雜而不誠，仍然是貳，而不是壹。這種不貳特性就是誠一不二之至誠。鄭玄說：「爲物不貳，言至誠無貳」。朱子也說：「天地之道，誠一不貳」。〔註 12〕這些解釋都非常契合《中庸》原意。

「生物不測」言自然天之無限性特徵。天地之道的最大功用是生物。萬物化生，時刻流淌著天道，處處滲透著天道。這是儒家言天言地的通用說法。二程所說「天以生爲道」、「觀生理可以知道」〔註 13〕即是此意。「不測」是對天地生物之生的形容。「不測」包含兩層涵義：一是神，二是化。《易傳》說：「不測之謂神。」神也就是化。《中庸》第廿三章說：「唯天下至誠爲能化」，第廿四章說：「至誠如神」。不測是對天地至誠之道的生物功用所做的一種神化形容。在中國的語文系統中，神化是充其極的表現。《中庸》第廿三章還把誠道呈現分爲形、著、明、動、變、化六個過程，化是這個過程的極限。張橫渠《正蒙・神化》開篇即說：「神，天德；化，天道。」〔註 14〕羅整庵說：「神化者，天地之妙用也。」〔註 15〕不測就是從天地生物的神化性而言的，是對天之生物所作的一種極限的、絕對的形容。對人來說，出神入化的現象

〔註 10〕《朱子語類》卷一，《朱子全書》14/119。

〔註 11〕王夫之：《讀四書大全說》卷三，《船山全書》第六冊，第 559 頁。

〔註 12〕《中庸章句》，《四書章句集注》，第 34 頁。

〔註 13〕《程氏粹言》卷一，《二程集》，第 1175、1171 頁。

〔註 14〕《張載集》，北京：中華書局，1978 年，第 15 頁。

〔註 15〕羅欽順：《困知記》卷上，北京：中華書局，1990 年，第 13 頁。

是無法用語言來表達，無法由知性測知的，天地生物出神入化也是無法表達，不能用知性測知的。

「生物不測」所形容的是自然天之無限性。天地生物之天是自然天，天地生物之不測性就源於自然天之不測性，而自然天之不測性表現為自然天之無限性。《中庸》第廿六章說：「天地之道，博也，厚也，高也，明也，悠也，久也。」自然天之無限性可以從時空兩個維度來看。從時間的維度來看，自然天是悠久的、無窮的，具有無限的時間性；從空間的維度來看，自然天既是高明的，又是廣大的。在空間的維度中，高明是豎地說，廣大是橫地說。高明是至高無上，廣大是至大無外。高明和廣大兩者共同表達了自然天在空間上的無限性。加上時間的維度，高明、悠久和廣大三者就共同構成了自然天三維立體的無限性。其中高明象徵著一種無限向上的伸展性，自然天由於其高明，而呈現出絕對的超越性。天字的本意即來自於自然天的高明性。《說文》曰：「天，顛也。至高無上，從一大。」段玉裁注曰：「顛者，人之頂也，以為凡高之稱」，「至高無上，是其大無有二也」。天字最初意指人之顛額，所以天高高地懸於頭頂之上，是至高無上、至大無二的。後來，天為自然天所專有，才另造了一個顛字。〔註 16〕雖然《說文》是根據篆文字形得出天之本義，但近代學者從甲骨文字形來辨明天字最初的確是根據人們對自然天之高遠的聯想來象徵其「顛」或「大」的意義的。〔註 17〕

自然天之無限性決定了天地生物生生不已，無窮無息，而且生生而不被生，生物而不為物所生。絕對的東西只能是自生而不能被生，如果被生，那肯定不是絕對的東西，所以「天者萬物之祖，生物而不生於物者也」〔註 18〕，沒有先於天地而生成的物，天生成萬物而不被它物所生成。如果被生成之物不能先於生成它的東西，就會無限上溯，沒有盡頭。既然自然天最本質的特徵是生物，天就是生生之終點或終極根源，萬物化生俱從此出。

自然天的本質特徵是生生不已，甚至還可以說，中國哲學的最大特色就

〔註 16〕湯可敬：《說文解字今釋》（上），長沙：嶽麓書社，2002 年，第 2 頁。

〔註 17〕王國維：《釋天》，《觀堂集林》卷六，《王國維先生全集》初編（一），臺北：臺灣大通書局，1976 年，第 280 頁；李孝定：《甲骨文字集釋．天》第一卷，臺北：中央研究院歷史語言研究所專刊之五十（1965 年 5 月），第 264 頁；嚴一萍：《甲骨文字研究》第三輯，臺北：藝文印書館，1990 年，第 25～27 頁；顧立雅：《釋天》，《燕京學報》第十八期（民國二十四年十二月），第 68～71 頁。

〔註 18〕薛瑄：《讀書錄》卷一，《薛瑄全集》，第 1019 頁。

是「生」。先秦諸子在闡明其最高層次的概念時往往用「生」來說話。比如儒家說：「本立而道生」（《論語》1.2）、「天生德於予」（《論語》7.23），「天地之大德曰生」（《易傳．繫辭下》）。道家說：「道生一，一生二，二生三，三生萬物。」（《道德經》第四二章）雖然他們對生之具體體會可能不同，甚至迥異，但在採用「生」這一形式上，諸子哲學可謂旨趣相同。更深層地說，它體現了中國先哲對世界存有的共同理解。而西方哲人對存有的表達則普遍採用了「是」的邏輯形式。正是在這一意義上，可以說中西存有論的區別是「生」和「是」的區別。〔註 19〕

第二情況是引用《詩經》：

（1）君子之道費而隱。夫婦之愚，可以與知焉；及其至也，雖聖人亦有所不知焉。夫婦之不肖，可以能行焉；及其至也，雖聖人亦有所不能焉。天地之大也，人猶有所憾。故君子語大，天下莫能載焉；語小，天下莫能破焉。「鳶飛戾天，魚躍于淵。」君子之道，造端乎夫婦；及其至也，察乎天地。（第十二章。引詩見《大雅．旱麓》）

（2）「維天之命，於穆不已！」蓋曰天之所以爲天也。「於乎不顯，文王之德之純！」蓋曰文王之所以爲文也，純亦不已。（第廿六章。引詩見《周頌·維天之命》）

（3）「上天之載，無聲無臭。」至矣！（第卅三章。引詩見《大雅．文王》）

（4）子曰：「舜其大孝也與！德爲聖人，尊爲天子，富有四海之內。宗廟饗之，子孫保之。故大德必得其位，必得其祿，必得其名，必得其壽。故天之生物，必因其材而篤焉。故栽者培之，傾者覆之。『嘉樂君子，憲憲令德。宜民宜人，受祿于天。保祐命之，自天申之。』故大德者必受命。」（第十七章。引詩見《大雅．假樂》）

從先秦天論的歷史發展上來說，《詩經》中的天本來都是人格天，但由於《詩經》很多內容的完成正處於人格天沒落之初，其中有些天可能會表現出去人格化而具自然化的特徵。上面所引《詩》文中的天有人格天也有自然

〔註 19〕牟宗三：《圓善論．附錄一：「存有論」一詞之附注》，《牟宗三先生全集》（22），第 328 頁。

天，比如「維天之命」和「受祿于天」之天就是人格天。「維天之命」一句出自《周頌．維天之命》：「維天之命，於穆不已。於乎不顯！文王之德之純。假以溢我，我其收之。駿惠我文王，曾孫篤之。」《詩經》原本是在宣揚文王有德而承受天命，這仍是周初「天命有德」的敬德保命觀念。「受祿于天」一句出自《大雅．假樂》，《中庸》引用它，仍是在講舜以德受命。舜所受的天命是聲名、權位、爵祿和壽限，這也完全是「天命有德」的人格天思想。而另外兩處「鳶飛戾天」與「上天之載」之天很明顯是自然天。這也是《中庸》天論的重點。

當然，《中庸》引《詩》論天，並不是在其原意上使用的，而只是起到一種過渡作用，即由人格天、自然天向形上天過渡。《中庸》作爲先秦儒家文獻，保留一些傳統思想也是必然的。《中庸》第十七、十八和十九章重在講歷史，是在陳述歷史傳統。所以對於第十七章引《詩》論天不必給予過分哲學化的理解。相反，第十二、卅三章所引用的「鳶飛戾天」、「上天之載」才是《中庸》論天的創造性思想。其創造性就表現在由自然天向形上天的過渡。第廿六章的「維天之命」就可視作這個過渡的產物。

這種過渡是通過兩種方式來完成的。從文法上說，自然天向形上天的過渡是通過比興手法來完成的。上列四處《詩經》引文有一個共同的特點，即它們都是在比興的修辭手法上使用的。《中庸》引《詩》共十六次，而且像《易傳》只引《周易》一樣，《中庸》只引《詩經》而不引《尚書》等其他文獻。從這一點來說，《中庸》的確可以歸屬於「《詩》學」。〔註 20〕而且，《中庸》引《詩》多是先說一通道理之後，再引《詩》爲證。這種文法原本是東周秦漢許多文獻的一個普遍特點，比如孟、荀引《詩》都是這種情況。但《中庸》引《詩》論天還有一點特殊，這幾處引文在引用《詩經》之後，又有一個進一步的總結，而且這個總結是有具體內容的，不是只說一句「此之謂也」了事。這個總結不但是對《詩》文前面意思的簡單總結，更是對《詩》文意義的進一步引申。這個總結是《中庸》所要眞正說出的內容。於是《詩》文與《中庸》上下文就形成一種比興關係，《詩》文對上文起到一個總結性的類比、比喻作用，而對下文又起到一個興起作用。這樣，《中庸》上下文就通過《詩》文達到了過渡。

〔註 20〕王博：《〈中庸〉與荀學、〈詩〉學之關係》，《國學研究》第三卷，北京：北京大學出版社，1995 年，第 61～77 頁。

從內容上說，自然天向形上天的過渡是通過人道或人事這一中介來實現的。前三處《詩》文中的自然天是與《中庸》所說的人道、人事相對而言的。前兩處《詩經》引文明顯具有這種情況。至於第三處《詩》文「上天之載，無聲無臭」，雖然在詩文前後沒有直接出現人事、人道情況，但從本章前面所說的「君子之道：淡而不厭，簡而文，溫而理，知遠之近，知風之自，知微之顯，可與入德矣」，「故君子不動而敬，不言而信」，「是故君子不賞而民勸，不怒而民威於鐵鉞」及詩文後的兩個字「至矣」，可知「上天之載，無聲無臭」其實也是說的人事、人道，是說君子之道達到極致的情況。也正因爲這樣，朱子說：「子思因前章極致之言，反求其本，復自下學爲己謹獨之事，推而言之，以馴致乎篤恭而天下平之盛。又贊其妙，至於無聲無臭而後已焉。」〔註21〕在《中庸》裏與人道相對而言的是天道、天命、天德之天，而天道之天是形上天。這樣，《詩》文中的自然天就通過人道而過渡到了形上天。

《中庸》引《詩》論天既可以是人格天，也可以是自然天，但絕對不能直接說它就是形上天。從《詩經》中的人格天、自然天到《中庸》的形上天，還要通過一個人道化的過程而曲折地完成。這個人道化就是後面將要說的到情感投射，即對自然天的生命情感化。經過生命情感化，自然天才最終成爲生物不測、生生不已的形上天，成爲道德的終極根源。

第三情況是天命、天道、天德、知天之天：

（1）天命之謂性，率性之謂道，修道之謂教。（第一章）

（2）故君子不可以不修身；思修身，不可以不事親；思事親，不可以不知人；思知人，不可以不知天。（第十九章）

（3）誠者，天之道也；誠之者，人之道也。（第十九章）

（4）質諸鬼神而無疑，知天也；百世以俟聖人而不惑，知人也。（第廿九章）

（5）苟不固聰明聖知達天德者，其孰能知之？（第卅二章）

天命、天道、天德、知天之天都是形上天。現代新儒家非常重視天，有人說天是「本體宇宙論的創生實體」〔註22〕，有人說天是「超越而普遍性的存在」〔註23〕，也有人說天是「形上意義的實體」〔註24〕。這些說法都可溯

〔註21〕《中庸章句》，《四書章句集注》，第40頁。

〔註22〕牟宗三：《心體與性體》第三冊，《牟宗三先生全集》（7），第260頁。

〔註23〕徐復觀：《中國人性論史．先秦篇》，第119頁。

〔註24〕勞思光：《中國哲學史》第一卷，第6頁。

源於《中庸》。這些天都是形上天，而且形上天是一種道德的實體，是道德的終極根源。

《中庸》的形上天具有一個顯著的特點，那就是天或天道與人事、人道具有密切的相關性。「天命之謂性」，性即人性，人性與天命相對而言；「思知人，不可以不知天」，「質諸鬼神而無疑，知天也；百世以俟聖人而不惑，知人也」，知天與知人相對而言；「誠者，天之道也；誠之者，人之道也」，天道與人道相對而言；「苟不固聰明聖知達天德者，其孰能知之？」天德與聖知相對而言。天人的相關性是通過命、知、誠等三個概念聯繫在一起的，命的主體是天，表示的是一種自上而下的下貫過程，知的主體是人，表示的是一種自下而上的上達過程。「由上而下是來，由下而上是往，在這一來一往之中，主觀內在面的心性，和客觀超越面的天道天命，便通貫而爲一，這就是所謂『天道性命相貫通』。」〔註 25〕

然而，這只是一種形式上的描寫，關鍵是在這一上一下、一來一往的過程中，天人溝通的內容和天人之間的關係。這兩點決定了《中庸》之天能夠成爲道德終極根源。

天人溝通的內容是德性。《中庸》第一句說：「天命之謂性」。天命於人，那麼必有所命的內容，從「天命之謂性」可知，這個內容就是性，是天命之性。就《中庸》本義而言，天命之性與《左傳》（襄公十四年、昭公二十五年）、《禮記・郊特牲》（11.23）及《孝經・聖治》所說的「天地之性」一樣，都應該是完整的人性，既包括人的生理性、物理性，也包括人的心理性，當然更包括人的道德性。

對於人來說天是「天命」，而對於天來說人能「知天」。《中庸》明確提到「知天」的地方有兩處，即第十九章和廿九章。但這兩處都沒有說明「知」的內容。第卅二章給出了答案：「唯天下至誠，爲能經綸天下之大經，立天下之大本，知天地之化育。夫焉有所倚？肫肫其仁！淵淵其淵！浩浩其天！苟不固聰明聖知達天德者，其孰能知之？」這就明確地說天之可知者就是天德。天德又是什麼呢？從此章前面一句「知天地之化育」可以知道天德即是天的化育之德，這與《易傳》「天地之大德曰生」表達了相同的內容。再聯繫到第十九章「誠者，天之道也」可知，天德即是誠。天人之間溝通和交流的內容是性和誠，天命於人的是天命之性，天爲人所知的是化育之誠。無論是性還是誠，都是內在於人的，

〔註 25〕蔡仁厚：《孔孟荀哲學》，第 8 頁。

都已經脫離了「天命有德」觀念中天命政權等外在的內容。

天人之間的關係是直接的、內在的、必然的關係，而不再是間接的、偶然的、外在的關係。天命於人者是天命之性，天爲人所知者是化育之誠、化育之德。天命與知天之間沒有任何中介物，天人關係是一種直接的關係。性與誠都是內在的，天人關係是一種內在的關係。化育其實就是「生物不測」之生，天命謂性與生物不測是同一個過程。天生萬物是整個的生，天命之性也應是完整的性。那麼天生於萬物、天命於人類的就只是這整個的性，而沒有其它的東西。同樣，萬物和人類所得於天的也只是整個的性，而沒有其它的東西。天之所生所命與人之所得所秉是同一的，生與性之間不容許有任何間隙。所以天人關係是一種必然的關係。這種關係意味著「天命，天道，天理，天性，天德，一也」〔註 26〕。天、人、性、命完全是直接地、內在地、必然地同一的關係。

天人溝通的德性內容和天人之間的直接的、內在的、必然的關係使《中庸》的形上天與西周的人格天區別開來。這種區別就是「天命之性」與「天命有德」的區別。「天命之性」也可以說是「天命之德」。「天命之德」和「天命有德」雖然一字之差，但其哲學意義上的差別卻有若天壤。前者使得《中庸》的形上天完全具備了成爲道德終極根源的可能性。

總而言之，《中庸》之天最初是自然天〔註 27〕，形上天是從自然轉化而來的。自然天向形上天轉化的契機在於自然天之生物不測、生生不已的本質特性。

第三節　道德終極根源之論證

道德的終極根源，到《中庸》的形上天始完全抉發。《中庸》的形上天是由自然天轉化而來的。自然天到形上天的轉化，從而道德終極根源的抉發，關鍵在於一個「生」字，即自然天之生物不測、生生不已。一旦把握到了自然天的這一特性，道德的終極根源也就連根拔起，一展無餘。《中庸》對道德終極根源的論證，是通過天命謂性、聖德配天、知人知天和盡性參天等四個既各個獨立又互相關聯的步驟來完成的。

〔註 26〕薛瑄：《讀書錄》卷一，《薛瑄全集》，第 1312 頁。
〔註 27〕黃德根：《中庸新解》，香港：實用書局，1967 年，第 2 頁。

一、天命謂性

天命與性的關係源遠流長。就儒家內化派來說，《性自命出》通過「性自命出，命自天降」將孔子性與天道初步連接起來。在此基礎上，《中庸》直接說「天命之謂性」，將性的終極根源直掛於天。《中庸》開篇第一句說：

天命之謂性，率性之謂道，修道之謂教。

「天命之謂性」是《中庸》對儒家心性哲學最偉大的貢獻之一，「是在子思以前，根本不曾出現過的驚天動地的一句話」〔註 28〕。劉蕺山曾說：「《中庸》是有源頭學問，說本體先說個『天命之性』」。〔註 29〕當初，即使《中庸》的其它文本不幸都焚於秦火，僅留下這句話，《中庸》也必將永世傳承。因爲孔子之後，儒學發展中遇到了一個天大的課題，即尋找道德的終極根源，而這句話正是論證道德終極根源的總前提和總結論。

「天命之謂性」是一個內涵定義的形式。戴東原曾對這句話的語法形式做過考辨：

古人言辭，「之謂」「謂之」有異：凡曰「之謂」，以上所稱解下，如《中庸》「天命之謂性，率性之謂道，修道之謂教」，此爲性、道、教言之，若曰性也者天命之謂也，道也者率性之謂也，教也者修道之謂也；《易》「一陰一陽之謂道」，則爲天道言之，若曰道也者一陰一陽之謂也。凡曰「謂之」者，以下所稱之名辨上之實，如《中庸》「自誠明謂之性，自明誠謂之教」，此非爲性教言之，以性教區別「自誠明」、「自明誠」二者耳。《易》「形而上者謂之道，形而下者謂之器」，本非爲道器言之，以道器區別其形而上形而下耳。〔註 30〕

根據戴東原的考辨，「之謂」句式是一種下定義式的判斷句，「之謂」作爲謂語，其前的主語是用來規定其後的賓語之意涵的；而「謂之」句式則是一種解釋句，這種句式往往是相對而出的多個句子，其後的賓語並非對其前的主語進行定義，而只是通過賓語對主語進行辨別。〔註 31〕「之謂」是用以判斷的動詞，相當於現代漢語的係詞「是」，「天命之謂性」即是說「天命是性」。戴東原解字的目的是爲反對宋儒，可能有其先入爲主性。但僅從語法上來說，「之謂」是以上所稱解下，「天命之謂性」的重點在性而不在天命，天命是用

〔註 28〕徐復觀：《中國人性論史・先秦篇》，第 117 頁。

〔註 29〕《學言》上，《劉宗周全集》第二冊，第 382 頁。

〔註 30〕戴震：《孟子字義疏證》，北京：中華書局，1982 年，第 22 頁。

〔註 31〕吳根友：《試論戴震的語言哲學思想》，《中國哲學史》2009 年第 1 期。

來解釋、定義性的。所以戴東原這一分析還是有一定的借鑒意義的。根據內涵定義的一般規則，定義項揭示的是被定義項的本質。具體到「天命之謂性」，天命是定義項，性是被定義項，天命揭示了性的本質，是性的本質規定。

當然，我們知道「天命」一詞最初的涵義應屬於「天命有德」觀念，而「天命有德」觀念中的人格天不能成爲道德的終極根源。那麼《中庸》通過「天命之謂性」一語來論證天是道德的終極根源，豈不是無效的嗎？

其實，天命謂性的天仍然是自然天而不是人格天，命也不是「天命有德」的命，而是「生」的擬人化。所以從義理上說，「天命之謂性」應該是「天生之謂性」。《中庸》用「命」字代替「生」字，只是在形式上借用了過去人格天傳統的語言資源。在人格天傳統中，命是命令，具有強制性。《中庸》借用過來，意在表達天然而自然、定然而必然的意思，主要是強調性爲天所生、天是道德的終極根源，就像人格神的命令一樣，是容不得半點懷疑和猜測的，是天然而自然、定然而必然的。

首先，天命謂性之天是天然而自然的意思。天是自然天，是生物不測、生生不已之天。生生不已是無窮無盡、沒有始終的，也是不容安排、天然而然的。一有安排，就有了始終，就不再是不已。從生物不測、生生不已來說的自然天重點不在於天爲一「大物」，而在於其生生不已的本質特性。程明道說：「言天之自然者，謂之天道。」〔註32〕從生生不已來看的自然天也就是天道。天道生物，生生不已，是不容安排、天然而自然的。

其次，天命謂性之命是定然而必然的意思。天道生物，具有普遍性和必然性，宇宙萬物都必然化生於天。這是無所逃脫、無法規避的，是天定如此、定然而必然的。這就是命。所以命不是「天命有德」之命，仍是「生物不測」之生。只不過是借用了人格天之命來表達定然而必然的意思，是生之擬人化。天命謂性是說道德本性之生生不已，就像自然天一樣天然而自然，像人格天的命令一樣是不容規避的，是定然而必然的。

再次，天命即性。自然天生物不測，生生不已。天之生是天然而自然的，天之命是定然而必然的。命是生之擬人化，所以生與命可以合在一起說。「事物皆生生不已，而『生』無所不在；其生皆如有命之生者，而命無所不在，生命可合爲一詞」〔註33〕。生與命合一即是生命，生命即性。

〔註32〕《程氏遺書》卷十一，《二程集》，第125頁。
〔註33〕唐君毅：《中國哲學原論‧原道篇》卷一，《唐君毅全集》卷十四，臺北：臺

最後，性源於天，性是生生不已之性。自然天生物不測，生生不已，具有無限性。自然天生生不已的無限性意謂著自然天生生而不被生，是生生的總根子和終極根源。生與命合一就是性，生是天道生生，命是天命如此，所以性的終極根源也只是天。

天是性的終極根源，天、性、命合而爲一，使之合而爲一的紐帶就是生。生是生物不測，生生不已。生生不已在天是生生不息的天道、天德、天命，在人是純亦不已的人道、性德、生命。《中庸》引《詩》曰：

> 「維天之命，於穆不已」，此天之所以爲天也。「於乎不顯，文王之德之純！」蓋曰文王之所以爲文也，純亦不已。

天命、天道、天德生生不已，這就是天成其爲天的原因；誠性、人道、性德純亦不已，這就是聖人成其爲聖的原因。

天比喻生生不已之天然而自然，命比喻生生不已之必然而定然。生與命合一爲性。性就是生生不已的天命之性。於是，《中庸》就通過天命謂性，通過命或生而把天與性連在一起，天道性命貫通爲一。從而證明了天是道德的終極根源。

二、聖德配天

「配天」一詞語出《中庸》第廿六和第卅一兩章：

> 故至誠無息。不息則久，久則徵，徵則悠遠，悠遠則博厚，博厚則高明。博厚，所以載物也；高明，所以覆物也；悠久，所以成物也。博厚配地，高明配天，悠久無疆。如此者，不見而章，不動而變，無爲而成。天地之道，可壹言而盡也。其爲物不貳，則其生物不測。天地之道，博也，厚也，高也，明也，悠也，久也。今夫天，斯昭昭之多，及其無窮也，日月星辰繫焉，萬物覆焉。今夫地，一撮土之多，及其廣厚，載華嶽而不重，振河海而不洩，萬物載焉。今夫山，一卷石之多，及其廣大，草木生之，禽獸居之，寶藏興焉。今夫水，一勺之多，及其不測，黿鼉、蛟龍、魚鱉生焉，貨財殖焉。《詩》曰：「維天之命，於穆不已！」蓋曰天之所以爲天也。「於乎不顯，文王之德之純！」蓋曰文王之所以爲文也，純亦不已。（第廿六章）

灣學生書局，1986 年，第 34 頁。

> 唯天下至聖，爲能聰明睿知，足以有臨也；寬裕溫柔，足以有容也；發強剛毅，足以有執也；齊莊中正，足以有敬也；文理密察，足以有別也。溥博淵泉，而時出之。溥博如天，淵泉如淵。見而民莫不敬，言而民莫不信，行而民莫不說。是以聲名洋溢乎中國，施及蠻貊。舟車所至，人力所通；天之所覆，地之所載；日月所照，霜露所隊。凡有血氣者，莫不尊親，故曰配天。（第卅一章）

從衛湜《中庸集說》所收集到的諸家意見來看，《中庸》第廿六章議論多而且雜，朱子就曾感到，「此章之說，最爲繁難」〔註34〕。其實，這一章的中心句就是最後一句話：「《詩》曰：『惟天之命，於穆不已！』蓋曰天之所以爲天也。『於乎不顯，文王之德之純！』蓋曰文王之所以爲文也，純亦不已」。此句《詩》文中的天原是人格天，但《中庸》引用過來已脫離了《詩經》原意，並開始由自然天向形上天過渡。「維天之命，於穆不已」之天實際上是天地之道的形上天。

一方面，天地之道的本質特性是生物不測，生生不已。「此天之所以爲天」是說天之本質性規定在於生生不已的特性。正如二程所說：「『生生之謂易』，是天之所以爲天道也。天只是以生爲道。」〔註35〕生生不已是天道的特性，也就是天德。如果天道生物有一刻停止，則萬物不成其爲萬物，宇宙就不成其爲宇宙，天道也就不成其爲天道。所以《中庸》說「悠久，所以成物也」，悠久即不已，成物即生物，合起來說就是生生不已。天地之道是至誠不貳的誠道，「至誠無息」，至誠之道也必然是不已的，一有間斷，即無所謂生生不已，也就無法生物成物。《中庸》第廿五章又說：「誠者，物之終始，不誠無物。」沒有了生生不已的本質特性，天地至誠之道也就不成其爲至誠天道。

另一方面，聖人之德的本質表現是淵泉時出，純亦不已。「『於乎不顯，文王之德之純！』蓋曰文王之所以爲文也，純亦不已」是說文王作爲文王，其最重要的一點就在於他能夠將其德性純而不雜、一刻不息地時時彰顯流露。聖人與常人具有相同的德性，但一般人不能夠將其德性純亦不已。聖人之所以爲聖人，只是因爲他們能夠將其德性推展到極至，能夠達到至德，凝成至道，即聖人之道：「大哉聖人之道！洋洋乎發育萬物，峻極於天。優優大哉！禮儀三百，威儀三千，待其人然後行。故曰：苟不至德，至道不凝焉。」

〔註34〕《中庸或問》下，《朱子全書》6/599。
〔註35〕《程氏遺書》卷二上，《二程集》，第29頁。

（第廿七章）將自己的德性推展到極至，對於有限的人來說，是一個無限的過程，也就是「純亦不已」。

天地之道是生生不已，生生不已是天德；聖人之德是純亦不已，純亦不已是性德。不已即是不息、悠久、無窮，它所表示的是無限性、絕對性。無限性、絕對性只能有一個，所以生生不已和純亦不已必定爲一。〔註 36〕天德和性德就通過生生不已而獲得了同一性。

性德與天德的同一性通過「配天」體現出來。用《易傳》的話說，就是「與天地合其德」。二程說：「天地所以不已，有常久之道也。人能常於可久之道，則與天地合。」〔註 37〕呂與叔還有過更爲詳細的論證：

> 今夫人之有良心也，莫非受天地之中，是爲可欲之善。不充之，則不能與天地相似而至乎大；大而不化，則不能不勉不思、與天地合德而至於聖。然所以至於聖者，充其良心、德性純熟而後爾也。故曰：過此以往，未之或知也；窮神知化，德之盛也。如指人之良心，而責之與天地合德，猶指撮土而求其載華嶽、振河海之力，指一勺而求其生蛟龍、殖貨財之功，是亦不思之甚也。天之所以爲天，不已其命而已。聖人之所以爲聖，不已其德而已。其爲天人德命則異，其所以不已則一。故聖人之道，可以配天者，如此而已。〔註 38〕

聖人配天，是以純亦不已的生生之德配天，不是以外在的功名偉業來配天。功名偉業再大，總有終結的地方，總有不完美的地方，總有不盡人意的地方，所以功名偉業不足以配天，一朝功成萬骨枯，即是明證。《禮記》說：

> 天子者與天地參，故德配天地，兼利萬物，與日月並明，明照四海而不遺微小。其在朝廷，則道仁、聖、禮、義之序；燕處，則聽《雅》、《頌》之音；行步，則有環佩之聲；升車，則有鸞和之音。居處有禮，進退有度，百官得其宜，萬事得其序。《詩》云：「淑人君子，其儀不忒。其儀不忒，正是四國。」此之謂也。（《禮記・經解》26.2）

> 發號出令而民說謂之和，上下相親謂之仁，民不求其所欲而得之謂之信，除去天地之害謂之義。義與信，和與仁，霸王之器也。有治民之意而無其器，則不成。（《禮記・經解》26.3）

〔註 36〕楊祖漢：《中庸義理疏解》，臺北：鵝湖出版社，2002 年，第 227 頁。
〔註 37〕《程氏粹言》卷二，《二程集》，第 1225 頁。
〔註 38〕呂大臨：《禮記解・中庸》，《藍田呂氏遺著輯校》，第 303 頁。

這完全是禮家討好上級的贊詞，或者是太傅教育王儲的訓詞。這是從功名偉業上來說配天與天地參。功名偉業再大，也不足以配天，如果功名偉業眞的就能配天，能夠與天地參，與日月並明，與天地同壽，也就不有什麼朝代更替了。事實的情況往往是大江東去，淊盡英雄無數。但孔子的道德風範和聖人氣象，在哪個朝代可以輕忽？想掩蓋孔子的光芒，最終卻被孔子的光芒所掩蓋；想冰封道德的熱量，最終被道德的熱量所融化。

天道生生不已具有普遍性和必然性，這種普遍性包括內容上的普遍性和形式上的普遍性。內容上的普遍性是說，天所降生與物所秉受是以整體的形式出現的。天不只是以其一部分內容降生於物，物也不是只秉受天所降生的一部分內容。形式上的普遍性是說，天普遍地降生於萬物，而不是有選擇地降生於某一部分物；秉受於天之物是指天下所有之物，即萬物，而不是只有一部分物能夠秉受天之降生。天道生生不已的普遍性，對萬物來說，就具有了一種必然性。生生不已是天之所以爲天的本質規定性，天道普遍地降生於萬物的也只是這生生不已的特性。萬物也必然秉受天道之生生不已而成爲自己的德性，並在生命中全幅呈現這生生不已，內在德性的全幅呈現過程就是純亦不已。純亦不已是生生不已的表現，純亦不已一有停息，便無法表現生生不已的天道。

天道的本質在於其生生不已，這就是天德；人道的本質在於其純亦不已，這就是性德。天生萬物，生生不已，悠久無息，具有絕對的無限性。人能配天，性德擴充，至無於窮，達到無限性。而無限性只有一個，於是天德與性德合而爲一。對於天來說，是不已其命；對於人來說，是不已其德。天命於人，人得爲德，兩者在根源上是同一的。這個同一的根源就是天。

於是，《中庸》就在天道和人道的生生不已中體會感悟到天德與性德是同根同源的。此同一的根源就是生生不已之天道，所以道德的終極根源是天。

三、知人知天

《中庸》有兩章提到知人知天：

> 哀公問政。子曰：「文武之政，佈在方策。其人存，則其政舉；其人亡，則其政息。人道敏政，地道敏樹。夫政也者，蒲盧也。故爲政在人，取人以身，修身以道，修道以仁。仁者人也，親親爲大；義者宜也，尊賢爲大。親親之殺，尊賢之等，禮所生也。在下位不獲

> 乎上，民不可得而治矣！故君子不可以不修身；思修身，不可以不事親；思事親，不可以不知人；思知人，不可以不知天。」(第廿章)

> 王天下有三重焉，其寡過矣乎！上焉者雖善無徵，無徵不信，不信民弗從；下焉者雖善不尊，不尊不信，不信民弗從。故君子之道，本諸身，征諸庶民，考諸三王而不繆，建諸天地而不悖，質諸鬼神而無疑，百世以俟聖人而不惑。質諸鬼神而無疑，知天也；百世以俟聖人而不惑，知人也。是故君子動而世爲天下道，行而世爲天下法，言而世爲天下則。遠之則有望，近之則不厭。《詩》曰：「在彼無惡，在此無射，庶幾夙夜，以永終譽！」君子未有不如此而早有譽於天下者也。(第廿九章)

第廿章「思修身，不可不事親；思事親，不可不知人；思知人，不可不知天」一句話是有一定層次性的。由修身到事親再到知人，是在一個橫截面上由內到外地逐次展開。由知人到知天，則是在一個垂直面上自下到上地漸次展開。這一橫一縱兩個面向的交結點在於知人。而知人就是知仁，知人知天其實也就是知仁知天。仁即仁性，是道德本體；天即天道，是生物不測、生生不已之自然天。知仁之所以能知天，就在於仁性源於天道，天道是仁性的終極根源。

首先，知人就是知仁。這從「爲政在人，取人以身，修身以道，修道以仁。仁者人也，親親爲大；義者宜也，尊賢爲大。親親之殺，尊賢之等，禮所生也」一句話即可以看出。這句話的意思是說，爲政在於得人，而人在於有仁有義，仁義是人之爲人的本性。仁義表現於事和行就是親親和尊賢，親親和尊賢就是禮。爲政在於知人，思事親亦在於知人，而人之爲人在於仁。清儒楊亶驊說：「思事親不可以不知人，人字即『仁者人也』人字，知人之爲人不外於仁。則事親者仁其親，非定省虛文可託矣。思知人不可以不知天，天之所以爲天者仁，人之有是仁者即天。知人則知性，知天則知命，性命之理統於仁，知此則修身事親，自不容已，而取人爲政無難焉。」〔註 39〕知人是知人之爲人，人之爲人即仁，所以知人就是知仁。第廿九章「百世以俟聖人而不惑，知人也」也是說，前聖後聖，仁性相同，知人有此仁性，則知世世之人皆有此仁性。

其次，知天是知天道生生不已。天是指天理、天道。《中庸》第卅二章

〔註 39〕楊亶驊：《中庸本解》卷下，第 21 頁。

說：「唯天下至誠，爲能經綸天下之大經，立天下之大本，知天地之化育。夫焉有所倚？肫肫其仁！淵淵其淵！浩浩其天！苟不固聰明聖知達天德者，其孰能知之？」這一章提出「知天德」，而且明白地說知天德就是「知天地之化育」。天地之化育就是天道之生生不已。宋儒譚惟寅說：「知者，明其所以然也，明化育之所以然。」〔註 40〕天地化育之所以然即天地之本質特性，此本質特性即天地之生生不已，所以知天德、知天地之化育也就是知天道生生不已之特性。第廿九章「質諸鬼神而無疑，知天也」是對君子之道的一種形容。在《中庸》中，「君子之道，造端乎夫婦；及其至也，察乎天地」（第十二章）。君子之道建諸天地而不悖，質諸鬼神而無疑，其實就是針對君子之道「及其至也，察乎天地」說的，鬼神就是對天地生物無窮不已之無限性的形容。知天就是知天地生物不測、天道生生不已的特性中所蘊含的無限性意義。

其三，知仁必須知天。知人就是知仁，也就是知人的天命之性，亦即仁性，知天即知天道之生生不已的特性。「知人者，知人道之當然者也。仁者，天性自然之愛。親親者，天倫自然之仁，是乃天命之所以行也。知天者，知天道之本然者也。」〔註 41〕仁是親親之禮的內在根據，是道德的本體。行禮爲政，必須知人，人人皆有仁性，知人即是知仁。人有一種形上本能，光是知仁還不夠，還要追問仁性的終極根源，所以知人（仁）必須知天。

最後，知天才能知仁。由知人到知天的次序是順著人之一般思維習慣來說的，這個次序是以天命謂性這個定義爲基礎的。如果把這個次序顛倒過來，由知人到知天就成了由知天到知人，即由天道生生到仁性不已，天就成了仁性的根源。這也是知人知天論證所前定的一個結論，如果沒有這個前定的結論，知天要麼就成了偶然的，要麼就成了虛妄的，這都不是《中庸》所想表達的意思。所以朱子認爲「此處卻是倒看」，須將人與天的次序顛倒過來看，「知天是起頭處。能知天，則知人、事親、修身，皆得其理矣。」〔註 42〕

知仁必須知天，知天才能知仁，這種推理之所以能夠成立，就在於仁性源於天道。知仁必須知天，這是由儒學的內化發展和人類的形上本能所決定的。知天才能知仁，知天之所以能夠知仁，就是因爲仁是純亦不已之德性，

〔註 40〕轉引自衛湜《禮記集說》卷百三六，《四庫》120/330 上。
〔註 41〕郭嵩燾：《中庸章句質疑》，《續四庫》159/482 上。
〔註 42〕《朱子語類》卷六四，《朱子全書》16/2103。

這純亦不已之德性源於天道生生不已之天德。德性源於天道，性德源於天德，故天是性之終極根源。

四、盡性參天

「盡性參天」見於第廿二章：

> 唯天下至誠，爲能盡其性。能盡其性，則能盡人之性；能盡人之性，則能盡物之性；能盡物之性，則可以贊天地之化育；可以贊天地之化育，則可以與天地參矣。

這一章的關鍵是三個字，即誠、盡和贊。弄清了這三個字所要表達的內容，就可以知道《中庸》是如何把性的終極源頭推本於天的。

先說誠。誠就是性，是性之客觀內容。「自誠明，謂之性」，誠自然明通，內在的本性也就自然流露。當然，能夠自誠而明的人只有聖人。所以第廿章說「誠者，不勉而中，不思而得，從容中道，聖人也」。聖人的自誠而明就是至誠。第廿二、廿三、廿四、廿六和卅二章所說的至誠或至誠之道，都是從聖人或聖人之道而言的。

至誠即盡性。第廿五章說：「誠者，物之終始，不誠無物。」誠貫穿於萬物終始，誠是萬物所以然的內在本體，沒有誠萬物也就不成其爲物。人也一樣。誠是人人具足、萬物具足的實理。具有至誠實理是一回事，能否把內在的至誠實理充分表現出來是另一回事。聖人之所以爲聖人，就在於聖人能夠一刻不停地表現著自己的誠，無一息間斷地呈現著內在的性，這就是「文王之所以爲文也，純亦不已」。純亦不已地表現誠性就是至誠，就是自誠明，而一般人卻要經過自明而誠的工夫才能讓內在的誠性呈現，再加以擇善固執的工夫，才能不間斷地表現自己的誠性。其他萬物無所謂工夫，誠性只是潛在地具於體內，無法主動地表現、呈現出來，只有靠人來爲它盡性。人物之性相同，一個人能夠盡自己的性，也能夠盡別人的性，能盡人的性，也能夠盡物的性。一旦盡性，人物之性沒有不同，都是一個至誠之性。誠和性是從本體說的，人人具有，萬物具足；至誠盡性是從工夫說的，只有經過純亦不已的無限工夫才能達到。

再說盡。純亦不已的無限工夫就是盡。盡的一般意義是極致。達到極致的途徑有兩種。第一種是認知地盡。認知地盡是從效果上來說的，是無往不盡、窮盡的意思。朱子說：

> 「盡」云者，無所往而不盡也。盡於此，不盡於彼，非盡也；盡於外，不盡於內，非盡也。盡得這一件，那一件不盡，不謂之盡；盡得頭，不盡得尾，不謂之盡。〔註 43〕

認知地盡要求對事事物物都要條分縷析，弄個清楚，否則不能算是盡。所以朱子還說：

> 且如十件事，能盡得五件，而五件不能盡，亦是不能盡。如兩件事盡得一件，而一件不能盡，亦是不能盡。只這一事上，能儘其初，而不能儘其終，亦是不能盡。能盡於蚤，而不能盡於莫，亦是不能盡。〔註 44〕

認知地盡是一種量上的盡，量上的盡最終是不能盡。因爲在自然世界中，萬事萬物在量上是無窮的，對於有限的人來說，是根本無法窮盡的。這樣一來，認知地盡就面臨一個難題，盡性是不可能的，窮理是無法實現的。朱子自己也承認這一點：「蓋人心之靈莫不有知，而天下之物莫不有理，惟於理有未窮，故其知有不盡也。」〔註 45〕天理難明，窮理盡性也就成了一句空話。爲了避免這個困難，朱子只得說在人的認識上可能存在一種「飛躍」：

> 學者即凡天下之物，莫不因其已知之理而益窮之，以求至乎其極。至於用力之久，而一旦豁然貫通焉，則眾物之表裏精粗無不到，而吾心之全體大用無不明矣。〔註 46〕

「豁然貫通」其實就是一種飛躍，當量上的積纍達到一定程度之後，就會出現質的改變。但何時才能豁然貫通，何時才能有質的飛躍，卻極不容易把握，所以認知地盡就存在很大的偶然性。

第二種是道德實踐地盡。盡是從意願上來說的，是往盡、去盡、爲盡的盡。唐君毅說：

> 本仁智以自盡其性而自誠者，乃一純亦不已而相續無窮之歷程。盡人之性與盡物之性，亦爲一無窮之歷程。盡而不窮，則此盡非窮盡之盡，乃往盡之盡。往盡而更無窮盡，是爲盡而無盡之盡。故人物之無窮，聖人固亦終不能有一一皆完滿成就之之一日。然此非聖人不能往盡彼人物之性之謂；唯其是此聖人之盡己之性，盡人物之性

〔註 43〕《朱子語類》卷六四，《朱子全書》16/2114。

〔註 44〕《朱子語類》卷六四，《朱子全書》16/2112。

〔註 45〕《大學章句》，《四書章句集注》，第 6～7 頁。

〔註 46〕同上書，第 7 頁。

> 之歷程，原是一盡而無盡之歷程之故，是正所以見聖人之聖德之無盡也。〔註 47〕

盡是往盡之盡，而不是窮盡之盡。往盡是從意願上來說的，強調立志要去窮盡人物之性的主動性。窮盡是從結果上來說的，強調達到窮盡人物之性的結果。兩者表達的是盡性過程的一頭一尾。往盡是承認窮盡是無法實現的，即使聖人也不能完滿窮盡人物之性，所以不需要設定一個「飛躍」的過程。既然承認窮盡是不可能的，那麼盡性又如何說起呢？往盡的重點不在於盡的目標，而在於盡的主動性和盡的過程。這個過程就是純亦不已的無限性。純亦不已的無限過程本身就是盡性，性就存在於純亦不已之往盡、去盡的無限過程中。能夠純亦不已地去盡，也就是盡性了。

道德實踐地盡相信人物之性不是不可盡的，而是人人可盡的。但盡不盡之關鍵就是看能否自覺地做道德實踐。牟宗三說：

> 體現實體以成德（所謂盡心或盡性），此成德之過程是無窮無盡的。要說不圓滿，永遠不圓滿，無人敢以聖自居；然而要說圓滿，則當體即圓滿，聖亦隨時可至。要說解脫，此即是解脫；要說得救，此即是得救。要說信仰，此即是信仰，此是內信內仰，而非外信外仰以假祈禱以賴救恩者也。聖不聖且無所謂，要者是在自覺地作道德實踐，本其本心性體徹底清澈生命。此將是一無窮無盡之工作，一切道德宗教性之奧義盡在其中，一切關於內聖之學之義理盡由此展開。〔註 48〕

盡就是通過自覺地做道德實踐充分體現、充分實現內在的天命之性。自覺地做道德實踐就是往盡、去盡，它所強調的是道德的自願和自覺。人之所以會去自覺地做道德實踐，是因爲有一個內在的信仰，相信有一個性在內，而且此性可盡。在做道德實踐的一瞬間，本性立即呈現，那麼在這一瞬間也就盡性了。人人都能夠自覺地做道德實踐，每一個人都能夠盡性。〔註 49〕人們往

〔註 47〕唐君毅：《中國哲學原論・原性篇》，《唐君毅全集》卷十三，臺北：臺灣學生書局，1989 年，第 84 頁。

〔註 48〕牟宗三：《心體與性體》第一冊，《牟宗三先生全集》（5），第 8 頁。

〔註 49〕雖然朱子也說「盡心是就知上說，盡性是就行上說」，強調盡性是道德實踐的問題。但在朱子那裏，盡性究竟看來，需要通過盡心來完成：「盡心就所知上說，盡性就事物上說。事事物物上各要盡得它道理，較零碎，盡心則渾淪。』蓋行處零碎，知處卻渾淪。如盡心，才知些子，全體便都見。」（《朱子語類》卷六四，《朱子全書》16/2114）盡性是事上磨煉，是做道德實踐，

往不能盡性，是因爲他們不能夠自覺地無間斷地做道德實踐，「人人能盡其性，而不能者，物欲累之，而克全其性之誠故也」〔註 50〕。不能自覺地、無間斷地做道德實踐，原因又在於人爲物欲所障。沒有物欲之累，人人都能盡性。

最後來說贊。贊是讚助，推助。天地之化育就是天道生生不已。贊天地之化育就是推助天道生物的自然暢通，流行不已，使之毫無阻礙，毫不停滯。

爲什麼說盡性就可以贊天地之化育呢？這是因爲性就是天地之化育。盡性雖然可以在自覺的道德實踐中當下呈現，但自覺的道德實踐是一個無窮無限的過程，這就是文王之德，純亦不已。天地生物之道也是一個無窮無限的過程。無窮無限只能有一個，所以人道盡性之純亦不已與天道生物的生生不已是同一的，性與天道生生是同一的。人物既爲天地所生，人物之性也是天地所生。但天地之道，生物不測，是「不見而章，不動而變，無爲而成」的，只能通過人物之性才能見到天道生生。「人物之性與天地之化育，皆吾性之誠也。天地之性不可見而見之於化育也。然此非次第而言之也，猶曰：能盡其性，則能盡人之性，則能盡物之性，則能贊天地之化育，而與天地參也。其所言之若彼者，何也？以其理相因，非心知其意者，莫之能喻也。」〔註 51〕人物之性是內在的，不是立即可見的，要通過盡性明誠的工夫使它表現呈現出來。尤其是物之性，其自己不能自盡，須由人幫助它盡。盡己之性就是幫助天道在自己的生命中暢通流行，盡人之性就是幫助天道在別人的生命中暢通流行，盡物之性就是幫助天道在萬物的生命中暢通流行。盡性的過程也就是表現天道的過程。盡性就是贊天地之化育。一旦盡性，整個生命就洋溢著天道生生，「與天地合其德，與日月合其明，與四時合其序，與鬼神合其吉凶」（《易傳．乾文言》）。人物都有至誠之性，人人都可以通過道德實踐盡性，一旦盡性，立即成德成聖，與天爲一，與天地參。

爲什麼盡性就能夠贊天地之化育、與天地參呢？這裏也有一個預先的設

但道德實踐是零碎的，無法盡性。這只能求助於盡心，因爲心具有虛靈知覺的妙用，是能夠自動把握心理全體的。但心在發揮其妙用對整體進行把握時，朱子仍然採取了豁然貫通的飛躍方法。「才知些子，全體便都見」顯然就是豁然貫通的通俗說法。總之，朱子是不承認性體自身能夠在道德實踐中當下呈現的，盡性也不能通過道德實踐來直接完成的，必須通過格致才能達到。

〔註 50〕楊亶驊：《中庸本解》卷下，第 25 頁。

〔註 51〕晁說之：《中庸傳》，第 11 頁。

定，即天與性必然是同源的。自然天的生生不已具有無限性，是一個絕對的概念，是生生而不被生的。天與性同源，只能是性源於天，天是性的終極根源。這就又回到了《中庸》開篇第一句「天命之謂性」。有人問朱子：「『天命之謂性』，此只是從原頭說否？」朱子說：「萬物皆只同這一個原頭。聖人所以盡己之性，則能盡人之性，盡物之性，由其同一原故也。若非同此一原，則人自人之性，物自物之性，如何盡得？」〔註 52〕天是人與萬物之性的共同源頭，如果沒有這個共同的源頭，人與人、人與物、物與物之性可能根本不同，即使怎麼盡也不能必然得出「能盡其性，則能盡人之性；能盡人之性，則能盡物之性」的結論，更不能說將人與物之性盡後就可以贊天地之化育、與天地參了。

天命謂性、聖德配天、知人知天、盡性參天，《中庸》就通過這四個步驟論證了天是道德的終極根源。

現在對以上四個論證的有效性和價值意義做個評述。

在這四個論證中，第一個論證即天命謂性最爲重要。天命謂性是一種下定義的方式來直接宣稱，天命以其生生不已的特性而成爲性之終極根源。一般而言，一個定義中，定義項是不再需要證明的，或者說不證自明的，而且是被定義項最本質的內涵。在天命謂性這個定義式的斷言中，天命顯然是定義項，所以對《中庸》而言，這是不證自明的。這種自明性源於當時人們對於自然天的生活直觀。「天命之謂性」這個定義就是對所直觀到的生命感之總結。中國哲學的特質就在這裏。確切地說，後三個論證算不上獨立的論證，只能說是對天命謂性這個定義的印證或補充，或者說是這個定義的推演運用。

這些論證有一個共同點，都相信在終極源頭上，天人是合一的，而天人合一的契機或紐帶就是一個「生」字。天道天德生生不已，人道性德純亦不已。不已即無窮，無窮只能有一個，所以天人是合一的。天生萬物，天是無限的絕對的。所以天人合一的匯合點、歸結點就是天，天是終極根源。

從邏輯上來說，這些論證幾乎都可以說是無效的。就天命謂性這個定義來說，天既然是自然天而不是人格天，萬物是否爲天所生，這有待進一步考察。如果萬物是天所生，天如何生的萬物？這是無法予以邏輯的論證。退一步問，即使萬物爲天所生，萬物之性又如何與天爲一的呢？這也無法給以邏輯地說明。所以聖德配天、知人知天之說在邏輯上就是無效的。再退一步問，

〔註 52〕《朱子語類》卷六二，《朱子全書》16/2016。

即使萬物之性爲天所生，人與人、人與物或物與物所秉之性是否同一，萬物之性如何爲一？這也無法予以邏輯地論證。那麼盡己之性就可盡人之性、盡人之性就可以盡物之性以及盡物之性就可以贊天之化育、與天地參的推論，在邏輯上就可能面臨破產。

但從道德價值上說，這些論證具有極其重要的意義。天地之道，生物不測，聖人之德，純亦不已。生生不已就是生生之理、生生之機、生生之意。天人萬物同於一個「生」字，生生代表著一種奮發向上的生命感和價值感。如果沒有生生之機，天地如同枯灰。如果沒有生生之意，萬物咸若死水。如果沒有生生之理，宇宙一片寂滅。天便不成其爲天，人不成其爲人，物不成其爲物。

天地之道就是生生之道，生生不已就是價值，就是意義，就是天人性命的共同源頭。自然天是道德的終極根源，其實並不是說眞的有一個天道實體在那裏源源不斷地創生出人物之性，創生出道德本體。而是說天地之內，萬物生生，這生生不已本身就是價值的源頭。道德的意義歸根到底源於對自然天之生生不已的直觀。這種直觀又源於自然天與生活和生命的密切關係。上古中國，自然天直接決定著人們生活的質量和生命的價值。於是人們普遍相信，天之本質特性就是生生，此生生不已之特性是道德的終極源頭。對於道德的終極根源，不可邏輯地去理解，只能從生命和生活的價值和意義方面來理解。《中庸》關於道德終極根源的四個論證，就是從天對人生之意義和價值的角度來立言的。

第四節　道德終極根源之成因

颳風下雨的自然天，是如何升化爲充滿哲學意義的形上天的？日月星辰的自然天，是如何搖身一變而成了道德終極根源的呢？〔註 53〕對於這個問題，很流行的一種說法認爲，早期人類認識能力有限，往往把一些終極的問題推給天，道德的終極根源就是如此。這種解釋不是最終的答案。我們仍然

〔註 53〕這個問題不是一個小問題，很多人在這個地方始終理解不透，從而對《中庸》作出一些奇怪的批評。比如，譚宇權曾說《中庸》的思考方法是一種粗糙的方法，因爲「《中庸》作者竟膽敢以眞實世界的現象（如山河、日月、動植物——見第廿六章）來論萬物之本源。這豈不又有張冠李戴之嫌嗎？」（《中庸哲學研究》，臺北：文津出版社，1995 年，第 238 頁）

可以繼續追問：人們爲什麼會把道德的終極問題推給自然天而不是上帝呢？又是如何把道德的終極根源推給天的呢？事實上，自然天成爲道德終極根源有兩個因素：一是上古周人的農業生活與自然天的特殊關係，二是在這種天人關係中，人們對自然天的情感投射。經過情感投射，自然天被生命情感化爲形上天，從而成了道德的終極根源。前者是其客觀方面的因素，後者是其主觀方面的因素。這兩個因素決定了自然天轉化爲形上天，並成爲道德的終極根源。這個過程並不神秘，不過是生活實踐內化和生命情感投射共同作用的結果。

一、周人農業生活對自然天之依賴

人類的形上本能與儒學的內化發展，必然要求爲道德尋找到一個終極的根源。晚周時期尋找道德的終極根源，有兩種同時並存的傳統資源可供選擇，一是帝，一是天。天包括人格天和自然天。在周初，帝與人格天可以互換，都具有宗教性的人格。帝和人格天都具有成爲道德終極根源的可能性。尤其是帝的傳統，根據考古學和出土文獻的研究成果，上帝崇拜在上古中國是一個非常強大的傳統。但是《中庸》爲什麼最終沒有選擇帝或人格天作爲道德的終極根源，從而使儒學像古希臘古羅馬哲學那樣走上宗教的信仰之路，而是選擇了自然天，從而使儒學走上了哲學的理性之路？〔註 54〕由於自然知識的局限，古人沒有也不可能做出合理而完整的解答。從現代的眼光來看，這個問題的答案與自然天對周人農業實踐的決定性影響有緊密的關係。

商周以降，華夏文明便與農業生產息息相關。殷人起初是以畜牧爲業，後來以農業爲主。周人更是以務農興業。傳說周人的始祖后稷是舜的農師，即管理農業的官員，死後被奉爲農神。「稷」本來就是一種像小米一樣的農作物，「周」字的古文字形（甲骨文：；金文：）也象田中有種植，由此可見周人的確應當相當擅長農業。此後，由於夏人政衰，周人「去稷不務」，放棄祖業，過了很長一段戎狄生活。但在文王之前四百多年的時候，周人另一祖先公劉「復修后稷之業，務耕種，行地宜」，重操舊業，恢復了農民身份，「周道之興自此始」。〔註 55〕此後的十多個世紀，周人一直以農耕爲業。

〔註 54〕中國先秦與古代希臘的哲學形態與地緣關係之比較，可參見高懷民《補全本中國先秦與希臘哲學之比較》第一章，1988 年臺北自印本。

〔註 55〕《史記·周本紀》，北京：中華書局，1987 年，第 112 頁。

早期中國人的農業生活與農業實踐一直圍繞著黃河流域展開。夏王朝的宮殿建築在黃河上游，商王朝的都城則奠基於黃河下游。周人最初居住在涇渭一帶，到了古公亶父（《中庸》所提到的「大王」即其封號）及其子季歷（即《中庸》所提到的「王季」），先後遷居豳（今陝西邠縣附近）和岐山（今陝西岐山縣境內）。武王克殷以後，周族勢力不斷向東推進，周人的農業生活圈才由黃河上游不斷向黃河中下游滲透。

早期中國文明之所以有這種地域選擇，是由於黃河流域的自然條件適宜於農業實踐。這也是早期人類的共同選擇。影響農作物生長從而決定國家財政收入和農民經濟收成的關鍵因素有兩個：一是土壤；二是氣候，尤其是降雨。黃河流域是典型的黃土地帶。黃土是一種經颳風堆積而成的顆粒均勻、疏鬆易碎的土壤，適宜原始農耕。〔註 56〕夏商到西周中葉，黃河流域氣溫比現在略高，氣候比較溫和，適宜民生居住。〔註 57〕這都是黃河流域成爲中國早期文化發祥地的必要條件。

然而，必要條件並不總是有利的因素，相反，有時還會成爲不利因素，甚至是災害。黃土地帶雖然適於原始農具耕作，但是易受旱澇雙重威脅。黃土疏鬆易於滲水，卻不易於蓄水，長期雨量不足時，馬上顯出旱情；黃土易碎適宜耕作，但也易被沖逝，降雨稍有過量，立即出現澇情。晉陝甘的黃土高原，一年之內大部分季節雨量稀少，很容易出現大旱，導致穀枯無收。中國地處季風帶，到了夏秋之際，往往暴雨突降，導致黃河泛濫、黃土流逝，時值農作，很容易對民生遭成極大傷害。

在這種情況下，人們就必須重視土壤和氣候對農業的影響，並想方設法充分利用其有利性。土壤即地，其有利性即地利，氣候即天，其有利性即天時。天時，地利，再加上人力的耕作即人和，構成了中國古代的「三才」觀念。《管子．五輔》說：「上度之天祥，下度之地宜，中度之人順」，「天時不祥則有水旱，地道不宜則有飢饉，人道不順則有禍亂」。《呂氏春秋．審時》也說：「夫稼，生之者，地也；養之者，天也；爲之者，人也」。《春秋繁露．立元神》還說：「天地人，萬物之本也。天生之，地養之，人成之。天生之以

〔註 56〕何炳棣：《黃土與中國農業的起源》，香港：香港中文大學出版社，1969 年，第 202 頁。關於黃河流域的地文條件，本論文多參考此書。

〔註 57〕竺柯楨：《中國近五千年來氣候變遷的初步研究》，《考古學報》，1972 年第 1 期；劉昭民：《中國歷史上氣候之變遷》，臺北：臺灣商務印書館，1992 年，第 33～52 頁。

孝悌，地養之以衣食，人成之以禮樂。三者相爲手足，合以成體，不可一無也。無孝悌，則亡其所以生；無衣食，則亡其所以養；無禮樂，則亡其所以成也。」天時、地利、人和「三才」與稼穡耕種有著本原的關係。儒家將這種「三才」觀進一步普遍化、哲學化。《中庸》第廿二章說：「唯天下至誠，爲能盡其性；能盡其性，則能盡人之性；能盡人之性，則能盡物之性；能盡物之性，則可以贊天地之化育；可以贊天地之化育，則可以與天地參矣。」至誠之人能盡人之性、盡物之性，從而與天地並立爲三。這一思想爲孟子和荀子所繼承。孟子說：「天時不如地利，地利不如人和」（《孟子》4.1）。荀子說：「農夫樸力而寡能，則上不失天時，下不失地利，中得人和，而百事不廢」（《荀子》11.25），還說：「天有其時，地有其財，人有其治，夫是之謂能參」（《荀子》17.2）。荀子「能參」之說與《中庸》「與天地參」之說很可能有著直接的思想聯繫和觀念承繼。到了《易傳》，「三才」說最終出現：「有天道焉，有人道焉，有地道焉。兼三才而兩之，故六。六者，非它也，三才之道也。」周人的原始農業屬於非灌溉型農業，雖然有黃土之地利，但如果氣候不順，降雨不時，仍然不行。所以風調雨順（天時）遠比土地肥沃（地利）更爲重要。人們對於天時的注重程度也必然要遠遠高於地利。「三才」以天時爲首，原因也正在此。

天時最初當然是指自然天，天對農業之最大影響是氣候。《說文》說時是四時，段玉裁注釋說四時是春、夏、秋、冬四季，進一步引申爲歲、月、時、刻等時刻。據此而言，天時即四季變遷所帶來的氣候變化。天時應用於農業生產就是農時。根據四季氣候特徵安排相應農業實踐，就是合於天時，「不違農時」。合於天時就「穀不可勝食」（《孟子》1.3）。違反氣候規律強行進行農業活動，就是違反天時，「奪其民時」。違反天時就「使不得耕耨以養其父母。父母凍餓，兄弟妻子離散」（《孟子》1.5）。中國的農曆、二十四節氣的形成都源於對天時及其對農業生活之影響的觀察探索和總結。

周代蔚蔚大觀的禮儀文化也可能源於天時和農時。天時是農業之主宰，農耕是生計之根本，人們根據季節不同而春耕夏播秋收冬藏。在耕播收藏的時候，人們都要進行相應的祭祀和祈福儀式，有一些儀式就轉化爲禮。這種轉化從「禮」的字形也可以看出痕迹。《說文》說：「禮，所以事神致福也，從示從豊」。又說：「示，天垂象，見吉凶，所以示人也。觀乎天文，以察時變。神事也。」豊是「行禮之器，從豆」。人們根據天文圖象所顯示的吉凶變化，以預測和祈禱農作之順利豐收。這些祭祀和祈福儀式很可能就是禮之最初來源之一。也正因此，「禮以順時」(《左傳》成公十六年)，「禮，時爲大」(《禮記·禮器》10.4)，「相時而動，無累後人，可謂知禮矣」(《左傳》隱公十一年)，禮要合於天時農時。

天時之天當然是自然天。天以時變，四時不同，自然天就具有不同的名稱。成書於戰國末年的《爾雅·釋天》說：「穹蒼，蒼天也。春爲蒼天，夏爲昊天，秋爲旻天，冬爲上天。四時。」天本來就是一片蒼茫穹窿，但由於季節不同，天空呈現出不同的形態，因而天也就有了春、夏、秋、冬等不同的名稱。相反，草原游牧民族往往只有一個天，那就是「天蒼蒼，涯茫茫」之天。一般而言，一個對象的名稱越具體，表明人們對該對象的關注程度越高。比如，漢語中表示人倫的稱謂名詞遠遠多於拉丁語系，這是因爲中國的倫理關係複雜於拉丁語民族，中國人對人倫的關注要更多於拉丁語民族。天的情況也是如此。對於從事農業實踐的農民來說，天對他們生活的影響更大，與他們生命的關係更密切，因而農民對天氣變化和氣候變遷就更加關注，觀察也更加細微，於是自然天也就會根據這些細微變化獲得了不同的名稱。在黃土地上辛勤勞作的人們，面對春夏秋冬四時之天的不同景觀油然而生的生命情感，與草原牧民或海洋漁民的感覺絕對不會一樣。尤其是「萬物蒼蒼然生」〔註 58〕的春天裏，黃河兩岸，草長植茂，春意昂然，長空萬里，一片生機，很容易讓人產生無限的遐想和生命的感悟。

以上是從自然天對農業實踐和民生國計能夠產生的影響出發，而對自然天地所作的最一般、最起碼、也最可能的分析。氣候和土壤影響甚至決定著農業實踐和國計民生，於是人們就極其關注天時與地利等自然現象，這完全在情理之內。但在宗教意識控制人類精神的歲月裏，人們很容易產生這樣的觀念：存在著超越的力量，他們影響著植物生長，決定著國計民生。於是人們就認爲，天地兩個自然因素是超越的力量，地負責土壤的肥沃，天負責降雨的適量。當天時被賦予超越的力量以後，天就成爲一種具有無限意志的人格天，天時也就成了天命。比如《尚書·多士》就有「時惟天命」的說法。天不再是自然天，而是具有無限意志的超越力量；時也不再是自然界的四季變遷和氣候變化，而是代表人格天的絕對命令。對人格天的崇拜就逐漸產生。從目前的文獻來看，天似乎一開始就不曾從自然天的角度被認識或理

〔註 58〕郭璞注《爾雅·釋天》「春爲蒼天」語，見《爾雅注疏》卷五。

解，天甫一出現就是人格天。人格天觀念得到極端強化並最終取得與帝同等尊崇的地位，在西周初年的政治宣傳中可以廣泛見到。在這種政治宣傳中，人格天觀念的有效形式是「天命有德」，這對周初建國立祚產生了非常積極的作用。

然而好景不長，到了西周中晚期，人格天的一統地位受到普遍懷疑。最後，像失去了權柄的皇帝一樣，人格天褪去了神聖的人格光彩，隱沒於人們的普遍埋怨之中。代之而起的是自然天，並最終成了儒家形上學的道德終極根源。

總之，自然天成爲道德的終極根源有其實踐上的合理性。這個合理性就在自然天與上古農業生活實踐的緊密關係之中。影響黃河流域農業生產的兩大因素是氣候和土壤。氣候即天時，土壤即地利。兩者與萬物生長和農民生命密切相關。可以說，人們關注天時和地利，是因爲它們與生長和生命有密切關係。對天地和地利的關心，其實是對生長、生活和生命的關心。天地最本質的意義就在它們與具體的農作物之生長和農民的生命生活之關係中。當天與時從農業實踐的意義逐漸擴大以後，生活體驗式之天時觀念就轉變爲哲學化、理性化之天道概念。於是《尚書．大禹謨》也就可以說出「時乃天道」這種極具哲學味道的話頭了。天、地合起來說就是「天地之道」，又因爲天對於農作之殊勝地位，又可簡稱爲「天道」。

天道脫離了與農業的最初關係以後，其本質也就從與具體的農作物之生長和農民的生命生活之關係中解放出來，只保留了生長、生活和生命的意義。最初，自然天是因其與生長、生活和生命的關係而得到關注，現在，當自然天從具體的天時轉化爲哲學的天道後，生長、生活和生命之「生」成了自然天的本質特性。《中庸》第廿六章說：「天地之道，可一言而盡也。其爲物不貳，則其生物不測。」自然天或天地之道的本質特性是生物不測、生生不已。生物不測、生生不已之生即生活、生命之生。《中庸》正是從自然天的這種本質特性中推證出了道德的終極根源。

二、自然天之生命情感化爲形上天

從主觀上來說，自然天成爲道德的終極根源，源於天人之間的生命情感交流。人把自己的生命情感投射給自然天，獲得了生命情感的自然天便成爲生生不已的形上天；形上天又以生物不測的方式賦予宇宙萬物以道德生命，從而成爲道德的終極根源。

天只是自然天，只是一個穹窿蒼蒼的天空。四時運行，天空呈現出不同的景觀，人們根據氣候的四時變遷和天空的景觀變化，劃分出了蒼蒼的春天、浩浩的夏天、愍愍的秋天、悠悠的冬天。但是無論怎麼劃分，天只是一個自然天，「蒼蒼之謂天。運轉周流不已，便是那個。」〔註 59〕天只是一個蒼蒼茫茫、運轉不息的天空。

但對於其生命、生活、生計極端依賴於天的農民來說，不同季節的天空所呈現出的不同景觀象徵著不同的生命意義，於是農民也自然會對天產生不同的生命情感。人們在不同的季節要行不同的禮儀，在這些不同的禮儀中，貫注著不同的生命情感。比如《禮記》提到：「是故君子合諸天道：春禘秋嘗。霜露既降，君子履之，必有悽愴之心，非其寒之謂也。春，雨露既濡，君子履之，必有怵惕之心，如將見之。」（《禮記．祭義》24.1）春雨潤澤，萬物萌動，踩過一窪春雨，就像在踐踏無限的生命，不由自主就會產生一種怵惕惻隱的仁心愛情。秋露遍灑，寒意襲心，側身走過，霜露披落，不免對有限生命發出悲愴淒傷之感。之所以會產生這種生命情感，歸根到底就在於天與農作物生長的關係，而這種關係又與農民的生命生計息息相關。

自然天成爲道德的終極根源，一個重要原因就在於自然天與農業生活實踐的這種特殊關係中油然產生的生命情感。關於這一點，可以從以下幾點來理解：

第一，情感投射在自然天成爲道德終極根源的過程中扮演了十分重要的作用。自然天本來沒有道德性，沒有生命性，只是由於對農作物起到決定性影響才爲人們所關注。農作物的生長發育狀況關係著人們的生命和生活，人們對農作物的生長有著極其深刻的生命情感。由於天與農作物的關係，人們對自然天產生一種極其深刻的生命情感。這樣，人們便將自己對農作物的生命情感反射到自然天，使自然天也獲得了濃濃的生命情調，並認爲自然天本來就具有人類的種種情感和意志。

這種天人關係就是一種「活動化之情意觀」〔註 60〕，借用現代心理學上的說法，就是「情感投射」〔註 61〕。自然天本來無生命無情感，天的生命情

〔註 59〕《朱子語類》卷一，《朱子全書》14/118。

〔註 60〕唐君毅：《如何瞭解中國哲學上天人合一之根本觀念》，《中西哲學思想史之比較論文集》，《唐君毅全集》卷十一，臺北：臺灣學生書局，1988 年，第 135 頁。

〔註 61〕「投射」（projection）原是一個心理學術語，指童稚期的一些心理行爲和心理

感是人把自己的情感生命投射給它的。當然，這種情感不是心理學上的心理情感，而是一種生命情感、道德情感，甚至可以說是一種超越的宗教情感。

經過情感投射，天獲得了生命情調，獲得了道德意義，獲得了倫理價值。古人們將人的情感與天的情感相比照，這就是古人的「效天」觀念。《左傳》說：「爲溫慈惠和，以傚天之生殖長育」（昭公二十五年）。效天即仿傚天。天有生殖長育之德，人就有生生不息之性，天對人事具有決定作用，人必須順天應時，方能事事成功。順天應時，要求仿傚天的生生之德，時時護守人的生生之性，進而達到天人合一之境。《中庸》之配天、參天觀念就是從天人之間生命情感交流中產生出來的。參天是從盡性而來，盡性就是讓生生之性像天時運行、天道生生一樣無窮無盡，全幅展現。陸象山說：「《中庸》言『贊天地之化育』，而必本之『能盡其性』。人之形體與天地甚藐」。〔註 62〕象山所說的形體即人之手足四肢等有生命的形體。手足四肢能夠活動自如，是因爲它們都滲透著生命的躍動。而且生命的躍動與自然天的生生之德是同一的。人之四肢與天地相比雖然微不足道，但在本質上卻是同一的。可以說，形體是一小天地，天地是一大形體。漢代的天人哲學大概就是對這種思想的扭曲發展。

第二，經過情感投射，自然天被賦予了濃濃的生命情調。天本來是天然而自然的蒼茫天空，沒有任何顏色，沒有任何生命，更無所謂情調。但是農作物的生長、人們的年稱收成、國家的財政收入都決於天時天道、繫於自然天。於是人們認爲決定他們生命生活的就是悠悠蒼天。而且，放眼望去，眾生的生長發育，萬物的繁茂凋零，無不與天空的日月運行，四季的斗轉星移同步發生，似乎是天給予了萬物以生。於是人們就把對自己生命的關愛之情，對自己生活的關注之感，傾盤投射給了自然天。其實，並不是自然天本身有什麼情感，也並不是自然天本身有什麼生命，只不過是自然天被一種不自然的眼光來看時便不再是自然天了，具有情感和生命的不是天而正是人本身。《禮記》早就說過：「人者，天地之心也」（《禮記．禮運》9.15）。這裏的心是從生命情感來說的心。人以自己的生命情感注入於天地，天地也就有了生命

現象。兒童往往認爲，外界的事物和他人與自己是同一的，進而把自己的思想、態度、願望、情感或特徵等不自覺地反映於外界的事物或他人，並按自己的情感、動機或欲望去覺知相應的情境。參見張春興《張氏心理學辭典》「投射作用」條，臺北：東華書局，1989 年，第 512 頁。

〔註 62〕《陸九淵集》卷三十《天地之性人爲貴論》，第 347 頁。

情感。天地本無心，以人心爲心。天地本無情，以人情爲情。天地本無生，以人生爲生。

人的情感是對自我生命時時關愛的生命情感，是對自身生活處處關心的生活情調。人的生命和生活與農作物的生長發育息息相關，放大開去，與萬物眾生的生長發育息息相關。所以人的生命情感和生活情調，就是人自身的生命生活，就是萬物的生長發育。簡單地說，人的生命情感和生活情調就是一個「生」。天從人這裏獲得的情感，也就是這種生命情感和生活情調。清人包儀曾說：「天地無心，以生物爲心。」〔註63〕包儀這句話可以追溯到程伊川所說的「天地無心而成化，聖人有心而無爲」〔註64〕。這種話頭後來幾乎成了宋明儒者的口頭禪。宋人張浚說：「天地貴生、貴仁、貴陽、貴君子，天地無心，以天下萬物心爲心。凡天下萬物所甚喜而愛之欲之者，天地之心也。夫肅殺於秋冬，而萬物敷生於春，生生之功，於是不窮。原天地本心，生而已，仁而已，貴陽、貴君子而已。聖人出而以生物爲己心，亦天地心也。」〔註65〕明人蔡清說：「天地之心何心也？天地以生物爲心也。陽主生，天地之心，生生不已之心也。天地無心而成化，天地之心，無心之心也，只是『維天之命，於穆不已』。……先儒皆以靜爲見天地之心，蓋不知動之端乃天地之心。天地之心即所謂仁也，天地無心而成化，而必曰天地之心者，蓋天地以生物爲心，乃無心之心也。天地之心，亙古今無間也。」〔註66〕明人來知德也說：「天地無心，生之不息者乃其心也。剝落之時，天地之心幾於滅息矣。今一陽來復，可見天地生物之心，無一息之間斷也。一陽之復在人心，則惻隱羞惡辭讓是非，性善之端也。」〔註67〕從發生的觀點看，這些都可以說是對儒家天人哲學本質命脈的準確把握。

天地本無心，以生物爲心；天地本無情，以潤生爲情。人不能無心，不能無情，人心就是其生命，人情就是其生活。生命不只是形骸軀殼之自然生命，而是自然生命所以爲生命之形上意義，生活也不只是日出日落之經驗生活，而是經驗生活所以值得生活之內在價值。而生命之形上根據與生活之內在價值都是生生不已的道德生命和精神生活。如果沒有了生生之意義和價值，人不成其爲人，物不成其爲物，天更不成其爲天。所以二程評價《道德

〔註63〕包儀：《易原就正》卷五，《四庫》43/451 上。
〔註64〕《程氏經說》卷一，《二程集》，第 1029 頁。
〔註65〕張浚：《紫岩易傳》卷三，《四庫》10/79 上。
〔註66〕蔡清：《易經蒙引》卷四上，《四庫》29/253 下。
〔註67〕來知德：《周易集注》卷五，《四庫》32/169 上。

經》第五章「天地不仁，以萬物爲芻狗；聖人不仁，以百姓爲芻狗」時說：「謂『天地不仁，以萬物爲芻狗』，是也。謂『聖人不仁，以百姓爲芻狗』，非也。聖人豈有不仁？所患者不仁也。天地何意於仁？鼓舞萬物而不與聖人同憂，聖人則仁，此其爲能弘道也。」〔註 68〕老子所說的天，也是自然天，自然天本來無所謂仁不仁的，所以說「天地不仁，以萬物爲芻狗」是可以的。但人卻必須有生命的價值和生活的意義，否則就根本不成其爲人，所以說「聖人不仁，以百姓爲芻狗」就不可以。

第三，經過情感投射，自然天就被生命情感化爲形上天。純粹的自然天只是一片蒼茫穹窿，甚至只是一片虛空，是沒有任何顏色的。但經過情感投射，自然天就獲得了生命情感和生活情調，生物不測之自然天就轉化爲生生不已之形上天。天就具有了普遍的倫理價值和道德意義，就成爲一個具有超越性的情感生命實體。這個實體具有人格性時就是人格天，不具有人格性時就是形上天。春秋以後，人格天沒落，天的人格性褪去，只剩下蒼穹一片自然天，進而轉化爲形上天。形上天所具有的唯一特性就是從人那裏獲得的生命情感和生活價值，即生生不已的特性。這一特性是從人這裏投射上去的，天之生生不已的特性，其實就是人類的生命本質和生活價值。

天本來根本無所謂實體，一旦獲得了生生不已的特性，就成爲了一個實體。這個實體其實無所謂實體，只是一個虛擬的實體，是從人這裏投射上去的影像。當然也可以說天道實體不是虛擬的而是實實在在的，因爲人的生命實體是實實在在的。天道實體不是虛擬的，是實實在在的，它就是人之生命實體本身，是人之生命實體的客觀化，是人之生命實體之上推〔註 69〕。在古人看來，在把自己的生命和生活以情感的形式向上投射給天時，不是投射一個虛擬的影子，而是在將自己的生命實體本身予以客觀化。於是天道實體就是生命實體，是生命實體的客觀化。

生命實體之所以能夠客觀化爲天道實體，是由於當時的人還不能分清內外兩種無限性。在這世界上存在兩種無限性，即外在世界的無限性和內在生命的無限性。外在世界的無限性有一種絕對的決定性，內在生命的無限性也有其嚴格的規定性。外在世界當然是無限的，而且無限的外在世界對生命的

〔註 68〕《程氏外書》卷十一，《二程集》，第 410 頁。

〔註 69〕熊十力對此曾有洞見：「……天，只是將自家本性推出去說，名爲天耳。」見《明心篇》，《熊十力全集》，武漢：湖北教育出版社，1994 年，第 187 頁。

外部條件具有決定作用。作為外在的無限性，天時和地利對生命條件和生活方式起著決定作用。內在生命也是無限的，萬物本自生生不已，但內在生命之無限性也必須按照一定的規定性運行著，一種物卻只能生出同一種物。古人對外在的決定性和內在的規定性區別不清，認為既然內在的規定性不能由人來決定的，與外在的決定性一樣，內在的規定性肯定也是外在的，是超越於人的。這種認識最初是盲目的自然崇拜，盲目崇拜的結果就是人格天的形成；後來是理性的形上探索，理性探索的結果則是形上天的形成。

實際上，內在的規定性是生命實體之客觀面，仍然是生生不已本身的規定性，仍然是人之生命實體固有的特性。生生不已的決定力量並不存在於外，生生不已的規定性就在生命內部，內在的規定性就是其決定力量自身。一種物只能生出一種物，是生命本身即具有的規定性，而不是外在任何力量所給予的。生命本身所具有的這種必然如此的特性就是生命之客觀面。生命不息和生生不已本身具有主觀和客觀兩個方面：主觀的一面是人能夠自己意識並能加以控制的一面，客觀的一面是生命本身本來如此、天然自然、必然定然而無須任何控制和操縱的一面。對於主觀的一面，人們知道它就是內在的，是為我所有的。但對於客觀的一面，人們往往卻會認為它是外在的，由外面注入給於人的。

所以究實而言，天命實體就是生命實體，是生命實體之客觀化或客觀面。湛甘泉說：「天地無心，卻有主宰在。牛生牛而不生馬，桃生桃而不生李，要亦天地生生變化只有此數而已。」〔註 70〕天地無心，當然也無所謂主宰。牛生牛而不生馬，這是生命本身即有的規定性、主宰性，這個規定性、主宰性並不在外，生命本身自做主宰，生命實體本身就是其主宰性、規定性。說天地是主宰，只不過是把生命內在的自做主宰、自我規定客觀化罷了。也就是說，天命實體、天地之道只不過是生命實體之客觀化或客觀面。

第四，天成為道德的終極根源，成為天命實體，經歷了一個從下往上，然後再從上往下的曲折，而不是直接從上往下一竿子通到底。這個曲通的過程分為兩步。第一步可以用心理學上的「情感投射」來說，第二步可以用美學上的「移情作用」來說。〔註 71〕

〔註 70〕湛若水：《理學聞言》，《明儒學案》卷三十九，《黃宗羲全集》第八冊，杭州：浙江古籍出版社，2005 年，第 211 頁。

〔註 71〕「移情作用」（empathy）原本是一個美學概念，後來被心理學家採用。移情第一步是從下往上、從人到天。自然天本來無所謂實體，當人把自己生命實體之客觀面以情感的形式投射給天之時，天也就獲得了生命情調，從而成了天命實體或天道實體。《中庸》第廿章說：「思事親，不可以不知人；思知人，不可以不知天」，第廿二章又說：「唯天下至誠，爲能盡其性；能盡其性，則能盡人之性；能盡人之性，則能盡物之性；能盡物之性，則可以贊天地之化育；可以贊天地之化育，則可以與天地參矣」。知人可以知天，是因爲天具有與人相同的性；盡人盡物之性而可以與天地參，也是因爲天地具有與人與物相同的性。天本來無情無心無性，經過從下往上、從人到天的情感投射，生命實體之客觀面獨立出去，天道實體也就確立起來。

第二步是從上往下、從天到人。天道實體是由生命實體之客觀面獨立出去的，這決定了天道實體必然是客觀的。天道實體之客觀性又可以分解爲兩種性狀：一是超越性，二是普遍性。超越性是說：生命實體生生不已，總不停息，不是任何一個人所能阻擋的，似乎有一種外在的超越力量在遙控著。其實並沒有什麼外在的超越力量，這超越的力量就在生命實體內部，是生命實體之客觀方面。當這種客觀方面在人們的生命中被意識到但又沒有清楚地知道到何以如此的時候，生命實體的客觀面就獲得了超越性，而且似乎是在生命的外面。這也是人們往往把超越的東西理解爲外在的一個原因。「天命之謂性」，天命本來是人格天的形式，人格天是一種外在的超越力量，它以命令的形式操縱著普天之下的芸芸眾生。但《中庸》之天是自然天，「天命之謂性」只是一種比擬說法，好像有一種外在的超越力量命給人以性。自然天一方面表示生命實體本身具有超越的一面，另一方面表示生命實體之生生不已是天然而自然的。「命」表示生命實體之生生不已好像命令一樣是必然而定然的。

普遍性是說：萬物生生，生生不已，生命本身流行到哪裏，哪裏就必然呈現出一片生機。四時運行，萬物生生，這兩者同步進行，毫無例外。與自然天之超越性一樣，自然天之普遍性看起來也是外在的，其實也是生命實體本身即具有的。四時運行，萬物生生，生命本身就是如此，生命本身就普遍

作用也就是我們常說的「同情」，是情感投射的一種。情感投射與移情作用的區別在於情感投射往往是一種單向的過程，而移情作用是一種雙向的過程。經過移情作用，被情感投射的對象與人渾然一體，合而爲一。所以移情作用其實可以看作情感投射的高級形態。（關於移情作用的詳細介紹，可參見朱光潛《文藝心理學》第三章，《朱光潛全集》第一卷，合肥：安徽教育出版社，1987 年，第 233～238 頁）

如此，這本來就是生命實體本身應有之意。

這兩步的綜合是形上天成爲道德終極根源的完整過程。從人到天是情感投射，經過情感投射，自然天被生命情感化爲形上天。從天到人是移情作用，經過情感作用，物我同一，天人合一。

從人到天，再從天到人，從下往上，再上往下，中間有一個曲折。這個曲折過程就是《中庸》第廿三章所說的「曲成」:「其次致曲。曲能有誠，誠則形，形則著，著則明，明則動，動則變，變則化。唯天下至誠爲能化。」天只是一個自然天，只是一個蒼蒼穹窿，天本身是沒有顏色的，是無所謂道德不道德的，天之道德性是人之道德性投射上去的。《中庸》「天命謂性」模式雖然也是從天到人、從上到下，但這是以知人知天、盡性參天爲前提的，這中間有一個曲通。這個曲通是理性發展的結果。《中庸》明白，天是自然天，單純從天往下說是行不通的。天命謂性當然也可以說是一種宇宙論，但這不是人格宇宙論，也不是自然宇宙論，而是一種人文宇宙論。其人文性就表現在從人到天、從下往上的這個曲折中。這個曲折是理性化的表現。《中庸》宇宙論還可以說是一種德性宇宙論〔註 72〕，《中庸》通過「誠」這一德性概念，自上而下貫通天與人物。天之道德性是人以情感投射的方式投放上去的。這種情感是文化的道德情感而不是心理學的動物性情感，所以《中庸》宇宙論還可以說是一種「情感宇宙論」。

自然天本來就是上古人類自然崇拜的普遍對象。由於天時變遷與萬物生長是同步的，遠古人類會普遍認爲，天就是生命的來源，從而產生天神的自然崇拜:「上古人類仰觀蒼蒼者天，赫赫者日。日升爲晝，大地忽明，日蒼爲夕，月星並見，晝夜交嬗，四季遞變，或雲雷鬱閃，風雨交施，萬生資始，品物流形，漸久知人及萬物之所以生，皆天之所賜。於是，乃發生對於天神之崇拜。此崇拜在世界各民族中，不但分佈甚廣，且多繼續至於後來由古時各大國之神名及其所遺留之廟宇可證。」〔註 73〕

既然如此，各種文明系統裏都應該經過與周人天命思想大致相同的歷程。自然天不只是生活在黃河流域的周人頭頂的那一片蒼天，這片蒼天也曾被商人頂戴過五個多世紀，這片蒼天與同一時期地中海北岸、雅典上空的自

〔註 72〕錢穆：《中國思想史》，臺北：臺灣學生書局版，1995 年，第 92 頁。

〔註 73〕胡厚宣：《殷代之天神崇拜》，《甲骨學商史論叢初集》，成都：齊魯大學國學研究所，民國三十三年，第 281 頁。

然天不會有本質的區別，這片天與其它文明帶，比如西南亞兩河流域、東北非埃及尼羅河流域和印度西北部印度河流域的自然天，也不會有什麼本質的區別。那麼爲什麼商代的人們沒有產生對天的絕對信仰？在西周與天並稱的帝在人格天沒落以後爲什麼沒有成爲道德的終極根源？

先來回答第一個問題。這個問題可能與商周兩族最初的居住地帶和生活方式有關。商人最初居於森林，以畜牧業爲主，而周人居於黃土高原，以農業爲主。因而商人對天空的直感遠沒有周人親切，商人生命和生活對天的依賴也遠沒有周人對天的依賴性強。

關於周人居住地域和自然天的關係及周人對自然天崇拜的原因，史學界曾有一種觀點：

> 周人崇拜自然的天，殆亦有緣故。由先周以至克商，周人活動範圍全在晉陝甘黃土高原的西半邊，地勢高亢，雨量稀少，平均年雨量在每年五公釐（毫米）以下，比之秦嶺漢水區有一千公釐（毫米）年雨量，相去甚遠。是以晉陝甘黃土高原上，除夏季暴雨，難得幾天陰雨，地上植被，也因此只有農作物及小灌木，這一帶地形，雖有起伏的原梁峁溝，但頗少高聳挺拔的大山。因此周人日日看到的是經常晴朗，籠罩四野，直垂落到視線盡頭的一片長空，這樣完整而燦爛天空，當能予人以被壓服的感覺。由於蒼天的無所不在，到處舉目四矚，盡是同樣的蒼穹，默默的高懸在上，因此天地就具備了無所不在，高高監臨的最高神特性。反之，殷商王畿所在的地理情況，照卜辭看來，附近有不少田獵區，獵物包括犀牛、野豬及麋鹿。今日的河南一片平坦，殷商時代可能有若干森林，甚至沼澤存在。這種地形上的居民，其眼中所見的天空，比較支離破碎，也就未必有高亢地區那種天空懾伏人心的力量。〔註 74〕

這個觀點的關鍵在於：商人發祥於森林，周人發祥於黃土高原。林木遮蔽和陰雨多雲，森林天空往往不是那麼雄偉；黃土高原乾旱少雨，大部分時間天空遼闊，易讓人產生遐想。因此周人會有自然天之崇拜而商人沒有。

根據前面的考察可知，周人居於黃土高原，是沒有問題的。而據史料分析，商人源於森林也是可能的。《詩經．商頌．玄鳥》說：「天命玄鳥，降而生商。」有學者曾考證認爲甲骨文中的「鳳」與「商」兩個字的字形相近，《詩

〔註 74〕許倬云：《西周史》（增訂本），北京：三聯書店，1995 年，第 104～105 頁。

經》所說的玄鳥很可能就是鳳凰，所以商人應當是以鳳凰為圖騰。〔註 75〕無論是鳳凰也好，還是其他什麼鳥也罷，是鳥都要擇木以棲。於是商人與森林有密切的關係，其可能性應該很大。《墨子・明鬼》也說：「宋之有桑林，楚之有雲夢」。宋、楚兩國，原來都是商人後裔。商人有可能就發祥於桑林，雲夢多雨，天空不會太晴朗。如果這些推測不誤，商人的確就很難對天空發生過多的聯想，更不用說對自然天的崇拜了。而且商人傳統的經濟方式是畜牧業，畜牧業對天的依賴，遠遠小於農業對天之依賴。這也可以證明，商人對天的感情和理解絕對沒有周人對天的感情和理解深刻。

再來回答第二個問題。這個問題與西周中後期發生的怨天疑天運動有關。西周中後期，周王室的政治腐敗引發了一場對人格天的怨疑運動，不但人格天被貶，而且作為人格神的上帝也同時受貶，都不可能成為道德的終極根源。

人格天不能成為道德的終極根源，除了前面論述過的人格天內在的問題即人格天與道德的偶然關係外，還有一個外在的契機，這就是西周中後期出現的國人對人格天的普遍不滿。從理論上說，春秋以前，探索道德的終極根源有兩種傳統的資源可供利用：一是帝的傳統，一是天的傳統。但為什麼天能夠成為道德的終極根源，而帝卻最終沒有成為道德的終極根源？對於這個問題，一般會認為，西周中後期，先秦中國出現了一股怨天、疑天、罵天的思潮，這裏簡稱這「怨疑運動」。怨疑運動的結果是帝和人格天的衰落。

但是在怨疑運動中，衰落的不只是帝，更主要的是天，因為怨、疑、罵所直接指向的對象更多的是天。這樣一來，在只有兩種資源可供選擇的情況下，如果天沒落了，帝似乎更應該成為復興的對象，但儒家的孔孟卻以天作為道德的終極根源，這是為什麼呢？

要解釋以上問題，有兩點需要明確：其一，在怨天疑天運動中，被怨被疑從而失落之天只是人格天或天之人格性。二程曾說：「《詩》、《書》只說帝與天。」〔註 76〕《尚書》、《詩經》中，天、帝往往並稱，因為天與帝在殷周之際曾共同構成社會的宗教象徵。天、帝並稱之天是人格天、主宰天、意志天，在怨疑運動中受到怨疑和最終失落的正是這種人格天。人格天在於其所

〔註 75〕胡厚宣：《殷卜辭中商族鳥圖騰的遺迹》，《歷史論叢》1964 年第 1 期；《甲骨文所見商族鳥圖騰的新證據》，《文物》1977 年第 2 期。胡阿祥：《商國號考說》，《中國歷史地理論叢》1999 年第 4 期。

〔註 76〕《程氏遺書》卷三，《二程集》，第 61 頁。

具有的人格性，這種人格性其實也就是帝之帝性。人格天的失落同時也意味著帝的失落，更意味著整個天、帝所蘊含的宗教人格的失落。所以怨疑運動之後，帝和人格天都不再可能對社會生活和人的福祿進行垂直安排，更不能成爲道德的終極根源。先秦中國沒有走向宗教的奧秘也就在這裏。其二，作爲道德終極根源的天是自然天。怨疑運動中天的失落是人格天之人格性、意志性、主宰性的失落，而並非整個天之「天性」（無限性）的失落。或者說，人格天失落只是天之人格性的失落，而天之「天性」並沒有同時失落。怨疑運動之後，自然天獲得全面勝利，天之「天性」仍然保存在自然天之內。自然天之「天性」即自然天之無限性，它包括命、生、不已、無限等意義，自然天正是通過這些特徵最終轉變爲一種形上天，並成爲道德的終極根源。

總而言之，自然天成爲道德的終極根源有兩個方面的因素：從客觀方面來說，與周人農業生活實踐對天的依賴性有關；從主觀的方面來說，是生命生活的情感投射的結果。農作物之生長關係著上古中國人的生活生命，天時地利決定著農作物的生長發育。以農爲業的周人自然會對天產生遠比以林爲業的商人更爲豐富的聯想和情感。周人又將其生命情感投射給天，使天獲得生生不已的本質特性。自然天就轉化成了形上天和天命實體。天命實體其實只是生命實體之客觀化。天命實體作爲一種客觀性其實就是生命實體之客觀面。天命實體之生生不已其實就是生命實體之生生不已。明白了這一層，就可以知道天命與生命原是同一的，生命是內在地、主觀地、具體地說，天命是超越地、客觀地、普遍地說。道德的終極根源並不在天，而在道德生命和道德情感。人的生命情感自身就是生生不已、無窮無盡、悠久不息的，根本無所謂外在的終極根源。說天是道德的終極根源，其實是在說道德生命本身即其終極根源。

第四章 《中庸》之情感形上學

《中庸》的兩個形上課題旨在建立道德的本體，尋找道德的終極根源。性、中、仁、誠是道德本體，同時又都具有情感性。道德情感是道德本體之呈現方式、內在動力和本質內涵，所以道德情感也是道德的本體。這裏稱之爲「情體」〔註 1〕。形上天是道德的終極根源，而形上天是自然天的生命情感

〔註 1〕我們知道，李澤厚曾提出一個「情本體」概念，但那個概念與本書所提出的「情體」有本質的區別。簡單地說，這種本質區別就是：「情體」是形上的道德情感，而「情本體」則是形下的感性情感。
本書認爲「情體」是道德本體之本質內容及其發用流行的呈現方式和內在動力，情體與性體、心體是同一的。所以「情體」是形上的道德情感而不是形下的感性情感。而李澤厚的「情本體」則是形下的感性情感：首先，他所講的情是感性情感。他明白說過：「所謂『人性心理』，在基本意義上，指的也就是『情－理結構』。『情』來自動物本能，常與各種欲望、本能和生理因素相關（引者按：「關」字疑爲衍文）聯結，它是非理性的。『理』來自群體意識，常與某種規範和社會因素相聯結，它常常要求理性。兩者的配合交錯，是使人既不同於動物、又不同於機器之所在。它即是所謂人性，它們的不同比例組合和構造，可以形成不同的民族性和個性。」（《論語今讀》，合肥：安徽文藝出版社，1998 年，第 94～95 頁）他的基本分析方法仍然是老套的情理二分，理是群體意識，是普遍性的東西；情是動物本能，是非理性的、沒有普遍性的生物因素。由此可見，這種情感這肯定是感性情感。
其次，他所講的「本體」不是一個實體，只是一種眞實的本眞狀態。他說：「（本體）只是『本根』、『根本』、『最後實在』的意思。所謂『情本體』，是以『情』爲人生的最終實在、根本。」（《實用理性與樂感文化》，北京：三聯書店，2005 年，第 55 頁）這樣來理解的「本體」似乎只是「本位」的意思，「情本體」就是以感性情感爲本位。於是，「似乎不必再去重建各種『氣』本體、『理』本體、『心性』本體的哲學體系了。『情本體』可以替代它們。因爲『情本體』恰恰是無本體，『本體』即在眞實的情感和情感的眞實之中。它以把握、體認、領悟當下的和藝術中的眞情和『天人交會』爲依歸，而完全不再去組建、構造某種『超越』來統治人們。」（《論語今讀．前言》，第 10 頁）一般來說，

化。道德情感在《中庸》的兩個形上課題中都有本質的意義。《中庸》正是從道德情感進入並初步建立起來了儒學的形上學。從這個意義上說，儒家形上學是一種「情感形上學」。

第一節　未發已發與兩種情感

道德本體和道德情感的關係與未發已發問題直接相連。未發已發是《中庸》非常重要的概念，對後世儒學影響至巨，宋明諸儒的心性之學多發軔於對未發已發的體會和悟解。但是關於喜怒哀樂之情的未發已發，歷來少有善解。劉蕺山曾說：「自喜怒哀樂之說不明於後世，而性學晦矣。」〔註 2〕蕺山此話可謂見道之語。而喜怒哀樂未發已發之說之所以不明的主要原因在於兩個問題弄不清楚：第一是未發已發與性情的關係，第二是情感的本質和作用。這兩個問題能否得到妥善的解決，直接影響對儒家心性之學的完整理解。

中國傳統哲學中的心體、性體、理體、氣體都是先承認有一個實體存在，其中心體、性體、理體還是形上的實體。但「情本體」是無本體，當下的感受就是本體。這就化去了人之本質存在的確定性。人整個就成了一股盲動的感性之流，毫無確定性。也許，李澤厚認爲這感性之流本身就是其確定性吧。最後，「情本體」似乎不完全是以嚴肅的態度而是爲了主觀需要而提出來的，帶有很大的主觀性和隨意性。李澤厚提出「情本體」與牟宗三等現代新儒家有直接的關係。現代新儒家提醒人們不要忘記自己神聖的一面，心體、性體都是人之神聖面。李澤厚則與之對抗，強調「實用理性」和「吃飯哲學」，感性情感就是最實用的。李澤厚「情本體」的主觀意圖是非常明顯的，只是爲了起到「詞語的刺激作用」（李澤厚：《循康德、馬克思前行》，《讀書》2007年第 1 期；李澤厚：《批判哲學批判．附錄：循馬克思、康德前行》，北京：三聯書店，2007 年，第 464 頁），它「包含一種價值判斷和激憤，其矛頭所向直指宋明理學和現代新儒家」（錢善剛：《本體之思與人的存在 —— 李澤厚哲學思想研究》，北京：北京師範大學出版集團；合肥：安徽大學出版社，2011 年，第 152 頁）。

實際上，李澤厚提出「情本體」以對抗「心體」、「性體」，也只起到了「詞語的刺激作用」。人最需要刺激的是人之形上的道德情感而不是形下的感性情感。我們每天都泡在感性之流中。但很多人只是順著感性衝動往下滑，滑呀滑，不知不覺就滑到了動物層。這個時候就需要刺激一下，需要提醒一下，讓人們注意到除了感性情感、感性衝動，還有道德情感，還有超越的衝動，還有非動物的神聖一面。所以情體與心體、性體是一個層面的概念，與李澤厚的「情本體」決不一樣，甚至可以說是一個天上一個地下。當然，由於主題所限，這裏對兩者的分歧只能順便提及。

〔註 2〕劉宗周：《學言》中，《劉宗周全集》第二冊，第 416 頁。

一、未發已發都是從情感來說的

未發已發最初都是從情感來說的，未發是情之未發，已發也是情之已發。這是《中庸》最原初的意義。但歷觀前賢所說，通透至這一層者並不多見。一般多是認爲，未發是性，已發是情。這並不能說有錯，但並不確切。因爲這一層意思是後起的，是引申的說法，是從未發已發與性情的關係中引發出來的。從《中庸》的文本來看，未發已發最初的意義只能說未發是情，已發也是情，未發已發都是從喜怒哀樂之情來說的。

未發已發問題源出於《中庸》首章：

> 喜怒哀樂之未發謂之中，發而皆中節謂之和。中也者，天下之大本也；和也者，天下之達道也。

這裏一共出現了三組兩兩相對的概念。第一組是「未發」與「發」。「發」即已經發出，所以後來就徑稱之爲「已發」，那麼第一組相對概念其實是「未發」與「已發」。第二組是「中」與「和」。第三組是「天下之大本」與「天下之達道」。這三組概念中，每一組的前後項可以各劃爲一組，即未發、中、天下大本是一組，已發、和、天下達道是一組。而這三組概念又是以第一組即未發與已發爲綱領，後兩組概念都是從這一組概念引出來的。所以未發與已發是理解這幾句話的切入點和關節點。

其實，僅僅就《中庸》的這句話，我們一眼就應該看到未發已發都是從喜怒哀樂來說的。因爲《中庸》明確說：「喜怒哀樂之未發謂之中，發而皆中節謂之和」。這句話有前後兩層並列的意思：分號前面是一層意思，是在說未發；分號後面是一層意思，是在說已發。

我們先來分析前面一層意思。「喜怒哀樂之未發」看似非常容易理解，但如果仔細品味，就會發現其中仍有曲折。曲折之處就在這個「之」字。這裏的「之」字可以作兩種理解：一是作小品詞，相當於現代漢語之「的」字；二是作語氣助詞，沒有實義，只起到音節調節作用。〔註3〕當「之」作小品詞時，「喜怒哀樂之未發」即「喜怒哀樂的未發」。這是一個偏正詞組，喜怒哀樂是名詞，未發原是動詞，現作名詞，是動詞之名詞化，意謂「未發時的狀態」，喜怒哀樂是修飾未發的，所以「喜怒哀樂之未發」的意思就是「喜怒哀樂的未發時的狀態」。當「之」作語氣助詞時可以略去不顯，「喜怒哀樂之未

〔註3〕王引之：《經傳釋詞》卷九，黃侃、楊樹達批本，長沙：嶽麓書社，1990年，第197、201頁。

發」即「喜怒哀樂未發」。這就是一個主謂詞組，喜怒哀樂是名詞，作主語，未發是動詞，作謂語。「喜怒哀樂之未發」的意思就是「喜怒哀樂還沒有顯發」。

僅就「喜怒哀樂之未發謂之中」來看，這兩種理解都是可以的。前一種理解意味著「中」是喜怒哀樂的未發時的一種狀態，後一種理解意味著「中」是還沒有顯發的喜怒哀樂。但是如果聯繫到前面一句話「是故君子戒愼乎其所不睹，恐懼乎其所不聞。莫見乎隱，莫顯乎微，故君子愼其獨也」來看，未發、已發與睹、聞、見、顯等詞之詞性顯然相同，都是動詞。所以第二種理解即「之」作語氣助詞而喜怒哀樂作名詞是主語、未發作動詞是謂語，應更符合《中庸》文本最初的意義。而第一種理解即「之」作小品詞而喜怒哀樂修飾動詞名詞化的未發，則是進一步的引申理解。在這種引申理解中，喜怒哀樂是對未發的一種嚴格限定，未發不是別的什麼東西之未發，而只是喜怒哀樂之未發。那麼「喜怒哀樂之未發」無非是說：喜怒哀樂沒有外發、顯發，未發是從喜怒哀樂來說的；未發只能是喜怒哀樂的未發，而不是其他東西的未發。

前面一層意思疏通了，後面一層意思也就容易理解了。「喜怒哀樂之未發謂之中，發而皆中節謂之和」是並列的兩句話，其句式及成分都應相同。那麼後面一句話中的「發而皆中節」就是一個省略句，「發」之主語承接前面的「未發」省略了。未發之主語是喜怒哀樂，發之主語也應是喜怒哀樂。所以「發而皆中節」完整地說就是「喜怒哀樂之發而皆中節」。喜怒哀樂是主語，發是謂語，發或已發也是從喜怒哀樂來說的；喜怒哀樂是對發的一種嚴格限定，發是喜怒哀樂外發、顯發，發是喜怒哀樂的發，並不是別的什麼東西的發。

綜合上面的分析可知，未發和已發都是從喜怒哀樂來說的。這兩句話的後面一句是省略句，這兩句話完整地表達就是「喜怒哀樂之未發謂之中，喜怒哀樂之發而皆中節謂之和」。未發是喜怒哀樂的未發，已發也是喜怒哀樂的已發，並不是其他什麼東西的未發和已發。後人直接就說未發是性，已發是情，這就有些過於著急。說已發是情，這是可以的，但說未發是性，這就不符合經文最初的意思。因爲《中庸》只說「喜怒哀樂之未發」，而沒有說到「性之未發」，「性之未發」是義理上的一種引申理解。

也有人會說，「已發是情」這種說法也是不能成立的，因爲《中庸》只說到「喜怒哀樂之發」，並沒有說到「情之已發」。《中庸》何止沒有說過「情之未發」、「情之已發」，《中庸》甚至連一個「情」字都沒有出現過。尤其是郭店楚簡《性自命出》等先秦文獻出土以後，甚至有人懷疑，《中庸》到底是不是思孟學派的文獻，到底是不是儒家的文獻。因爲這些被證實爲儒家思孟學派的出土文獻大講「情性」，而《中庸》只講性而根本未提及「情」字。

這涉及中國古代爲文做詩中的一個有趣現象，這就是「指代之謎」。也就是說，所要表達的對象並不出現在字面，但從字面卻完全可以推測出作者所要表達的對象。最先發現這種現象的可能是王船山。唐人於季子寫過一首詩：「百戰方夷項，三章且代秦。功歸蕭相國，氣盡戚夫人。」（《全唐詩》卷八〇）單看每一句詩，簡直不明所以。但是如果將四句詩連起來讀，稍有中國歷史知識的人都知道，詩句中的「項」是指項羽，「三章」即「約法三章」，「蕭相國」即蕭何，「戚夫人」即劉邦寵妃戚姬。這首詩的標題是《詠漢高祖》。如果瞭解了上面的典故，並使之串成一線，即使詩的標題叫做《無題》，讀者也可以明白，這首詩是在說漢高祖劉邦的。

然而，這首詩通篇不見任何「漢高祖」或「劉邦」等字眼。其實漢高祖劉邦的影子就隱藏在四句詩文典故所表達的意義之內。讀這首詩就像在猜謎，四句詩文是其謎面，漢高祖劉邦是其謎底。所以王船山說這首詩「恰似一漢祖高帝謎子；擲開成四片，全不相關通。」〔註4〕於季子還有一首詩叫《詠項羽》：「北伐雖全趙，東歸不王秦。空歌拔山力，羞作渡江人。」（《全唐詩》卷八〇）按照船山的說法，上面一首是「漢高謎」的話，這首詩就可以稱爲「項羽謎」。

這種現象在中國古代的詩歌中非常普遍，而且謎語更加複雜，更加難猜。「詩鬼」李賀就有兩首這樣的「謎」詩。一首是七言詩：「先輩匣中三尺水，曾入吳潭斬龍子。隙月斜明刮露寒，練帶平鋪吹不起。蛟胎皮老蒺藜刺，鸊鵜淬花白鷳尾。直是荊軻一片心，莫教照見春坊字。挼絲團金懸簏簌，神光欲截藍田玉。提出西方白帝驚，嗷嗷鬼母秋郊哭。」（《全唐詩》卷三九〇）另一首是四言詩：「長戈莫舂，長弩莫抨。乳孫哺子，教得生獰。舉頭爲城，掉尾爲旌。東海黃公，愁見夜行。道逢騶虞，牛哀不平。何用尺刀，壁上雷鳴。泰山之下，婦人哭聲。官家有程，吏不敢聽。」（《全唐詩》卷三九三）北宋西崑體詩歌之開山人物楊億也有一首七言「謎」詩：「蓬萊銀闕浪漫漫，弱水

〔註4〕王夫之：《薑齋詩話·夕堂永日緒論內編》四〇，《船山全書》第十五冊，長沙：嶽麓書社，1990年，第838頁。

回風欲到難。光照竹宮勞夜拜，露漙金掌費朝餐。力通青海求龍種，死諱文成食馬肝。待詔先生齒編貝，那教索米向長安。」（《全宋詩》第三冊）如果單看詩文而不看標題，李楊二人的三首詩簡直就是「天書」，乍讀不明所以。即使有相當詩詞素養的人，第一次讀到它們就能夠確切說出其主題的也絕不多見。足見其謎之難猜。這三首詩的標題分別是《春坊正劍子歌》（有時也簡稱爲《劍子歌》）、《猛虎行》和《漢武》。錢鍾書模仿船山評於季子的說法分別稱之爲「劍謎」、「虎謎」和「漢武謎」。〔註 5〕

這幾首詩謎與於季子的兩首詩一樣有一個共同特點，即詩句對謎底的相關字眼一字不提，而是通過一些標誌性的典故暗示出來的。要想弄清楚詩句的主題，必須明白詩句中那些暗示性詞語的具體所指及其內在關聯。所以這種現象就可稱之爲「指代之謎」。

「指代之謎」最早出現於什麼時候呢？在先秦諸子文獻中有多少這種現象呢？這有待於專治文體者考實。但是至少《中庸》就出現過這種現象。《中庸》雖然沒有出現過一個「情」字，卻無處不是在說「情」。最典型的就是「喜怒哀樂之未發謂之中，發而皆中節謂之和」這一句。《中庸》沒有直接說出一個「情」字，而是用喜怒哀樂來指代情。喜怒哀樂是謎面，情是謎底，喜怒哀樂是對「情」的一種暗示或指示。這整個一句話就是構成了一個「情謎」。

當然，有人可能會說，喜怒哀樂本來就是情，沒有什麼謎。但《中庸》爲什麼不直接說「情之未發謂之中」、「情之發而皆中節謂之和」，而非要拐個彎多說幾個字，說成「喜怒哀樂之未發」、「喜怒哀樂之發」呢？這就又涉及「指代之謎」這種文體現象的發展過程問題。與其他文體現象一樣，「指代之謎」也必然會經歷一個由易到難、由簡到繁的發展過程。早期的「指代之謎」還很簡單，就如一池清水，一眼就能看到底，隱藏在詩文中之謎底，乍眼一看就知道是什麼。《中庸》的「情謎」就處於早期比較幼稚的階段，喜怒哀樂乍眼一看就知道是指代情的，其中不需要什麼過分的曲折。到了唐代，指代之謎就得複雜起來。在於季子的《詠漢高祖》中，「項」、「三章」、「蕭相國」、「戚夫人」幾個典故一旦連到一起，就知道是說漢高祖的。這與《中庸》的「情謎」相比要複雜一些，因爲它畢竟需要有一個典故之間的意義聯貫。越

〔註 5〕錢鍾書說：「王船山《夕堂永日緒論》譏楊文公《漢武》詩是一『漢武謎』」。（《談藝錄》一二，北京：三聯書店，2001 年補訂重排本，第 177 頁）楊文公即楊億。這顯然是錢鍾書的一個誤記。因爲王船山所譏刺的是於季子之《詠漢高祖》，而非楊億之《漢武》。

到後來，指代之謎就越加麻煩，詩裏面所隱藏的謎越來越難猜。在楊億的那首《漢武》詩，簡直看不出詩文與詩題「漢武」有什麼關係，如果沒有專門的詩文典故知識，無論如何也猜不出來的，難怪西崑體大受詆詬。

《中庸》的「情謎」雖然還處於比較簡易的猜謎階段，「喜怒哀樂之未發謂之中，發而皆中節謂之和」畢竟是一個謎。這個謎雖然很簡單，但千百年來又有幾個人眞正看穿其謎底了呢？章太炎曾敏銳地指出：「宋人最喜歡的是『喜怒哀樂之未發謂之中』，……實在《中庸》所說是專指感情的，宋人以爲一切未發都算是中，相去很遠了。」〔註 6〕只有明人顧允成無意間說：「發與未發就喜怒哀樂說」。〔註 7〕王船山也曾隱約意識到：「『喜怒哀樂之未發謂之中』，是儒者第一難透底關。此不可以私智索，而亦不可執前人之一言，遂謂其然，而偷以爲安。」〔註 8〕船山沒有完全執於前言，偷以爲安，他注意到了喜怒哀樂之未發是「儒者第一難透底關」，但他卻始終沒有眞正參透這一難關，因爲他始終固守的仍然是性爲未發、情爲已發的老套路。

總結前面對未發已發之分析，《中庸》「情謎」的眞正謎底所包含的最初意思應該有以下兩層：

第一，未發和已發都是從情感來說的。從字面上看，未發和已發好像只是在說喜怒哀樂，而沒有出現一個「情」字。其實，《中庸》正是通過喜怒哀樂來指代情。未發是情之未發，已發是情之已發。至於未發爲性，已發爲情，只是從這個謎底中合理引申出來的意義。不過，《中庸》的「情謎」與後來的「漢武謎」、「劍謎」、「虎謎」相比還比較直接、比較容易「猜出」罷了。

第二，未發必須通過已發才能呈現出來。在「指代之謎」中，謎底要通過詩文中的暗示性、指代性詞語才能呈現出來。在《中庸》的「情謎「中，未發相當於謎底，已發相當於謎面。謎底只有通過謎面才能呈現出來，於是「未發之中於何知之？曰：於已發知之」〔註 9〕，未發只有通過已發才能呈現出來。

二、道德情感與感性情感

未發與已發雖然都是從情來說的，但未發之情與已發之情既有並列的部

〔註 6〕章太炎：《國學概論》，第 82 頁。

〔註 7〕顧允成：《小辨齋偶存》卷三，《四庫》1292/280 上。

〔註 8〕王夫之：《讀四書大全說》卷二，《船山全書》第六冊，第 469 頁。

〔註 9〕汪紱：《理學逢源》卷一「情」，《續四庫》947/220 下。

分，也有交叉的部分。具體地說，未發的大本之中完全是道德情感，已發的中節不中節之情卻雜有感性情感。這就意味著人有兩種情感：一是道德情感，一是感性情感。道德情感未發時不偏不倚，已發時無不中節，無過不及；感性情感未發時有適有莫，已發時有中節不中節，有過有不及。

兩種情感可以在對未發已發的語法分析中看出來。未發已發與中和、大本、達道等概念緊密相連，所以要弄清兩種情感的具體不同，需要從分析未發與已發、中與和、大本與達道三組概念的內在關係開始。

在這三組概念中，每一組概念的前後項可以分別劃爲一組。未發、中、大本是一組，已發、和、達道是一組，而未發與已發又是這兩組概念的綱領性概念。但這兩組概念之間僅僅是一種對應關係，而不是一種完全對等關係。詳細地說，中與大本、和與達道分別是完全對等關係，它們兩兩之間是可以直接劃等號的；未發與中、已發與和、未發與已發、中與和只是對應關係，它們兩兩之間是不能直接劃等號的。中與大本、和與達道之完全對等關係，歷來都認可。未發與中、已發與和的不完全對等關係，卻很少有人予以足夠的重視。而且從未發與中、已發與和、未發與已發、中與和的不完全對等關係中，我們還可以引出一些關於《中庸》初始義理非同一般的理解。所以要想完整理解未發已發與兩種情感的關係，就必須對這些關係予以詳細分疏。

第一，未發與中不是一種完全對等關係，由此區別出性與道德情感。完全對等關係是指前後兩項內容在量或質上不僅僅是相似或相稱的，而是相等和相同的。但未發與中無論是在量上還是在質上都很難說完全相等或相同。《中庸》說「喜怒哀樂之未發謂之中」，從語法邏輯上來說，喜怒哀樂或情與未發的關係是一種嚴格的限定關係，喜怒哀樂或情是對未發的一種限定。這就意味著未發是喜怒哀樂的未發，是情的未發，而不是別的什麼東西的未發。這同時也意味著未發不只有喜怒哀樂，不只有情，還可能有其他東西也可以稱之爲未發。比如視聽就有其未發，明儒歐陽南野說「視聽之未發謂之聰明」〔註 10〕，視聽之未發就是聰明，未發也可以從視聽來說，也可以指聰明。可見，未發除了可以指喜怒哀樂之情，還可以指其他東西，比如性。這在《中庸》第卅一章有明確而詳細的說明：

> 唯天下至聖，爲能聰明睿知，足以有臨也；寬裕溫柔，足以有容也；

〔註 10〕歐陽德：《歐陽德集》卷四《答王堣齋》二，南京：鳳凰出版社，2007 年，第 125 頁。

發強剛毅，足以有執也；齊莊中正，足以有敬也；文理密察，足以有別也。

朱子認爲這一章講了聖人的四種德性，即仁義禮智：「其下四者，乃仁義禮知之德。」〔註 11〕朱子所說的「四者」即「寬裕溫柔，足以有容也；發強剛毅，足以有執也；齊莊中正，足以有敬也；文理密察，足以有別也」四句話。所以朱子又說：「容執敬別，則仁義禮知之事也。」〔註 12〕其實，還有一種德性，是朱子所沒有講到的，這就是「聖」。我們知道聖字之初義與耳聰有直接的關係。《說文》曰：「聖，通也。從耳，呈聲。」據考證，聽、聲、聖三字同源，聖字之契文就好像人長著大耳朵，其最初的意思就是人之聽覺敏銳。〔註 13〕所以《中庸》此處的「聰明睿智」指的就是聖。於是這一章一共講了五種德性，即聖仁義禮智：聰明睿智之臨是聖，寬裕溫柔之容是仁，發強剛毅之執是義，齊莊中正之敬是禮，文理密察之別是智。有人甚至還認爲荀子《非十二子》所批評的思孟「五行」，落實到《中庸》一這章，其實指的就是仁義禮智聖這五種德性（行）。〔註 14〕應該說，這種說法還是有一定道理的。

聖仁義禮智等五種德性（行）分別有其未發和已發，未發時是五種德性，已發後是五種德行。性爲未發，這是宋明儒所共許之義。這種理解影響至遠。清儒李榕村就說：「『聰明睿知』、『寬裕溫柔』、『發強剛毅』、『齊莊中正』、『文理密察』，皆有開發收閉。上二字開發，下二字收閉；上二字由內之外，下二字由外之內。」〔註 15〕「開發」即已發，「收閉」即未發。李榕村進而又說：

《中庸》最好用字眼，「惟天下至聖」章，是多少重疊字，都有分別。「聰明」在外，「睿智」在內。「聰」是收受，尚半在內，「明」則全然發於外了。「睿」是通微，尚半在外，「知」則澄然在中而已。「睿智」是「聰明」的骨子。「寬裕」在外，「溫柔」在內。寬大之象，

〔註 11〕《中庸章句》，《四書章句集注》，第 38 頁。

〔註 12〕《中庸或問》下，《朱子全書》6/603。

〔註 13〕李孝定：《甲骨文字集釋》第十二冊，臺北：中央研究院歷史語言研究所專刊之五十（1965 年 5 月），第 3519 頁。

〔註 14〕龐樸：《竹帛〈五行〉篇與思孟「五行」說》，《龐樸文集》第二卷，濟南：山東大學出版社，2005 年，第 157 頁。

〔註 15〕李光地：《榕村語錄》卷八《中庸二》，北京：中華書局，1995 年，第 147 頁。

> 由內而外，至從容暇豫，則全然在外。溫和之氣，盎然於體，貌尚可見，「柔」則柔順在中而已。「溫柔」是「寬裕」骨子。「發強」在外，「剛毅」在內。奮發是由內而外，強壯則見於外；「剛」是由外而內，「毅」則全是內力矣。「剛毅」是「發強」的骨子。「齊莊」在外，「中正」在內。必有整齊嚴肅之齊，而後有端莊之容。「中」者無過不及，尚在外，「正」則中心無爲以守至正而已。「中正」是「齊莊」的骨子。「文理」在外，「密察」在內。見得部署分明，是由內而外，至條貫絲毫不亂，則全在外。「密」是處處周到，尚在外，「察」則井然分明，全涵於內。「密察」是「文理」的骨子。〔註16〕

「聰明」、「寬裕」、「發強」、「齊莊」、「文理」是已發，是發而見諸外的五種德行，「睿知」、「溫柔」、「剛毅」、「中正」、「密察」是未發，是未發而藏諸內的五種德性。仁義禮智聖等德性也就是天命之性，經過進一步的引申，未發也可以指性。可見，未發除了指喜怒哀樂之情，還可以進一步引申來指別的東西。如果我們把人性比作一個黑匣子，匣子之內者爲未發，匣子之外者爲已發，那麼匣子內未發的東西除了喜怒哀樂等情感之外，還應該有別的東西，比如《中庸》第卅一章所說的仁義禮智聖等德性。

未發雖然既可以指情感而言，也可以指其他德性來說，但《中庸》只把喜怒哀樂之情的未發稱爲「中」。《中庸》說：「喜怒哀樂之未發謂之中」，喜怒哀樂之情的未發就是中。喜怒哀樂之情是對未發的限定，同時也是對中的一個限定。這個限定意味著，只有喜怒哀樂之情的未發才能稱爲「中」。人性這個黑匣子裏未發的東西固然可以有很多，但《中庸》只把喜怒哀樂之情的未發稱之「中」，至於其他東西的未發稱爲什麼，以及其他東西的未發能否稱之爲「中」，《中庸》沒有給以明確的交待。根據《中庸》的整個義理和儒家形上思想的性質來看，其他東西的未發一般稱爲性，也就是道德本體。道德本體是可以稱爲「中」的，中是道德的形式根據。但需要明白的是，雖然未發的東西中有性，未發可以指性而言，而且也可以稱爲「中」，但作爲道德本體之形式表示的中是經過喜怒哀樂之情的洗禮了的，是染有濃厚的情感色彩的。也就是說，未髮指性或中作爲性之形式表示，這是進一步的引申意義，並不是《中庸》的原初意義。因爲《中庸》只把喜怒哀樂之情的未發稱之爲中，未發之中最初只是從情感來說的。

〔註16〕同上。

這也就意味著未發與中不是一個完全對等的概念。未發可以包括很多東西，既可以指喜怒哀樂之情，也可以指仁義禮智聖等德性。但《中庸》對未發有一個限定，這個限定就是喜怒哀樂之情，並且把經過喜怒哀樂之情所限定的未發稱爲「中」。限定就是否定。沒有經過喜怒哀樂之情限定的其他東西之未發，暫時還不能稱爲「中」。於是從《中庸》的最初文本上來理解，未發可以同時指情之未發與性之未發，但中只指情之未發，所以「未發」這個概念的內涵就大於「中」這個概念所包涵的意義。

第二，已發與和也不是一種完全對等的關係，由此區別出道德情感和感性情感。與未發與中之不完全對等關係相比，已發與和之不完全對等關係要明朗得多。《中庸》說喜怒哀樂之「發而皆中節謂之和」，這裏的「皆」字是一個非常關鍵的字眼。從語義邏輯上說，既然有「皆」，也就有「不皆」和「皆不」。把這種語義邏輯具體到已發與中節之和的關係中，就會出現三種情況：

（1）發而「皆中節」，即全部中節。

（2）發而「不皆中節」，即不全中節、部分中節。

（3）發而「皆不中節」，即全不中節。

根據這種語法上的邏輯分析，《中庸》所說的喜怒哀樂之「發而皆中節謂之和」就包含三層意思：第一層意思是喜怒哀樂之情全部中節。喜怒哀樂之情發而全部中節就是和。《中庸》之所以拈出一個「皆」字，意在強調，和是情之全部中節。第二層意思是喜怒哀樂之情部分中節、不全中節，第三層意思是喜怒哀樂之情全不中節。第一層意思是《中庸》所想要表達的，後兩層意思是從第一層意思引出來的「言外之意」，但這後兩層言外之意並非是空穴來風，而是題中應有之意。

從這裏就很容易看到，已發與和是不完全對等的，已發的內涵要大於和。喜怒哀樂之情的已發包括三種情況，即喜怒哀樂之情全部中節、不全中節和全不中節。《中庸》只把其中第一種情況即喜怒哀樂之情全部中節稱爲「和」。宋儒陳祥道早已看到這一點，他說喜怒哀樂「及發，則有中節有不中節，而惟中節爲和」〔註 17〕。至於另外兩種情況即喜怒哀樂發而不全中節和全不中節之情被稱爲什麼，《中庸》沒有討論。但有一點是可以肯定的，後兩種情況下的喜怒哀樂之情不能稱爲「和」，只有第一種情況下的喜怒哀樂之情才能稱爲「和」，亦即只有全部中節之情才能稱爲「和」。還一有點也可以從中推導

〔註 17〕轉引自衛湜《禮記集說》卷百二十四，《四庫》120/43 上。

出來，如果說「和」是一種善或善之象徵的話，那麼後兩種情況可能就是惡之根源，或者說惡就是從後兩種情況引生出來的。〔註 18〕

第三，中與和是完全對等的關係，未發與已發不是完全對等的關係。未發、已發、中、和這四個概念可以組成四對有效關係，即未發與中、未發與已發、已發與和、中與和。〔註 19〕前面討論了兩對關係，即未發與中、已發與和的關係。中與未發是不完全對等的，中的內涵要小於未發，未發包含中。和與已發也是不完全對等的，和的內涵要小於已發，已發包含和。現在還有兩對概念即中與和及未發與已發的關係需要考究。

中與和是完全對等的關係。未發包含很多內容，可以從很多方面來說，但《中庸》只從喜怒哀樂之情的未發來說中，只把喜怒哀樂之情的未發稱爲中，中就是喜怒哀樂之情的未發。已發包括三種情況，即發而全部中節、發而不全中節、發而全不中節，而《中庸》只把第一種情況下的已發即發而全部中節稱爲和，和就是喜怒哀樂之情發而皆中節。前面說未發與已發是同質的，都是從情來說的，未發是喜怒哀樂之情的未發，已發也是喜怒哀樂之情的已發。一般來說，同一的東西才是最爲同質的東西，而且在沒有外在東西攪和的情況下，同一的東西也將永遠保持其同質性。喜怒哀樂的未發之中是不偏不倚，如果沒有外在攪和，喜怒哀樂之情的未發之中發出來以後仍然是不偏不倚。只不過中有體用之分，未發之中是體，已發之中是用；未發之中稱爲不偏不倚，已發之中就不再稱爲不偏不倚，而稱爲無過不及。無過不及就是發皆中節，發而皆中節就是和。所以已發之中就是和。喜怒哀樂之情在未發時是不偏不倚的大本之中，在已發時是無過不及的達道之和。未發時的不偏不倚之中即已發後的無過不及之和，中與和是完全對等的關係。

未發與已發不是完全對等的關係。在《中庸》中，未發最初只指喜怒哀樂之情，喜怒哀樂之情是對未發的一個嚴格限定。喜怒哀樂之情的未發就是中，喜怒哀樂之情的未發是不偏不倚的。喜怒哀樂之情的已發有三種情況，

〔註 18〕關於這一點，下一章討論《中庸》之工夫理據時還將有所分析。

〔註 19〕如果僅僅根據數學上的組合方法，未發、已發、中、和四個概念可以組成六對關係（3+2+1＝6）：未發與已發、未發與中、未發與和、已發與和、已發與中、中與和。根據《中庸》文本，未發與已發、未發與中、已發與和、中與和等四對關係是直接的對應關係；未發與和、已發與中不構成直接的對應關係，這兩對關係要通過未發與已發或中與和的關係來間接加以討論。所以這裏才說，在這六對關係中，只有四對有效關係，未發與和、已發與中是一種衍生關係，因而本書視之爲無效關係而不予以討論。

即發而全部中節、發而不全中節、發而全不中節，其中只有在第一種即發而全部中節的情況下，不偏不倚即無過不及，中即和，未發即已發。那麼未發與已發就不是一種完全對等的關係，未發的內涵要遠遠小於已發。

已發與未發是不完全對待關係，已發的內涵要大於未發，但未發已發都是從喜怒哀樂之情來說的，這就意味著未發的喜怒哀樂之情與已發的喜怒哀樂之情不可能是完全同質的。在已發的喜怒哀樂之情中，除了未發的喜怒哀樂之情亦即全部中節的喜怒哀樂之情，必定雜入了新的東西。已發與未發都是從情感而言的，已發亦是喜怒哀樂之情的已發。那麼從形式上看，已發中新雜入的東西也是喜怒哀樂之情。這新雜入的喜怒哀樂之情與未發之中的喜怒哀樂之情肯定不是同質之情。因爲作爲未發之中的喜怒哀樂之情發而全部中節，而新雜入的喜怒哀樂之情卻可能是發而不全中節或全不中節。於是在已發的喜怒哀樂之情裏，就存在兩種性質的情感，一是由未發之中直接發出而且發而全部中節之情，這就是道德情感，二是已發裏新雜入的可能不全中節或全不中節之情，這就是感性情感。

道德情感與感性情感既然是兩種性質不同的情感，那麼它們各有什麼樣的本質，它們又是什麼樣的關係呢？

首先需要說明的是情感之一般本質。情感是愉悅或不悅的感應能力。我們知道，感應是人的一種基本能力。通過感應，人和對象發生了最直接的關係。人與世界的關係，就是一種感應的關係。二程說：「天地之間，只有一個感與應而已，更有甚事？」〔註 20〕人的世界就是一種感應的世界。人的感應能力有多種，認知是一種典型的感應能力。然而，認知能力無關於愉悅或不悅，情感與認知是兩種完全不同的感應能力。只有當一種感應與愉悅或不悅相關聯時才稱爲情感。

未發與已發表示的就是情感性的感應。事物未感，人即無應，這就是未發；事物來感，人必有應，這就是已發。《中庸》用喜怒哀樂來指代情感，其中喜與樂就是愉悅的情感，恕與哀就是不悅的情感。感與應是雙向互動的，情感也應是雙向互動的。在愉悅的情感中，喜是感於外而發於中，樂是充於內而形於外，「說是感於外而發於中，樂則充於中而溢於外」〔註 21〕；在不悅的情感中，哀是感於外而生於內，怒是充於內而發於外。喜與哀主要是強調

〔註 20〕《程氏遺書》卷十五，《二程集》，第 152 頁。
〔註 21〕《朱子語類》卷二十，《朱子全書》14/676。

內在於己，樂與怒主要是強調發散在外。

人的情感能力分爲精神性的和生理性的兩種類型。人是靈與肉的結合，而且必然是靈與肉的結合，靈與肉之結合是一個完整的人之充分必要條件。人對世界的感應要麼是精神性的，要麼是肉體性的。就情感能力來說，就有兩種情感：一是精神性的愉悅或不悅，二是生理性的愉悅或不悅。宰我欲短三年之喪，孔子罵他不仁。在這裏主要就是兩種情感的對抗。宰我安於「食夫稻，衣夫錦」，孔子則「食旨不甘，聞樂不樂，居處不安」。(《論語》17.21)安就是愉悅，不安就是不悅。宰我安於美食麗衣，這是一種生理性的感性情感。孔子食不甘、聞不樂、必不安，「食無求飽，居無求安」(《論語》1.14)。他所安的是「安仁」(《論語》4.2)，仁是精神生命的實質。所以孔子之所安是一種精神性的情感。可見，人的兩種情感雖然都是人對世界的感應，其所感對象可以是一致的，但其本質卻完全不一樣。具體地說，前一種情感出自人的靈魂精神，亦即人之道德本性，是一種道德情感；後一種情感出自人之生理感官，屬於人之感性欲望，是一種感性情感。

因此《中庸》所說的喜怒哀樂之情有兩種：一是由未發之中直接發出之情，一是已發時新雜入之情。由未發之中直接發出之情是大本之中，這種情發而全部中節，與人的道德本性即道德本體直接相連，因此是一種道德情感。情感只有道德情感和感性情感兩種，未發之中是道德情感，那麼已發裏新雜入的情感就是感性情感。感性情感則可能發而不全中節或全不中節。

當然，道德情感和感性情感是根據情感之感應對象和根源所做的劃分，當忽略情感之對象和根源，而僅僅從情感本身即愉悅或不悅的狀態而言，就會引申出另外一種情感。這種情感無關於情感之對象和根源，人整個地融身於愉悅或不悅的情感狀態和情感體驗中。這就如「鳶飛於天，魚躍於淵」。在這種狀態中，人完全是一種情感性的存在，人存在於情感中，就像魚兒相忘於江湖，就像鳥兒出入乎天地。這種情感可以說是「天地之情」。天地之情是一種審美性情感，是一種境界性情感。道德情感和感性情感都可以引發這種情感。天地之情強調物我兩忘，無所謂主體之責任和義務，完全是一種精神與肉體的交融性品味和陶醉性享受。道家所講的情感多屬於這種情感。儒家始終抱有明顯的責任感和義務感，不大講這種情感，除了在特殊境遇下，比如孔子晚年飽經滄桑後，才去追求「與點之樂」，與點之樂其實就是這種天地之情。

雖然道德情感與感性情感都是喜怒哀樂之情，但是它們各有其未發與已發。

先來看道德情感之未發與已發。道德情感出自人的精神生命，與天命之性直接相連，所以道德情感雖然感於外，卻求於內，求與人的天命之性或道德本體相一致。這種一致在未發時就是「中」，就是不偏不倚，在已發時就是「和」，就是無過不及。中是道德情感之體，和是道德情感之用。道德情感在未發前無所不中，在已發後無所不和。由未發到已發，由中到和，這是一種必然的關係：有此未發之中必然有此已發之和，有此已發之和必然有此未發之中。王陽明說：「無所不中，然後謂之大本。無所不和，然後謂之達道。」〔註 22〕正因爲它無所不中、不偏不倚，所以才能成爲天下之大本，也正因爲它無所不和、無過不及，所以才能成爲天下之達道。

未發之中之所以是道德情感，就是因爲其發而全部中節。節就是標準。「發而皆中節謂之和」意思是說「發即全部中節，這就是和」。節是禮節之節，也就是禮，中節即中禮，中禮就是和。禮是中庸的外在根據，仁是中庸的內在根據。《中庸》之仁是從孔子之仁發展而來的，是道德的主觀根據，是道德本體即性之主觀內容。仁與禮或節的關係就是中與和的關係，也就是道德情感與其發用的關係。道德情感發用直接就中節，直接就是禮，直接就是已發之和。道德情感與已發之和的關係是一種內在的必然的同一關係。

再來看感性情感之未發與已發。道德情感的未發是中，感性情感的未發是什麼呢？《中庸》沒有交待。但我們可以從儒家其他文獻中尋繹出。儒家有情本於氣的說法。《左傳》說天有六氣，人有六情，六情生於六氣。天之六氣即陰、陽、風、雨、晦、明。（昭公元年）與此相應，「民有好、惡、喜、怒、哀、樂，生於六氣，是故審則宜類，以制六志：哀有哭泣，樂有歌舞，喜有施捨，怒有戰鬥；喜生於好，怒生於惡。是故審行信令，禍福賞罰，以制死生：生，好物也；死，惡物也。好物，樂也；惡物，哀也。哀樂不失，乃能協於天地之性，是以長久」（昭公二十五年）。好、惡、喜、怒、哀、樂之所指顯然就是感性情感。服虔《左傳》注說：好生於陽，惡生於陰，喜生於風，怒生於雨、哀生於晦，樂生於明。孔穎達進而說「六情本於六氣」、「六情法六氣」（《毛詩正義》卷十八）。六情生於六氣之「生於」就是從未發到已發之過程的另一種說法。《逸周書．官人》說人有五氣，五氣就是五種情感：

〔註 22〕《傳習錄》上，第 76 條。

「民有五氣，喜怒欲懼憂。喜氣內蓄，雖欲隱之，陽喜必見；欲氣內蓄，雖欲隱之，陽怒必見；欲氣、懼氣、憂悲之氣皆隱之，陽氣必見。五氣誠於中，發形於外，民情不可隱也。」「五氣誠於中，發形於外」，「中」、「發形於外」等語言形式與《中庸》未發已發之說已非常接近。這一段記載又見於《大戴禮記．文人官人》，只是《大戴》將「五氣」說成「五性」。但從前後文來看，顯然「五氣」的說法更爲通順。《性自命出》也有一句話，可以視作《逸周書》和《大戴》兩種記載的綜合。《性自命出》說：「喜怒哀悲之氣，性也。及其見於外，則物取之也。」（《性自命出》簡 2）情是氣，又是性，這就把性與氣連到一起了。

從以上儒家文獻關於情與氣的說法中可以看出，感性情感有其未發，其未發是一種氣。感性情感存於中、未形於外就是氣。所以感性情感之未發也可叫收「情氣」〔註 23〕或「氣情」。《性自命出》說喜怒哀悲之氣是性，這種性就是一種氣性，與《中庸》天命之性完全不同。

感性情感出自人之生理需要，與感官本能直接相連。所以感性情感感於外，也求於外，求與人的生物本能相符合，而不是求於內，不是求與人的天命之性或道德本體相一致。禮節是道德本體之流行發用，感性情感不求與道德本體相一致，也就不求與禮節相符合。感性情感就包含已發時的三種情況，可能全部中節，可能部分中節，當然也可能全不中節。部分中節或全不中節就是不和，就是過與不及。就其部分中節或全不中節而言，感性情感就是不和的原因，就是過與不及的原因，從荀子的性惡論來說，其實就是惡之原因。禮節是天地之序，是人類之倫。不和、過與不及以及惡都是對禮節的沖決和破壞，這就需要用禮節對感性情感進行規約，以使其達到和，達到無過不及；及其達到無過不及之和，就是感性情感之發而中節。所以感性情感也可以發而中節，就其全部中節而言，也可以稱爲「和」。從這個意義上來說，中與和也可以是不完全對等關係，因爲和既可以指道德情感之發而中節，也可以指感性情感之發而中節，而未發之中則只是指道德情感之未發。當已發之和既指道德情感之發而中節、亦指感性情感之發而中節的時候，此時的已發之和就是一種「大和」，是從境界上來說的一種天地之和。《中庸》說「和也者，天下之達道。致中和，天地位焉，萬物育焉」，就是從這種天地之和的境界上

〔註 23〕龐樸：《孔孟之間 —— 郭店楚簡中的儒家心性說》，《龐樸文集》第二卷，濟南：山東大學出版社，2005 年，第 21 頁。

來說的。

但必須看到，道德情感的發而中節之和與感性情感的發而中節之和是不同的。道德情感的未發與已發之和是一種內在的同一關係，而感性情感的未發與已發之和是一種外在的化歸關係。道德情感未發時是不偏不倚之中，已發時自然即是無過不及之和，未發之中與已發之和是必然的、直接的、內在的關係。感性情感卻要經過禮儀品節才能化歸爲和，如果沒有禮的培養和約制，任憑情氣外沖，並不一定皆中節，所以感性情感的未發與已發之和是一種偶然的、間接的、外在的關係。

最後需要說明的是，情感有形式和性質的區別，兩者決不可搞混。先秦儒家關於情的形式，大體上有三種說法：

（1）《中庸》的四情說，即喜、怒、哀、樂。

（2）《左傳》的六情說，即好、惡、喜、怒、哀、樂。

（3）《禮運》的七情說，即喜、怒、哀、懼、愛、惡、欲。

情感是愉悅或不悅的感應能力，愉悅就是好，不悅就是惡。愉悅或不悅是從其狀態來說的，好惡是從情感作爲一種能力來說的。在《中庸》的四種情感中，喜和樂是愉悅的情感，怒和哀是不悅的情感。四情其實就是兩情，喜和樂是好，怒和哀是惡。在《左傳》的六種情感中，喜和樂是好，怒和哀是惡，於是好、惡之兩情就可以概括爲後面的喜、怒、哀、樂之四情，所以六情其實也只是兩情。《左傳》說六情生於陰陽風雨晦明等六氣，六情只是兩情，那麼六氣也只有兩氣，即陰陽二氣。在《左傳》時期，人們的概括能力還比較低，還不能這樣簡約地概括出兩情和二氣。《禮運》的七種情感稍微複雜一些。孔穎達疏《詩經》「好是懿德」說：《禮運》「獨言七者，六是其正，彼依附而異文耳。愛即好也。欲即樂也。懼蓋怒中之別出，己情爲怒，聞彼怒而懼。是怒之與懼，外內相依，以爲彼此之異，故分之爲七。」（《毛詩正義》卷十八）愛就是好。欲就是樂。怒是從自己情感中發出的，懼是對別人之怒的反應，怒是直接的怒，懼是間接的怒，是由怒引出來的情感，怒與懼是同一的。所以七情其實是六情，最終也可以歸爲好與惡。總之，這四種說法中的所有情感形式其實可以歸爲兩種，即：好與惡。

四情、六情、七情、好惡是從情感的形式來說的，性情、欲情或道德情感和感性情感是從情感的性質來說的。形式和性質是可以交叉的：從形式上來說，既可以說道德情感的形式，也可以說感性情感的形式；從性質上來說，道德情感有其各種形式，感性情感也有其各種形式。而且，兩種性質的情感之形式可以是完全相同的，比如《中庸》已發之喜怒哀樂，從性質上說既可以指道德情感，也可以指感性情感，但它們的形式是完全相同的，都是喜怒哀樂。後儒有所謂四端與七情之爭，這種爭辯之所以會出現，說到底就是因為把情感之形式與性質搞混了。孟子所說的惻隱、羞惡、辭讓、是非等四端雖然是情感的四種形式，但這是道德情感的四種形式。純從形式上來說，四端與七情可能無分彼此，「四端不出喜怒哀樂七情外，七情亦不出四端外。如惻隱亦是哀是愛，羞惡亦是惡是怒」〔註 24〕。但從性質上說，四端是道德情感，惻隱、羞惡、辭讓、是非是道德情感之形式，而不是感性情感之形式。所以四端絕對是善的。而七情可以從兩面看，既可以指道德情感，也可以指感性情感。所以七情可以是善的，也可以是惡的。這一點弄不清，爭論無休止。

總而言之，通過上面對未發已發的語言分析可以發現：第一，未發已發都是針對情而言的，性是未發這種說法是由此引申出來的一層意義。第二，已發是未發的呈現方式，未發只有通過已發才能表現出來。第三，存在兩種性質的情感，一是道德情感，一是感性情感。道德情感出自人之道德本性，道德情感未發時是大本之中，已發而自然中節，自然是達道之和。感性情感出自人之生理本能，感性情感發而可能中節，也可能不中節，需要禮樂品節才能使之中節而歸於和。

第二節　情體與情感形上學

《中庸》雖然只把未發限定在喜怒哀樂之情上，但同時也肯定未發可以指仁義禮智聖等德性。這些德性是天命之性，是道德本體，即中、仁、誠。未發只有通過已發才能呈現出來，才能得以實現和表現。未發與已發都是從情感來說的，未發是情感之未發，已發是情感之已發。所以中、仁、誠、性只有通過情感才能呈現出來，才能實現出來。道德本體與情感具有本質的同一性，情感是道德本體之呈現方式、本質內涵和內在動力。天命之性因為具有了情感性而成了「情性」，情感因與天命之性本質為一而成了「性情」。當然，與天命之性本質為一之情感是道德情感而非感性情感。道德情感因其與

〔註 24〕汪紱：《理學逢源》卷一「情」，《四庫》947/221 下。

道德本性之同一關係而具有了本體意義，所以本書又稱之爲「情體」。於是，由此而建構起來的儒家形上學可以說就是一種「情感形上學」。

一、道德本體與情體

中、仁、誠分別是天命之性的形式表示、主觀內容和客觀內容。在《中庸》中，未發也可以指性，所以也就可以說中、仁、誠都是未發之性。未發只有在已發中才能夠呈現，那麼中、仁、誠要經過情感之已發才能夠呈現，才能夠實現。當我們在討論中、仁、誠時，它們已經是已發，已經受到情感的浸潤。所以中、仁、誠都必然具有濃鬱的情感色彩，於是天命之性就具有厚重的情感性而成爲「情性」，天命之性作爲道德本體就成爲「情體」。

(1)中是道德本體之形式表示，是喜怒哀樂之未發。所以中是性又是情。

前面對中進行了兩方面的分析。一是從性的方面，也就是從道德本體方面所進行的分析。孔子中庸有內外兩個根據，從內在根據來說，中即仁，其基本形式是無適無莫；從外在根據來說，中即禮，其基本形式是無過不及。《中庸》之中直接繼承了孔子中庸的思想。中有體用：從體上說，中是不偏不倚；從用上說，中是無過不及。無論是無適無莫與無過不及，還是不偏不倚與無過不及，中都是只是一種形式的表示，是性之形式表示，是道德本體之形式表示。二是從情的方面所進行的分析。未發與已發都是從情感而言的，未發是情之未發，情是對未發的一種限定。「喜怒哀樂之未發謂之中」，喜怒哀樂之未發就是中，中是喜怒哀樂之情的未發。喜怒哀樂之情是對未發的限定，也是對中的限定，中就是喜怒哀樂之情的未發。同時，中也是對喜怒哀樂之情的未發之限定，喜怒哀樂之情的未發叫做中，喜怒哀樂之情發而全部中節叫做和。中與未發之情是一而二、二而一的關係。所以中就是情，是情之未發；情就是中，是未發之中。中既指性也指情，性是天命之性，情是道德情感，中既是道德本體，也是道德情感。「喜怒哀樂之未發謂之中」，喜怒哀樂即情，喜怒哀樂之未發即中。這是中之情感性。「中也者，天下之大本也」，大本是天命之性，就是道德本體。這是中之本體義。

中雖然既指性又指情，但必須清楚的是，中最初只是指道德情感，中的道德本體意義是一種引申使用。《中庸》之中最初只在情的意義上來使用，所以中只是喜怒哀樂之情的未發。至於中何以又有性的意義，中是如何從情感意義引申而有性的意義，這是經過了中、大本、性等三個概念之間的兩步換算而完成的。第一步是中與大本的對等關係。《中庸》首章明確說過中是天下之大本，所以中與大本是一種直接的對等關係。第二步是大本與性的對等關係。《中庸》第卅二章說：「唯天下至誠，爲能經綸天下之大經，立天下之大本，知天地之化育。夫焉有所倚？肫肫其仁！淵淵其淵！浩浩其天！苟不固聰明聖知達天德者，其孰能知之？」第卅二章之大本是天德，是從誠與仁來說的。誠是性之客觀方面，仁是性之主觀方面，所以大本就是性，兩者是對待的。第三步是中與性之間的對等關係。首章與卅二章的「天下之大本」應該是同一的，首章的大本之中與卅二章的大本之性也是同一的。中是天下之大本，天下之大本是天命之性，所以中即性，性即中。於是，情感意義上的喜怒哀樂的未發之中就過渡到了道德本體意義上作爲性的形式表示之中。

（2）仁是道德的主觀根據，根於道德情感。所以仁是性也是情。

孔子首倡仁學。仁是孔子中庸的內在根據。《中庸》則進一步說仁是性，是道德的本體。《論語》論仁是從愛、孝等道德情感來說的。仁者愛人，仁就是對人之愛情。此情是道德情感。孝悌爲仁之本，是仁之根本內容。所以仁既有性的意義，又有情的意義。仁兼有性和情的意義，這在《中庸》中有過明確的表達。《中庸》第廿章說：「仁者人也，親親爲大。」前面曾對這句話進行過詳細的分析。前面四個字「仁者人也」是從性來論仁的，後面四個字「親親爲大」是從情來論仁的。「仁者人也」是說仁是人之所以爲人的本質規定性，這顯然是從性來說的。「親親爲大」之「親親」包括橫豎兩個方向的親情關係：從橫的方向來說，親親是兄弟姐妹之間的親情；從豎的方向來說，親親是父母子女之間的親情。橫的親親之情其實也就是悌，豎的親親之情其實也就是孝，所以親親就是孝悌之情。「親親爲大」就是強調孝悌之情對於仁之體現、呈現和實現的重要性，這也就是《論語》所說的「孝弟也者，其爲仁之本與」。儒家論仁正是從這種道德情感中蒸餾昇華出宇宙萬物生生不已之性。由此可見，仁既是道德情感也是天命之性。

（3）誠是道德本體之客觀方面，誠還具有豐富的情感內容。

誠是性之客觀方面，是道德的客觀根據。誠的全部意可以義歸結到一個字，這就是「實」。實既是實體，又是實現。實體是從誠之靜的方面來說的，實現是從誠之動的方面來說的。從誠作爲萬物之實體和宇宙之實理來說，「誠者，天之道」，天道流行，不息不已，賦予人物，人物稟得即是性。性是由天自上而下地賦予人物的，人物好像是被動地接受的。相對於人而言，天象徵著客觀性。誠是天道，天道之誠是性之客觀面。從誠作爲宇宙生成、萬物生生的實現原則來說，「誠者，物之終始，不誠無物」，天道實理貫穿萬物始終，生生不已，悠久無息。天道實理稍有間斷，一有止息，宇宙即歸於寂滅，萬物即成爲槁枯，宇宙萬物的一切價值和意義即化爲烏有。

誠是實，是萬物之實體實理和宇宙之實現原則，同時誠又具有情的意義。這可以從三個方面來看。

首先，誠字與情字都具有「實」的意思。從字源學上來看，「情」字與「誠」字有著原初的關係，其紐結點就是「實」。「情」從青從心，「青」是情之本字。起初，情都是寫作青的，直到情字盛行的郭店楚簡，情字仍常作青字。青字的本義與「生」字又有直接聯繫。生字之本義是草生於地，而青是草生發之後的顏色，是生之眞實呈現和眞實顯發。青與生同根同本，一體而發，「青爲生質，生由青顯」。〔註 25〕情的本義是青，而青之意義最終落實於「實」，是生之眞實呈現和眞實顯發，所以情最初就具有「實」的意義。《尚書》、《詩經》、《左傳》、《國語》、《論語》之情字無外乎兩種意義：一是外在地說的事物之實，即情實；二是內在地說的內心之實，即誠實。在這些經典中，情尚未有情感的意義，情之情感意義直到二戴《禮記》和《荀子》才開始大量出現。〔註 26〕所以「情」與「性」一樣都是晚出的概念。後來性情理論發展，青和生都加上心，就逐漸分化出了情和性兩個字。可見，情與實的原初關聯就是「情實」，即實際的情況，後來的「實情」一詞大概就是從此而出。前面說誠最初的意義也是實。誠與情都有實的意義，誠是誠實，情是情實。誠與情就通過「實」而本源地聯結在了一起。正因爲這樣，古書多有「誠」、「情」通用現象。〔註 27〕

其次，誠作爲實，就是誠實，就是不欺，誠實不欺是一種眞實的道德情感。《大學》裏有一句話最能說明這一點：「所謂誠其意者，毋自欺也，如惡惡臭，如好好色，此之謂自慊。」誠就是不自欺。不自欺就如惡惡臭、好好色。我們知道，惡惡臭、好好色是一種眞實的感性情感，聞見惡臭自然厭惡，看到好色自然喜好，這是天然而自然、必然而定然的。如果哪個人一定要反

〔註 25〕歐陽禎人：《先秦儒家性情思想研究》，武漢：武漢大學出版社，2005 年，第 85～86 頁。

〔註 26〕李天虹：《郭店楚簡〈性自命出〉研究》，武漢：湖北教育出版社，2003 年，第 50 頁。

〔註 27〕王念孫《讀書雜志・墨子第一・情》，頁 571 上。

其道而行之，一定要好惡臭、惡好色，《大學》說這是「好人之所惡，惡人之所好，是謂拂人之性，災必逮夫身」。好惡臭、惡好色是好人之所惡、惡人之所好，這就違反了人性，不是眞情流露。惡惡臭、好好色等感性情感必須眞實流露，道德情感也是一樣。孔子說「好德如好色」，好德是道德情感，好色是感性情感。好德如好色一樣必須眞實流露。道德情感之眞實流露就是誠，誠就是不欺，不欺就能獲得一種自慊感，自慊的意思是自足快樂。道德情感眞實流露就會自足快樂。道德情感不能眞實流露就是不誠，不誠就是欺。欺包括欺人和自欺。欺人歸根到底還是自欺，因爲欺人的時候自己是知道在欺人。而自己是欺不了的，因爲自欺就會不自慊、不快樂，就會不安，就會憂心忡忡。這種不安、不快逼迫著人不能自欺，必須眞誠。所以《中庸》說：「君子誠之爲貴。」

最後，從《中庸》之學派歸屬來看，誠也必須有情的意義和作用。一般認爲，《性自命出》與《中庸》同出於子思，至少是同屬於子思學派的文獻。在《性自命出》中，「情」字佔有非常重要的地位，但在《中庸》裏「情」字卻一次也沒有出現，即使以喜怒哀樂來指代情也僅僅在首章出現過一次。《中庸》與《性自命出》所討論的主題好像完全不同。這樣一來，在《中庸》與《性自命出》的學派劃歸上就出現了一條裂痕。這一裂痕進而引起人們的懷疑，《中庸》到底是否屬於思孟學派的文獻。〔註28〕思孟學派大談性情，如果說《中庸》是思孟學派的經典文獻，那麼它就不應該對情避而不談。要麼《中庸》是通過別的形式來討論情感問題的。我們現在發現，誠就具有情感因素，發揮著情感的作用，而且誠又是《中庸》的標誌性概念。這樣就彌合了思孟學派前後文獻在義理連貫上出現的裂痕，《中庸》之學派劃歸問題也就解決了。〔註29〕

〔註28〕安樂哲：《自我的圓成：中西互鏡下的古典儒學與道家》，石家莊：河北人民出版社，2006年，第612頁。

〔註29〕也正因此，西方人在理解和翻譯《中庸》的誠時，非常重視誠之情感的意義。在英語世界，《中庸》之誠經常用三個詞來翻譯：creativity、integrity、sincerity。這三個詞與誠的兩個意義即實體意義和實現意義相對應。Creativity 意爲創造性、創生性，這與誠之實現意義相對應。（安樂哲、郝大維：《〈中庸〉新論：哲學與宗教性的詮釋》，《中國哲學史》2002年第3期）Integrity 除了眞誠的意思外，還有眞實性、統合性（wholeness）的意思，這與誠之實體意義相對應。而 sincerity 則具有明顯的情感（emotion，passion，feeling）意義。而且，用具有情感性的 sincerity 來譯「誠」是一個備受青睞的選擇，他們認爲，在

中、仁、誠都具有情感性，與道德情感是本質同一的，中、仁、誠分別是性或道德本體之形式表示、主觀內容和客觀內容，所以性或道德本體就具有情感因素，與道德情感是本質同一的。中、仁、誠是道德本體，中是中體，仁是體，誠是誠體，性是性體，道德本體與道德情感同一，所以性體就是情體。

再聯繫到前面對未發與已發的分析，道德本體與道德情感的關係可以歸結為以下三點：

第一，道德情感是道德本體之呈現方式。未發只有通過已發才能夠呈現出來，才能得以實現，已發是未發之實現途徑和呈現方式。未發與已發都是從情感來說的，未發是情感之未發，已發是情感之已發，所以情感可以自我呈現，可以自我實現，情感既是自己的實現途徑，也是自己的呈現方式。未發除了指道德情感，還可以指仁義禮智聖等德性，即道德的本體。也就是說，道德本體也是未發。那麼道德本體要呈現出來、實現出來，就必須經過已發的形式。已發是情感的已發，所以情感就是道德本體的呈現方式，道德本體只有通過情感的方式才能夠呈現出來，才能夠得以實現。情感與本體的這種關係可以用一個比喻來說明。本體就如一顆夜明珠，情感則是夜明珠外面的那一層薄膜。夜明珠的寶光要透現出來，必須經過那一層薄膜才能夠實現。那一層薄膜是夜明珠成其為夜明珠的呈現方式。當然，這一層薄膜與寶光並非外在的關係，而是本質上同一的。

第二，道德情感是性體發用之內在動力。情感是一種感應能力，同時也是一種欲求動力。感性情感是欲求與感性相符合的動力，事物感於感官，即引起人之感性上的愉悅或不悅，愉悅即發動人去追求，不悅卻發動人去避免。道德情感是欲求與性體相符合的動力，事物感於心靈，即引起人之精神上的愉悅或不悅，愉悅即發動人去實踐，不悅即發動人去避免。性體發用流行其實就是道德情感促動的道德實踐。道德情感是道德本體發用流行的內在動力。道德情感的愉悅或不悅，既可以是道德實踐的動因，也可以是道德實踐的結果。在道德情感的興發下，自覺地做道德實踐而避免不道德的行為，這時道德情感就是性體發用或道德實踐的動因。同時，自覺地追求道德的價值，

《中庸》中，誠具有情的涵義，發揮著情的作用。（Roger T. Ames and David L. Hall. *Focusing the familiar: a translation and philosophical interpretation of the Zhongyong.* Hawai'i University of Hawai'i Press, 2001, p62、73、74）

自覺地做道德實踐，無論其結果如何，都會在人的內部由衷產生一種愉悅的情感。這時，道德情感就是性體發用或道德實踐的結果。但是作爲結果來說的愉悅情感又會增強下一步的道德實踐，促動人繼續做道德的實踐。作爲道德實踐之結果的道德情感，反過來又成了下一步道德實踐的動因。道德情感作爲道德實踐的動因與結果是生生不已、不息不止的。這種不息不已就構成了性體發用或自覺實踐之生生不息的內在動力。

第三，道德情感是道德本體之本質內涵。情感是道德本體的呈現方式，道德本體發用流行是以情感的形式來實現的。道德本體在發用流行時已經具有情感性，已經染上了濃鬱的情感色彩。道德本體是情感性的道德本體，道德情感也是道德本體的情感，兩者渾然爲一、本質同一。道德情感又是道德本體之發用實現的內在動力，道德本體之所以能夠呈現出來，之所以能夠轉化成爲道德實踐，就是因爲道德本體本身就能夠引起人的愉悅感。這種愉悅感就是道德情感。道德情感是一種欲求動力，它所欲求的是道德本體，欲求與天命之性合而爲一。這同時也說明道德本體自身必定具有可欲性，其本身就足以引起人的欲望。而且，道德本體自身也足以滿足這種欲望。這種欲望之滿足會產生一種愉悅感，這種愉悅感就是道德情感。所以道德本體自身就是一種道德情感，道德情感是道德本體之本質內涵。

道德情感是道德本體的本質內涵，是道德本體得以實現的必然方式和內在動力。由此可以說道德本體是性體、中體、仁體、誠體，同時也是情體。

二、《中庸》形上學是情感形上學

《中庸》的課題就是構建儒家之形上學。儒家形上學之建構這一課題包括建立道德本體與尋找道德終極根源兩個子課題。天命之性是道德的本體。天命之性與道德情感具有本質的同一性，道德情感是天命之性或道德本體之本質內涵、呈現方式和內在動力。形上天是道德之終極根源。形上天是自然天之生命情感化。在儒家形上學建構的兩個課題中，情感都具有本質的意義。由此就可以說，儒家形上學的形態是一種「情感形上學」。

這馬上就引出一個根本性的問題：由情感能否構建起一種形上學？

我們知道，「形上學」這個概念本身就是一個複雜的問題。但無論怎麼複雜，形上學最關鍵的一個因素就是其形上性，也就是先天性。對此，康德有一個經典的結論：「一個出自純然概念的先天知識體系叫做形而上學」。〔註30〕康德的哲學使命是爲未來的科學的形上學夯實理論基礎，他對形上學問題致思最多，論證甚密，收效也頗豐。我們不妨從康德開始，來看看情感形上學的可能性。

康德認爲是不可能建立起來一套情感形上學的。這與他對先天性之規定有關。康德認爲先天性有兩個標誌：一個是必然性，一個是普遍性。在康德的體系中，具有普遍性和必然性的是先天的概念形式，而概念形式是能否構建起一種形上學的前提和基礎。這樣的概念形式只有兩種，即知性概念和理性概念。所以人類就只可能建立起兩種形上學：根據知性概念而建立起來的是自然形上學或經驗形上學，根據理性概念而建立起來的是道德形上學。情感屬於感性，涉及經驗，沒有自己獨立的先天概念形式，所以也就不可能建立起一套情感形上學。

康德如此強調概念形式的普遍必然性，是由其理性主義傳統和知識論背景所決定的。但是根據形上學的一般要求，能否構建起一種情感形上學關鍵是要看其是否具有先天性，而不能僅僅依賴於是否具有概念形式的普遍必然性。認知能力只是人的一種能力，情感能力是完全有別於認知能力的一種感應能力。由於情感能力與認知能力往往形成鮮明的對比，我們不妨就根據情感與認知能力的相關性來考察情感形上學構建的可能性。此時的關鍵問題有兩個：一、如果沒有概念形式，情感有無普遍必然性？二、如果沒有普遍必然性，情感有無先天性呢？

先來看第一個問題：如果沒有概念形式，情感有沒有普遍必然性呢？對此，康德是持肯定態度的。他認爲雖然沒有概念形式，情感還是有其普遍必然性的，還是有其自身的先天原則的，這個普遍必然的先天原則就是共通感。共通感是不借助於概念形式而在人與人之間能夠普遍傳達的情感。首先，共通感是沒有概念形式的，否則共通感就成了知性或理性。其次，共通感具有先天的普遍必然性，共通感具有先天性，是人性中先天具有的共通性。共通感把人的各種能力和概念形式（主觀合目的性）、概念形式與對象質料（客觀合目的性）先天地協調起來自由運作。如果沒有共通感，人類雖然具有各種先天能力和概念形式，但它們只會像經驗材料一樣，雜亂無章，一團亂麻。

〔註30〕康德：《道德形而上學》，《康德著作全集》第6卷，李秋零譯，北京：中國人民大學出版社，2007年，第223頁。

如果沒有這種可以普遍傳達性，人類的一切經驗知識、審美體驗和道德判斷甚至整個人類文化也都將成爲不可能。所以人類必然先天地具有一種共通感，這種共通感是可以普遍傳達的。

共通感雖然具有先天性，具有普遍必然性，但這只是一種主觀的普遍必然性。共通感沒有概念形式，沒有客觀性，因此它就不能像知性或理性那樣具有客觀的普遍必然性。概念形式之普遍必然性的一般表達是「一定」：我是這樣，你也一定是這樣，有理性的人都一定是這樣。這就具有客觀的普遍必然性。而共通感的一般表達是「好像」：我是這樣，你好像也是這樣，人們好像都是這樣。「好像」只是一種主觀表達，只是出自一己的主觀意願。至於別人是否確實如此，那只能在一己之主觀願望上希望也是如此。所以共通感只是一種主觀的普遍必然性。這種主觀性使得「共通感只是一個理想的基準」，只是爲了知識能夠普遍傳達而作的一個假定性的理論預設。〔註 31〕總之，在康德那裏，共通感雖然具有普遍必然性，但這只是一種主觀的普遍必然性。這使得共通感與自由、靈魂和上帝一樣只是一個預設的理念。〔註 32〕共通感的提出，只是爲了滿足各種人類能力能夠和諧共處、自由活動的需要而做出的假定，它在事實上存在不存在，我們無法知道。

再來看第二個問題，如果沒有普遍必然性，情感有沒有先天性呢？康德從理性主義的知識論背景出發，規定普遍必然性是先天性的標誌。情感雖然沒有客觀的普遍必然性，但有主觀的普遍必然性。這還是一種知識論的思維模式。其實，一個原則即使沒有普遍必然性，仍然可以是先天性的。舍勒就曾對康德的規定進行過嚴厲的批評。舍勒認爲，普遍必然性與個體的本質和本質性是沒有本質關係的，「完全有可能存在著一種只被、甚至只能被一個人明察到的先天！只是對於那些能夠具有相同明察主體來說（所以普遍性本質上都是這樣一種『對於』某人『而言』的普遍性，而先天性則根本不具有這種『對於一而言』的關係），一個建立在先驗內涵上的內涵才也是『普遍有效的』！」〔註33〕一個原則，它存在於我們精神活動的底部，先於邏輯形式、道德判斷的而運行著，就此而言，它是具有先天性的。但是當這個原則被每一個個體覺知明察時，當

〔註 31〕康德：《判斷力批判》，鄧曉芒譯，北京：人民出版社，2002 年，第 75～76 頁。

〔註 32〕鄧曉芒：《康德〈判斷力批判〉釋義》，北京：三聯書店，2008 年，第 229 頁。

〔註 33〕舍勒：《倫理學中的形式主義與質料的價值倫理學》（上），倪梁康譯，北京：三聯書店，2004 年，第 91 頁。

我們在個體身上發現到它時，它又完全是個別的，就此而言，它又不是普遍必然的。所以一個原則可以是先天的但非普遍必然的。

這種非普遍必然的先天性確實是存在的，情感就具有這種先天性。一方面，情感具有完全的先天性。情感是人類的一種基本能力，是諸認識能力之間能夠協調運作，審美體驗能夠廣泛傳達，道德判斷能夠自由進行的前提條件，如果沒有這種自由協調性和可以傳達性，這一切都是不可相像的。這種自由協調性和可以傳達性就是情感。知性、理性是先天的，作爲知性之諸形式能夠協調運作之保證的情感也必然具有先天性，而且是「先天的先天性」。另一方面，情感又具有個別的、沒有知識論意義上的普遍必然性。雖然情感是概念形式協調運作、審美體驗得以傳達和道德實踐自由進行的先天條件，但是具體到每一個人來說，它們對於概念形式協調運作時所獲得到的愉悅感受可以是不一樣的。同樣，道德實踐所帶來的情感體驗也可能是千差萬別的。審美體驗的個別性、非普遍性就更明顯，有時對於一件審美對象，不同的鑒賞者甚至會出現截然相反的情感感受。

形上學構建的一個關鍵就是尋找先天性的原則。情感雖然沒有客觀的普遍必然性，但卻具有其先天性的原則，所以關於情感就有可能構建起一種形上學，這種形上學就是「情感形上學」。康德之所以說只有自然形上學和道德形上學而沒有情感形上學，這只是從知識論的立場出發，強調形上學必須具有概念形式的先天性，情感沒有概念形式，沒有知識論意義上的普遍必然性，當然也就不可能構建一種情感形上學了。如果脫離知識論立場，像舍勒所肯定的那樣，先天性不但與形式沒有必然關係，而且與康德所說的先天性的兩個標誌即必然性和普遍性也根本無關，那麼我們就可以說，是完全有可能構建起一種情感形上學的。

《中庸》所構建起來的儒家形上學就是一種道德形上學。《中庸》形上學包括兩個方面相互交織的內容，第一是建立道德的本體，第二是尋找道德的終極根源。道德的本體和道德的終極根據都是以情感爲前提而進入的。情感是儒家道德形上學之入路、條件和內容，就此而言，儒家形上學是一種情感形上學。

當然，從更廣泛的意義上來說，建構形上學的關鍵是先天性要素的存在，儒家形上學能否稱得上是一種情感形上學，關鍵還是要看儒家義域內的情感是否具有先天性。前面說道德本體或天命之性是「情性」，道德情感是「性情」，性情就是先天的「情體」，所以儒家所說的情感是絕對具有先天性的。道德本體是人之爲人的本質，同時也是人之本質性存在。這裏就再從人的存在方式、道德本性與情感的關係上來看，情感是人的一種存在方式，儒家形上學的確可以稱得上是一種情感形上學。

對儒家而言，人首要的不是一個認知的存在，而是一個道德的存在、倫理的存在。人的道德性存在包括三個方面。

從個人之內在的方面來說，道德本性是人之所以爲人的本質規定性。道德本性在孔子那裏就是仁，仁是人的本質性存在。在《中庸》這裏，道德本性就是天命之性。天命之性可以從三個角度來看：形式地說，天命之性就是中；主觀地說，天命之性就是仁；客觀地說，天命之性就是誠。在孟子那裏，道德本性就是良心和善性。根據前面的分析，未發必須通過已發才能呈現出來，已發是未發的實現方式和途徑。未發與已發都是從情感而言的，情感是道德本性的呈現方式和實現途徑。道德本性因而也就具有了情感性，情感因而也就具有了本體意義。如果說人是道德的存在，那麼人也就是一種情感的存在，因爲人的道德本性只有通過情感之發與未發才能表示出其存在。

從社會之外在的方面來說，禮是人之言行舉止和社會生活的組織方式，而禮就是倫理的秩序。孔子說：「立於禮」（《論語》8.8），禮是人獨立於世的支柱，是人行走於世的拐杖。孔子還說：「人而無信，不知其可也。」（《論語》2.22）信就是講信用，信是禮的一種具體表現。「人而無信，不知其可也」就是說，一個人如果沒有信，如果沒有禮，眞不知他如何能夠生存於這個世界。當然，孔子的意思並不是說，不守禮的人眞的不能活在世上。因爲在現實中，很多不守禮的人照樣活在世上，甚至活得很好，比很多知禮董禮守禮的人活得更好，更加有滋有味。孔子的意思是說，人而無禮，人不守禮，就不能像一個眞正的人那樣活在世上。雖然在現實中他活得也很好，活得有滋有味，但這只是一種動物性的存活，只是一種畜生性的苟活。荀子後來說：「人之所以爲人者，非特以二足而無毛也，以其有辨也」（《荀子》5.9），而「辨莫大於分，分莫大於禮」（《荀子》5.10）。人與動物的區別就在於人是一種禮的存在。《中庸》說禮是達道，是天下之人所共由、必由、可由之路。「君臣也，父子也，夫婦也，昆弟也，朋友之交也，五者天下之達道也。」這裏的「五」就像五音、五聲、五體、五味之「五」一樣不是實指而是統說，五就是全部。五達道不是舉出具體的五種達道，而是說人世間就這五達道，五達道是人間全部的倫理關係和禮制準則。五達道縱橫交織，組成一個立體的「天羅地網」，這個立體的禮義網絡是人的現實生活方式。如果想成爲一個眞正的人，想以人的方式而不是以畜生的方式獨立於世，行走於世，就必然要走在這五條達道上。在儒家眼中，五達道是人間正道，如果偏離了五達道，輕一點說就是歪門邪道，往重地說就是禽獸不如。

人是一種禮義性的存在，而禮和達道都是根據情來說的。孝屬於父子之禮，盡孝守禮要有眞情實感。子游曾經問什麼是孝，孔子說：「今之孝者，是謂能養。至於犬馬，皆能有養；不敬，何以別乎？」（《論語》2.7）孝不是只從物質上養父母就罷了，眞正的孝要貫注極深的恭敬情感，傾注滿腔的孝子情懷。如果只是在生活上養活父母而沒有眞情實感，那與養活一匹老馬，養活一條老狗有什麼區別呢？在此，孔子只是眼前指點，點明孝或禮與情的內在關係。《中庸》則從哲學上進一步說情是禮之實質內容。《中庸》首章說，喜怒哀樂「發而皆中節謂之和」，「和也者，天下之達道也」。「節」就是禮節，喜怒哀樂之情發而全部合乎禮節就是和，就是天下之達道。達道有五，五達道是人間全部的禮制準則。可見，禮節與達道都是從情來說的。當然，發而皆中節之情可以是道德情感，也可以是感性情感。道德情感發而自然皆中節，感性情感發而可能中節，也可能不中節，這就需要禮製品節。所以道德情感與禮是一種內在的、必然的關係，是禮之實質內容，感性情感與禮是一種外在的、偶然的關係，是禮之調節對象。但無論怎樣說，禮是從情感來說的，禮是人的現實生活方式。那麼，人的生活就是一種情感性的生活，人的存在就是一種情感性的存在。照這樣的分析，眞難想像，沒有情感的人，沒有情感的生活會是一種什麼樣子。

從人在天地間或宇宙中的存在來說，人與天地宇宙是一種道德性的對應，而人對天地宇宙的感受卻是以一種情感性的方式來進行的。天地之道德性是人把自己的情感投射於天地萬物之後而形成的。誠者天之道，誠是流行不已之天道，誠也是天命之性即道德本體之客觀面。天道流行，命於人物就是性。從這個過程來看，人之道德本性似乎是天命所降。實際上，形上天之所以能夠成爲道德的終極根源，完全是由於人把自己的生命情感投射給自然天的結果。天人相通之處就在一個誠。誠看似是天道，其實只是人的道德本性的客觀面。誠與情有著本源性的實質聯繫，或者說誠就是情，情就是誠。通過誠這種情感方式，天道與人道就貫通爲一了。這是《中庸》的一個創舉。

一方面，人類的生命情感被宇宙化。人類的道德情感和生命價值獲得客觀性、普遍性，成爲客觀的、普遍的道德實體。另一方面，天地宇宙也被生命情感化。〔註 34〕「宇宙就是人類的情感」〔註 35〕，天地宇宙被賦予了道德情感和生命價值。人與宇宙萬物的關係看似是一種道德的關係，卻是以一種情感投射的方式完成的。

在儒家的傳統中，人是一種道德性的存在，而這種道德性的存在卻是以情感方式來透顯的。首先，人之道德本性只有透過情感才能呈現出來。其次，人是一種禮義性的生存，而禮義制度要以情感爲其實質內容。最後，天人貫通爲一，「宇宙秩序即是道德秩序，道德秩序即宇宙秩序」〔註 36〕，但宇宙之秩序卻是人以情感的方式賦予的。人天生就是情感性的存在，情感先天地存在於人之存在，情感是從人之存在內部透出並罩在人之存在外面的一張網絡。因而情感就成了人與自己、人與世界、人與宇宙之間的一座橋梁，人要與自己交流，要與世界溝通，只有通過情感才有可能。就此來說，先天性的情感是一個世界能被感覺的條件〔註 37〕，情感是完全具有先天性的。建立在先天的道德情感之上的儒家形上學，爲何不可以說是一種情感形上學呢？

〔註 34〕法國心理學家德拉庫瓦（Delacroix）稱之爲「宇宙的生命化」。（參見朱光潛《文藝心理學》，第 237 頁）

〔註 35〕安樂哲、何金俐：《文化對話的意義》，《中文自學指導》，2004 年第 5 期。

〔註 36〕牟宗三：《心體與性體》第一冊，《牟宗三先生全集》（5），第 40 頁。

〔註 37〕杜夫海納：《審美經驗現象學》，韓樹站譯，北京：文化藝術出版社，1992 年，第 477 頁。

第五章　《中庸》之至誠工夫

中庸之道有內外兩個根據，即仁和禮。中庸的兩個根據與人的兩種情感直接相關。道德情感是道德本體的直接呈現，發而無不中節，無過不及；感性情感發自感性氣質，發而有不中節，有過不及。道德情感是中庸內在根據亦即仁的本質內容，感性情感必然成爲中庸外在根據亦即禮的規約對象。與此相應，《中庸》就有兩條工夫路線和兩套工夫實踐，即針對道德情感、道德本體的「先天工夫」和針對感性情感、氣質感性的「後天工夫」。致中與致和、戒懼與愼獨、尊德性與道問學、誠與誠之、自誠明與自明誠、至誠與致曲分別是兩條工夫路線之具體實踐方式。兩條工夫路線不是分裂平行的，而是相互補充的。兩者的交彙點就是誠，這裏稱之爲「至誠工夫」。

第一節　兩種情感與工夫理據

工夫是爲發明道德本體而成德成聖所進行的道德修養實踐。《中庸》的工夫理據〔註 1〕在於兩種情感之本質和作用上的不同。

通過對未發已發的分析，我們得出以下幾點結論：第一，未發已發最初都是從喜怒哀樂之情來說的，已發是未發的呈現方式，已發必須通過已發才

〔註 1〕「理據」（motivation）一詞原爲語言學術語，意爲促動、激發語言自我發展的內在動因。據考證，該詞最早可以溯源於南朝齊釋岩《與劉刺史書》：「紆辱還誨，優旨仍降，徵莊援釋，理據皎然。」（《弘明集》卷十一）後來，「理據」逐漸從語言學走出，成爲一個普遍使用的詞語，其意義也隨即發生了些微變化。在現代漢語中，「理據」是原理、依據的意思，本書就是在這種意義上來使用的。

能呈現出來。第二，存在兩種性質不同的情感，即感性情感和道德情感。未發的大本之中是道德情感，已發的達道之和既有道德情感，也有感性情感。第三，道德情感未發時無適無莫、不偏不倚，已發後無不中節、無過不及；感性情感未發時可能有適有莫、有偏有倚，已發後有不中節、有過不及。第四，兩種情感發自人之兩種性質。道德情感發自人之道德本性，亦即道德本體，道德情感與道德本性是本質同一的，是道德本體之呈現方式、內在動力和本質內涵。感性情感發自人之氣質感性，對道德本體之發用流行起著雙重的作用，一則具有障蔽作用，二則也可能具有重要的助緣作用。

因爲道德本體是未發，未發之道德本體是隱而不見、微而不顯的，所以就需要通過工夫實踐將隱微未發之道德本體實現出來。依朱子的話，「不是說有個物事光輝輝地在那裏」〔註2〕，「道不是有個物事閃閃爍爍在那裏」〔註3〕。已發是未發之呈現方式，所以對於未發來說，已發有其必要性。已發包括道德情感和感性情感，都是道德本體之發用實現不可缺少的因素。兩種情感分別源於人之兩種性質，道德情感發於人之道德本性，感性情感發於人之氣質感性。所以未發已發的關係其實就是道德本性與氣質感性的關係。道德情感發自道德本性，發而無不中節、無過不及；感性情感發自氣質感性，發而有不中節、有過不及。因此道德情感之無過不及、無不中節其實就是道德本性之無過不及、無不中節，而感性情感之有過不及、有不中節其實就是氣質感性之有過不及、有不中節。《中庸》說：

> 子曰：「道之不行也，我知之矣：知者過之，愚者不及也。道之不明也，我知之矣：賢者過之，不肖者不及也。人莫不飲食也，鮮能知味也。」（第四章）
>
> 子曰：「道其不行矣夫！」（第五章）

第五章是對第四章的進一步強調。道即「率性之謂道」之道，是道之體，是性、中、仁、誠等道德本體。「道之行」即道德本體之發用流行，「道之明」即道德本體之發明呈現。道德本體本來能行能明，自然能夠發用流行，自然能夠發明呈現，但因賢智之過與愚不肖之不及而不能行、不能明。

賢智、愚不肖就是從氣質感性來說的。氣質感性對道德本性的影響可以從三達德、三知、三行、三近的關係中看出。現在就對這些關係進行分析，

〔註2〕《朱子語類》卷九四，《朱子全書》17/3142。
〔註3〕《朱子語類》卷百十三，《朱子全書》18/3593。

以便看出氣質感性對道德本性之影響以及做工夫實踐之必要性。

三達德、三知、三行、三近均見於《中庸》第廿章。

（1）三達德：「知、仁、勇，三者天下之達德也，所以行之者，一也。」

（2）三知：「或生而知之，或學而知之，或困而知之。及其知之，一也。」

（3）三行：「或安而行之，或利而行之，或勉強而行之。及其成功，一也。」

（4）三近：「好學近乎知，力行近乎仁，知恥近乎勇。」

三達德是性之所有，是道德本性之本質內容。我們知道，三達德在《論語》中也曾出現過，但《中庸》三達德之排列次序與《論語》稍有不同，其不同的原因在於氣質感性的影響。這種影響就反映在三知、三行與三近及其關係中。

首先來看三達德的次序及其意義。仁、智、勇三達德連在一起使用最早出現於《論語》，《中庸》則進一步將之概括爲「三達德」。在三達德的問題上，《論語》與《中庸》雖然是一脈相承，但兩者卻存在一個細微的區別，這就是三達德之次序排列。在《中庸》中，三達德的次序是智、仁、勇，而在《論語》中，三達德有兩個次序，分別是智、仁、勇和仁、智、勇。《論語》中三達德的兩個次序分別見於《子罕》和《憲問》兩篇：

> 子曰：「知者不惑，仁者不憂，勇者不懼。」（《論語》9.29）
>
> 子曰：「君子道者三，我無能焉：仁者不憂，知者不惑，勇者不懼。」子貢曰：「夫子自道也。」（《論語》14.28）

在《子罕》和《憲問》兩篇中，三達德的內容是一樣的，都以不憂說仁，以不惑說智，以不懼說勇。但在這兩篇中，三達德的排序稍有不同。在《子罕》中，三達德的次序是智、仁、勇，在《憲問》中的次序則是仁、智、勇。不同之中又有相同之處，即勇的位置是固定的，始終處於最後。其不同之處只是仁和智的次序不同。就《中庸》與《論語》關於三達德的表達來看，《中庸》只取《子罕》篇對三達德的次序安排，沒有採取《憲問》篇的次序安排。

這種次序上的微妙差異是偶而爲之，還是有什麼更深層的意義呢？關於這一點，歷來有「成德之序」和「爲學之序」的說法。程明道認爲，三達德這種次序上的不同旨在表明成德、爲學之次序不同。他說：「『仁者不憂，知者不惑，勇者不懼』，德之序也。『知者不惑，仁者不憂，勇者不懼』，學之序也。知以知之，仁以守之，勇以行之。」〔註 4〕三達德的兩種次序與成德和爲學的不同次序是相對應的：仁、智、勇是成德的次序，智、仁、勇是爲學的次序。明道此說爲范祖禹全面繼承：「聖人責己所以勉人也。仁者樂天，故不憂；知者窮理，故不惑；勇者獨立，故不懼。《中庸》曰：『好學近乎知，力行近乎仁，知恥近乎勇。』知、仁、勇者，入德之序也。仁、知、勇，成德之序也。」〔註 5〕朱子也秉承了明道之德性次序與爲學次第的說法。朱子注《子罕》第廿九章曰：「明足以燭理，故不惑；理足以勝私，故不憂；氣足以配道，故不懼。此學之序也。」〔註 6〕這是對程明道爲學之序說法的進一步補充。但對於《憲問》第廿八章，朱子雖然說「尹氏以自道爲夫子之事，則在於文義亦有所不通也」〔註 7〕，但還是捨棄諸家之說而引用了尹焞的說法。尹焞說：「我無能焉，自責以勉人也。故子貢曰：此乃夫子之事也。成德者以仁爲先，故先之以仁者不憂。若夫進學者，則以知爲先。夫子之言，其序有不同。」〔註 8〕從尹焞的話中也可以看出，他對仁先或智先的次序也是跟著明道的說法走的，即仁在先是成德次序，智在先是爲學次序。朱子還曾非常清楚地表達了這種次序與次第的對應關係。有人問《論語》中兩處三達德次序的不同，朱子答道：「成德以仁爲先，進學以知爲先，此誠而明、明而誠也。」〔註 9〕這不但將明道之次第說法進一步明確爲仁與智誰打頭的問題，而且還將成德與進學的次第與《中庸》誠和明的關係聯繫起來。

在仁、智、勇這個次序中，仁字打頭，這是一種成德次序；在智、仁、勇這個次序中，智字打頭，這是一種爲學次序。仁是道德本體的主觀內容。所以仁、智、勇的成德次序即暗含著以仁爲要務，從本上一立立定。程明道說的「識仁」與「定性」大概就可以歸於這個序列。而智、仁、勇的爲學次序則暗含著要以智爲先，從外面開物成務。程伊川所說的「進學在致知」就可以歸於這個序列。也就是說，三達德的成德和爲學兩種次序意味著兩條工夫路線和兩套工夫方法，成德次序所意味的是一種「立本」的工夫路線，爲學次序所意味的是一種「化末」的工夫路線。

〔註 4〕《程氏遺書》卷十一，《二程集》，第 125 頁。
〔註 5〕《論語精義》卷七下，《朱子全書》7/499。
〔註 6〕《論語集注》卷五，《四書章句集注》，第 116 頁。
〔註 7〕《論語或問》卷十四，《朱子全書》6/835。
〔註 8〕《論語精義》卷七下，《朱子全書》7/499。
〔註 9〕《朱子語類》卷三七，《朱子全書》15/1373。

但無論是立本的成德次序，還是化末的爲學次序，在本質上應該沒有什麼分別，最終目的都是爲了成德。關於這一點，二程早已注意到。二程曾就《憲問》篇回答弟子王彥森時說，三達德本身並無不同，都是理本身，只是德名不同。王彥森問：「道者一心也，有曰『仁者不憂』，有曰『知者不惑』，有曰『勇者不懼』，何也？」二程回答曰：「此只是名其德爾，其理一也。得此道而不憂者，仁者之事也；因其不憂，故曰此仁也。知、勇亦然。不成卻以不憂謂之知、不惑謂之仁也？凡名其德，千百皆然，但此三者，達道之大也。」〔註 10〕作爲三達德之名稱，仁、智、勇只是德名之不同；而三達德作爲德性，其本質是同一的。謝上蔡對這一點最有心得，他說：「天下之事若一二，本無可惑，察理不盡則惑；本無可憂，有利害心則憂；雖死生亦分內事，本無可懼，中無主則懼。蓋自其不惑，則以智名之；自其無往而不自得，則以仁名之；自其無恐懼心，則以勇名之。名雖不同，要之其道則一。」〔註 11〕從根本上說，性理無所謂惑，也無所謂憂，更無所謂懼，之所以有仁、智、勇或智、仁、勇之不同，只是道德本體在應於事時之表現不同。

《中庸》三達德之次序是智、仁、勇，這顯然是化末的爲學次序。於是這裏就有一個疑問：難道《中庸》所說的僅是這樣一種工夫路線嗎？要回答這個問題，我們不得不再詳細梳理一下《中庸》三達德與三知、三行和三近的關係。

「三知」之說，源於《論語．季氏》。孔子說：

> 生而知之者，上也；學而知之者，次也；困而學之，又其次也；困而不學，民斯爲下矣。（《論語》16.9）

從字面上看，孔子似乎認爲「生而知之」是最上，「學而知之」是其次，「困而學之」再次，「困而不學」是最下。當把這一章與《雍也》篇第廿一章合在一起來看時，就更加強了這種認識。孔子在《雍也》篇中說：

> 中人以上，可以語上也；中人以下，不可以語上也。（《論語》6.21）

兩處合在一起來看，很容易產生這樣的歸類：「生而知之」對應「中人以上」，「學而知之」應對「中人」，「困而學之」、「困而不學」應對「中人以下」。而且孔子還說過：「我非生而知之者，好古，敏以求之者也。」（《論語》7.20）似乎孔子的確認爲「生而知之」是最上等次的，以至於連他自己都不敢以「生

〔註 10〕《程氏遺書》卷一，《二程集》，第 2 頁。
〔註 11〕《論語精義》卷五上，《朱子全書》7/343。

而知之」自居。

《中庸》引用《論語》說「或生而知之，或學而知之，或困而知之。及其知之，一也」。《中庸》少去「困而不學」一項，也沒有上下高低之分，而且多出「及其知之一也」一句總結性的話。這是否意味著，在《中庸》這裏沒有「困而不學」之人，從而人皆可教的意義更濃了？後面將看到，《中庸》的確有這種意思。

「三行」之說，見於《論語・里仁》。孔子說：

> 仁者安仁，知者利仁。（《論語》4.2）

很顯然，《中庸》之「安而行之」與《論語》之「仁者安仁」相對應，「利而行之」與「知者利仁」相對應。但是這裏仍然有兩個問題：第一，在《里仁》篇並沒有與「勉強而行之」相對應的語句；第二，《中庸》雖然說安行、利行，但並沒有直接說安行即是安仁、利行即是利仁。後來很多文獻陸續對這兩個問題進行了補充和說明。最典型的有以下幾處文獻：

> （1）孟子曰：「萬物皆備於我矣。反身而誠，樂莫大焉。強恕而行，求仁莫近焉。」（《孟子》13.4）
>
> （2）子曰：「仁有三，與仁同功而異情。與仁同功，其仁未可知也；與仁同過，然後其仁可知也。仁者安仁，知者利仁，畏罪者強仁」。（《禮記・表記》32.7）
>
> （3）仁者可以觀其愛焉，智者可以觀其理焉，強者可以觀其志焉。（《禮記・喪服四制》49.10）
>
> （4）故用人之知去其詐，用人之勇去其怒，用人之仁去其貪。（《禮記・禮運》9.11）
>
> （5）仁者安仁，智者利仁，畏罪者強仁。校其仁者，功則無以殊。覈其爲仁者，則不得不異。安仁者，性善者也。利仁者，力行者也。強仁者，不得已者也。三者相比，則安仁優矣。（南朝裴駰《史記・滑稽列傳集解》引鍾繇、華歆、王朗等對魏文帝問）

從上列幾處材料可以看到，《孟子》「強恕而行，求仁莫近」似乎是對《中庸》「勉強而行之」的解釋，並開始將「勉強」與「求仁」聯繫起來。《表記》根據《孟子》的說法，從義理上就把《論語》所缺少而可以與《中庸》「勉強而行之」相對應的環節補齊了，並進而提出了「三仁」的說法。這樣一來，《論語》被補齊的「三仁」與《中庸》的「三行」就完全對接上了。《喪服四制》

和《禮運》則是對仁、智、強三者內涵的進一步解釋。如果兩相比較，我們還可以發現，「勉強」與三達德中之勇德是對應的。裴駰《史記集解》引語則是對前面幾處文獻關於「三仁」和「三行」說法的一個總結：「仁者安仁」與「安而行之」相對應，是爲最優；「智者利仁」與「利而行之」相對應，位居其次；「畏罪者強仁」與「勉強而行之」相對應，是爲最次。《史記集解》的這個總結成爲是後人理解三達德與三知、三行、三仁和三近之間關係的一個基本框架。

「三近」之說最早就源於《中庸》第廿章。《中庸》是通過三近把三達德與三仁、三行和三知直接聯繫到一起的。三仁、三知雖然是一一對應的，然而從中並不能直接看出它們與三達德也是對應的關係。三仁、三知中之仁、智雖然可以與三達德之仁、智對應，但是三仁、三知只有困知、強知、強仁，並沒有出現勇。從三近內部來看，勇與仁、智是鼎立關係，「好學近乎知」屬智，「力行近乎仁」屬仁，「知恥近乎勇」屬勇。從三近與三仁、三智、三行關係來看，三近之仁、智、勇又分別與三仁、三智、三行形成一一對應關係。這樣，《中庸》就通過三近把勇與強行、強仁和強知一一對應起來了。

三達德、三知、三行、三近雖然有一一對應的關係，但這種對應關係的內在關聯到底是什麼呢？關於這個問題，朱子有「以其分而言」和「以其等而言」兩種說法。《中庸章句》說：

> 知之者之所知，行之者之所行，謂達道也。以其分而言：則所以知者知也，所以行者仁也，所以至於知之成功而一者勇也。以其等而言：則生知安行者知也，學知利行者仁也，困知勉行者勇也。蓋人性雖無不善，而氣稟有不同者，故聞道有蚤莫，行道有難易，然能自強不息，則其至一也。……三知爲知，三行爲仁，則此三近者，勇之次也。〔註12〕

《中庸或問》還說：

> 安行可以爲仁矣，然生而知之，則知之大，而非仁之屬也；利行可爲知矣，然學而知之，則知之次，而非知之大也。且上文三者之目，固有次序，而篇首諸章，以舜明知，以回明仁，以子路明勇，其語知也不卑矣，夫豈專以學知利行者爲足以當之乎？故今以其分而言，則三知爲智，三行爲仁，所以勉而不息，以至於知之成功之一

〔註12〕《中庸章句》，《四書章句集注》，第29頁。

> 爲勇：以其等而言，則以生知安行者主於知而爲智，學知利行者主於行而爲仁，困知勉行者主於強而爲勇。又通三近而言，則又以三知爲智，三行爲仁，而三近爲勇之次，則亦庶乎其曲盡也歟？〔註13〕

三達德及三知、三行、三近幾者的關係可「以其分而言」，也可「以其等而言」。天道運行，人物稟得而爲其性，此乃就其所稟得處來說，就是「其分」。《易傳》說：「雲行雨施，品物流形」，「乾道變化，各正性命」，《大戴禮記・本命》篇也說：「分於道謂之命，形於一謂之性」。「分」即是從人物之差別處來說的，這種差別其實就是感性氣質之異。

天命之性原本爲一，由於人物氣稟之異，天命之性也表現出不同的層次。從三達德來說，有些人可能於仁性上表現得多一些，這就是「仁者安仁」；有些人可能於智性上表現得多一些，這就是「智者利仁」；有些人可能於情性上表現得多一些，這可以稱之爲「勇者強仁」。

「以其分而言」是說人有氣稟之差、性分之異，人之感性氣質表現出高低不同的差別。這就是孔子所說「生而知之者，上也；學而知之者，次也；困而學之，又其次也；困而不學，民斯爲下矣」。

「以其等而言」是從「聞道有早莫，行道有難易」上來說的，聞道、行道即是工夫實踐問題。聞道有早有晚，行道有難有易，究其原因，就是人之氣稟有清有濁。氣稟清者其聞道就可能早些快些，其行道也就可能容易一些，因而所需要做的工夫就可能少一些。相反，氣稟濁者其聞道就可能晚些遲些，其行道也就可能困難一些，因而所需要做的工夫就可能多一些。

以上分析在《中庸》文本中皆有據可查。《中庸》第二章說：

> 君子中庸，小人反中庸。君子之中庸也，君子而時中；小人之中庸也，小人而無忌憚也。

這裏就按照中庸之道的行之難易排列出了三等人，即：中庸之君子、鮮能中庸之民、反中庸之小人。郭嵩燾說：「《中庸》發端，先清君子小人之界，斬斬截截，斷定反中庸者爲小人。蓋君子中庸原是性道分內事，盡智愚、賢不肖不能踰越，過與不及亦只在此道上分別淺深，其顯然違異乎中庸者，必小人也。」〔註14〕《中庸》在第二章就提出人品之差異問題，足見人的氣質之別對於道德本體呈露展現和工夫修成之重要性。

〔註13〕《中庸或問》下，《朱子全書》6/587。
〔註14〕郭嵩燾：《中庸章句質疑》，《續四庫》159/468上。

《中庸》第六、八、十章又舉舜之大知、顏回之擇善和子路之強的來說明這一點。一般認爲這三個例子分別與「以其分而言」之知、仁、勇相對應。《中庸》第四章也說：

> 道之不行也，我知之矣：知者過之，愚者不及也。道之不明也，我知之矣：賢者過之，不肖者不及也。人莫不飲食也，鮮能知味也。

這裏就按中庸之道行不行、知不知排列出了三等人：智賢之過者、愚不肖之不及者與無過不及者，其中無過不及者即能行中庸之道之人。當然，無過不及者在此章沒有明顯說出，但從文意分析，《中庸》肯定承認有這一類人的。

於是三達德與三知、三行、三近就通過「以其分而言」和「以其等而言」的縱橫交互關係編織成了《中庸》工夫之理論依據。「以其分而言」旨在說明實踐工夫之理論必要性。從理論上說，人皆有氣稟，而且氣稟有清濁昏明之別，這必然造成人們聞道有早晚、行道有難易。「以其等而言」旨在說明工夫實踐之現實必要性。從現實上說，人之聞道的確有早有晚，人之行道的確有難有易，這就需要根據人之現實性狀設計不同的實踐工夫。

最後來看三達德、三知、三行、三近的統一性問題。無論是「以其分而言」還是「以其等而言」，都是在說氣質感性之差異性，在這些差異性之中有無統一性呢？如果沒有統一性，仍然是現象界的一片混沌，三知之知便無法知，三行之三便無法行，三近之近也更難說得上近。所以《中庸》必定強調統一性。這個統一性就是關於三達德的「所以行之者一也」、關於三知的「及其知之一也」和關於三行的「及其成功之一也」之「一」所表達的涵義。

本書第一章已經分析過，三達德「所以行之者一也」之「一」指的是具有唯一性、絕對性、先驗性和普遍性之道德本體，具體地說，它指的是道德之總根據即性、道德之形式根據即中、道德之主觀根據即仁以及道德之客觀根據即誠。道德本體即包含統一性，只有這樣它才能夠成爲形形色色的道德現象的形上原則和內在根據。

那麼三知之「及其知之一也」和三行之「及其成功一也」之「一」又是什麼意思呢？這裏的關鍵是「及其」兩個字。在古漢語裏，「及其」常與表示極處的詞（比如「至」）連用，意思是達到最理想的狀態。「或生而知之，或學而知之，或困而知之，及其知之一也。或安而行之，或利而行之，或勉強而行之，及其成功一也」，三知是知，三行是行。「及其知之一也」就是說當三知臻於其極的境界，它們的最終效果是同一的。「及其成功一也」就是說當三行臻於其極的境界，它們的最終效果也是同一的。知與行臻於其極的境界，《中庸》第十二章有過說明：

> 君子之道費而隱。夫婦之愚，可以與知焉；及其至也，雖聖人亦有所不知焉。夫婦之不肖，可以能行焉；及其至也，雖聖人亦有所不能焉。天地之大也，人猶有所憾。故君子語大，天下莫能載焉；語小，天下莫能破焉。《詩》云：「鳶飛戾天，魚躍於淵。」言其上下察也。君子之道，造端乎夫婦；及其至也，察乎天地。

這裏連用了三個「及其至」。「及其至」就是臻於其極。當知臻於其極的時候，連聖人也有所不能知，當行臻於其極的時候，連聖人也有所不能行，這樣的知和行是「察乎天地」，是達到極限的狀態。知達到天地的狀態就是「思知人，不可以不知天」，行達到天地的狀態就是「能盡其性，則能盡人之性；能盡人之性，則能盡物之性；能盡物之性，則可以贊天地之化育；可以贊天地之化育，則可以與天地參矣」。

這就與《中庸》開篇前兩句話接上了：「天命之謂性，率性之謂道」。「及其知之一也」是知其天命之性，「及其成功一也」是儘其天命之性。這兩個「一」也是指天命之性，亦即道德本體。不過，達到這個境界需要經過一番知與行的實踐工夫。不管工夫入路有什麼差異，工夫做到極致，匯合到一點，必然是那唯一的天命之性。在這一點上，明代和尚釋（史）德清說得很有好：「性德雖一，而人根器不同，故有上中下三等之別，因有生知學困之差，而行亦有安利勉強之異，其實所以究竟歸於一致。及者，至也，謂至其極處，歸性而已。故曰及其知之一，而及其成功亦一也。」〔註15〕

「及其知之一也」、「及其成功一也」說的是從知與行兩個方面達成道德本體。這兩個「一」與三達德之「所以行之者一也」之「一」所指對象相同，都是指天命之性或道德本體。所不同的是，「所以行之者一也」是從本體上來說的，「及其知之一也」、「及其成功一也」是從工夫實踐的最終效果上來說的。其區別就在於「所以」和「及其」兩個詞。「所以」表示的是現象之應然的內在根據，「及其」則是表示所達到的最終效果。效果有不同的層次，不同層次的效果其實就是不同的境界。因此也可以說，「所以」是從本體論上來說的，「及其」是從境界論上來說的。效果或境界雖然有不同的層次，但從終極性

〔註15〕史德清：《中庸直指》，南京：金陵刻經處，光緒十年刊本（2007年重印），第43頁。

上來說，或者從「及其知之」、「及其成功」之最終效果上來說，其效果或境界必然是「一」。無論是三知還是三行，當它們達到最終的效果、達到最高境界時，必然歸爲一，必然是同一的。這個同一處就是道德本體，就是天命之性，就是盡性知天之聖人境界。

三達德之「所以行之者一也」與本體論相對應，三知三行與工夫論相對應，三知三行之「及其知之一也」、「及其成功一也」與境界論相對應，這三者就形成了一個圓圈：三達德的本體之「一」是這個圓圈的起始基點，也是終極目標；三知三行的境界之「一」是這個圓圈結穴之處；三知三行是爲了實現目標、達到終點的兩種手段和方式，也即兩套工夫實踐。

至此，我們可以看到工夫之所以需要有兩個理論預設。第一個預設是人之二元構成。人由天命之性、道德情感和氣質感性、感性情感性構成，未發之中完全是天命之性和道德情感，已發之內則既有天命之性、道德情感，又有氣質感性、感性情感。第二個預設是已發的雙重作用。已發對於未發來說有積極和消極兩個方面的作用：從積極的方面來說，已發是未發呈現表現的載體，沒有已發，未發是無法表現出來的；從消極的方面來說，已發又不能完全表現、呈現未發，會對未發有某種程度的障蔽和遮阻作用。這兩個預設對於工夫來說，都是必不可少的。就人之二元構成來說，如果人僅由未發構成，只有天命之性，而沒有氣質之性，那就是神，而不是人。神是不需要工夫的。如果人僅由已發構成，只有氣質之性，而沒有天命之性，那就是禽獸，就是草木瓦石。禽獸草木瓦石也是不需要工夫的，因爲工夫已完全失效。就已發的這種雙重作用來說，如果已發只有積極作用，已發能夠完全呈現未發，氣質之性對天命之性沒有任何阻擋遮蔽作用，那就不需要工夫。如果已發只有消極作用，已發完全不能呈現表現未發，也完全不需要工夫，因爲任何工夫都成了白費工夫。

上面的分析有些煩瑣枯燥，但總歸一點就是在說工夫實踐的理據問題。工夫實踐的基本理據是未發已發或兩種情感的關係，由這個關係引出以下幾層意思：

第一，道德本體是未發，未發的道德本體不是明明白白地放在那裏的，必須通過已發才能呈現出來。

第二，未發已發都是從情感來說的，人有道德情感和感性情感兩種情感。道德情感發於道德本性，感性情感發於氣質感性。未發已發的關係包括道德情感與感性情感或道德本性與氣質感性的關係。

第三，已發之所以會有過不及、有不中節，就是因爲氣質感性、感性情感對道德本性的遮蔽。用宋明理學的話來說，人有兩種性：一是天命之性，二是氣質之性。氣質之性有清濁昏明之別，故其表現呈露天命之性即道德本體之時便有偏全不一，於是就出現了過與不及之差。這種人品上之差異的現實表現就是三知、三行、三近。

第四，氣質感性的偏全不一，感性情感的作用不一，必然造成道德本體展現呈露方式上的參差不一和進學過程上的速緩快慢。三知是通過智性的形式來知本體，三行是通過仁性的形式來行本體。三知和三行之內又有高低上下的層次之分，不同層次的人品需要採取不同的實踐工夫，在證成本體時的過程也可能不完全一致。

第五，工夫手段和實踐過程不一，工夫實踐就表現出一種程度性，這種程度即工夫實踐的境界。從現實層面來說，不同的程度便是不同的境界。但從理論層面來說，工夫實踐的終極成就必然趨向於一，即天命之性或道德本體。這種終極的境界即是道德本體的全幅呈露，也就是至誠盡性、不偏不倚、無過不及的境界。

第二節　先天工夫與後天工夫

與兩種情感的基本理據相應，《中庸》提供了兩條工夫路線：一是相應於道德情感、道德本體的工夫路線，二是相應於感性情感、氣質感性的工夫路線。道德情感、道德本性是先天的，感性情感、氣質感性是後天的。這裏借用宋儒邵康節「先天之學」、「後天之學」的說法與明儒王龍溪「先天正心之學」、「後天誠意之學」的說法，把第一條工夫路線稱爲「先天工夫路線」，把後一條工夫路線稱爲「後天工夫路線」。致中與致和、戒懼與愼獨、尊德性與道問學就是分屬兩條工夫路線的實踐方式。

一、致中與致和

「致中」與「致和」這對概念是從「中」與「和」這兩個概念引出來的。《中庸》首章說：

> 喜怒哀樂之未發謂之中，發而皆中節謂之和。中也者，天下之大本

也；和也者，天下之達道也。致中和，天地位焉，萬物育焉。

「致中和」分開來說，就是「致中」與「致和」。於是上面的三句話其實說了三對概念，即中與和、致中與致和、天地位與萬物育。這三對概念的前後項可以分為兩組：中、致中、天地位是一組，和、致和、萬物育是一組。本書第二章已經說過，中與和是一對體用概念。本節將說明：致中與致和是一對工夫概念，而天地位與萬物育則是一對境界概念。

首先，中是體，和是用。中是未發之大本，是道德的本體；和是已發之達道，是本體之發用流行。

中是喜怒哀樂之未發，和是喜怒哀樂之發皆中節。喜怒哀樂未發之中是不偏不倚，喜怒哀樂已發之和是無過不及。中與和的關係是由喜怒哀樂之情的發與未發而聯繫在一起的，未發規定已發，已發顯現未發。所以中是未發之情之中，和是已發之情之和。情雖有未發之體和已發之用的區別，但終歸是一個情。未發之情與已發之情的關係有兩種，一是邏輯的關係，一是事實的關係。從邏輯的關係上來看，有什麼樣的未發，就應當有什麼樣的已發；有什麼樣的中，就應當有什麼樣的和。但從事實關係上來看，有什麼樣的未發，卻未必有什麼樣的已發；有什麼樣的中，也未必有什麼樣的和。之所以會出現這種邏輯與事實上的偏差，關鍵在於未發與已發是不完全對等的，未發之中不能完全顯現於已發之事。呂與叔說：「然人應物，不中節者常多，其故何也？由不得中而執之，有私意小知撓乎其間。故理義不當，或過或不及，猶權度之法不精，則稱量百物，不能無銖兩分寸之差也。」〔註 16〕未發之中不能如如顯現的原因有兩個，一是執中不固，二是物欲阻撓。因此，欲達到中和，就有兩條路線可走，一是直接從未發之中入手，二是從影響未發之中發而不和的因素入手。前者即所謂致中，後者即所謂致和。

其次，致中與致和是從中與和引出來的，是一對工夫概念。

「致中」「致和」與「中」「和」的差別在「致」字，而「致」字是標明工夫的概念。郭嵩燾說：「天地位，萬物育，儘有工夫節目，盡於『致中和』一『致』字中。」〔註 17〕「致」字標明了致中、致和是從工夫實踐上來說的。但是「致」字頗不好解。我們知道，在儒家心性之學中，「致」是一個極其重要的概念，也是一個多解而且難解的字眼。對這個字解釋不同，就意味著為

〔註 16〕呂大臨：《禮記解・中庸》，《藍田呂氏遺著輯校》，第 274 頁。

〔註 17〕郭嵩燾：《中庸章句質疑》，《續四庫》159/466 下。

學致思方向的不同，甚至會出現革命性的哲學轉變。比如朱子對格物致知之「致」字的詮釋與王陽明對致良知之「致」字的訓解，就不只是關於一個字之涵義的爭論，更多的是兩種哲學思維的碰撞。所以要明瞭致中和的意義，首先需要弄清楚「致」字的意義。宋人俞成曾作《「致」字說》，詳細考辨了「致」字的意義：

> 先儒解「致」字，往往不盡。如「致中和，天地位焉」，鄭康成云：「致，行之至也。」「致樂以治心」，云：「致，深審也。」《周易略例》「主心致一也」，孔穎達云：「致，猶歸也。」《禮器》「禮也者，物之致也」，鄭云：「致之言至也，極也。」其他諸經，往往指爲極盡之意。如「喪致乎哀而止」、「見危致命」、「君子以致命」、「遂志與病則致其憂」之類是也。此皆意有未盡。蓋致有「盡」之意，有「取」與「納」之意。如「喪致乎哀而止」、「見危致命」，謂之極盡可也；如「致中和」、「致知」之類，則又有取之意焉；「吾聞致師者」，亦有取之意也；「用致夫人」、「凡春秋以其事致」、「七十而致事」、「致爲臣而歸」，則又有納之意與盡之意。凡此皆難以一字通解也。今人謂招致者，亦有取意也。〔註18〕

根據俞氏的考察，「致」字有兩個意義，即「盡」與「取」。「致」如果理解爲「取」，那麼「致中和」當如何理解呢？俞氏在這篇小文裏沒有明確交待。不過，俞氏給我們最有價值的一點提示是，作爲動詞之「致」明顯表現出一種方向性，而且這種方向有兩個：一個是向內，「取」即「致」之向內的涵義；一個是向外，「盡」即「致」之向外的涵義。就「致中和」而言，中是內在而言的未發之本體，和是外在而言的已發之流行，所以「致中和」應該分開說：「致中」是向內，「致和」是向外。鄭玄說致是「行之至」，朱子說致是「推而極之」，其實都只說了「致」之外向一面的涵義，即只說了致和之致，而沒有說到致中之致。當然，無論是鄭玄的「行之至」，還是朱子的「推而極之」，都有一個至極的意思，這也就是俞成所說之「盡」的意思。其實，盡也可以有兩個方向：一個是向裏盡，一個是向外盡。向外盡就是鄭、朱所說的「行之至」和「推而極之」，這就是致和；向裏盡就是《中庸》第廿二章所說的「至誠盡性」，這就是致中。

〔註18〕俞成：《螢雪叢說》卷一，俞鼎孫、俞經輯：《儒學警悟》卷四十上，北京：中華書局，2000年，第824頁。

由此可見，致有內外兩個方向，兩個方向都可以有極盡的意思。向內來說，致中是其極盡之處。中是未發之大本，致中就是《中庸》卅二章所說的「立天下之大本」。大本豎立，大用自然可致而得。向外來說，致和是其極盡之處。和是已發之達道，致和就是去除種種過與不及之病弊，使未發之道德本體全幅呈現。朱子說：「自戒懼而約之，以至於至靜之中，無少偏倚，而其守不失，則極其中而天地位矣。自謹獨而精之，以至於應物之處，無少差謬，而無適不然，則極其和而萬物育矣。」〔註19〕黃勉齋說：「無少偏倚、無少差謬是橫致；其守不失、無適不然是直致」。〔註20〕「無少偏倚」即不偏不倚，「無少差謬」即無過不及。「其守不失」即擇善固執，是指體而言；「無適不然」是時措之宜，是指用而言。無少偏倚、其守不失是從體上說，達到本體至中而無失，這就是致中；無少差謬、無適不然是從用說，達到發用無過而無不及，這就是致和。

致中相應於未發之中，所以我們就可以說致中之致是先天工夫路線；致和相應於已發之和，所以我們就可以說致和之致是後天工夫路線。致中與致和是《中庸》首章之結穴。首章言天命之性、率性之道、修道之教，又言戒慎恐懼、隱微慎獨，最終落實到未發之中與已發之和。但未發之中與已發之和又歸結於一點，這就是「致中和」三個字。我們下面還將看到，《中庸》首章修道之教、戒懼慎獨與致中致和一樣，都是從工夫實踐上來說的。但修道之教過於空疏，不足以表明工夫方向，而戒懼慎獨又只是具體的修養方式，如沒有中與和做引領，就無法說得上戒懼與慎獨。所以首章之要盡在致中、致和與致中和。此中道理，清儒王澍早有說明：「『天命之謂性』一章，實下工夫處只『致中和』三字。『道也者』兩節只是個空架子，『致中和』三字抵此兩節。」〔註21〕

最後，致中與致和不只是一種工夫，還是一種境界，致中的境界是「天地位」，致和的境界是「萬物育」，合起來說，致中和之境界就是天地位、萬物育。

整部《中庸》的文本中只有合起來說的「致中和」，而沒有分開來說的「致中」與「致和」。這裏把「致中和」分開說成「致中」與「致和」，完全是根

〔註19〕《中庸章句》，《四書章句集注》，第18頁。
〔註20〕轉引自陸隴其《四書講義困勉錄》卷二，《四庫》209/63上。
〔註21〕王澍：《中庸困學錄》，《續四庫》159/394上。

據《中庸》首章的文意而做出的區別。這種根據有兩點：一是未發與已發之關係。中是未發之大本，和是已發之達道，據此文意，「致中和」完全可以分開來說，即「致中」與未發之大本對應，「致和」與已發之達道對應。進而就可以將「天地位焉，萬物育焉」也分開來說，即「天地位」與「致中」對應，「萬物育」與「致和」對應。二是工夫與境界之分別。將「致中和」分開，致中與未發之大本對應，致和與已發之達道對應，這是從工夫路線上來說的。而「致中和」是與「天地位焉，萬物育焉」對應的，天地位、萬物育是一種效果性的表達，所以致中和就不再是從工夫路線上來說了，而是從境界上來說的了。也就是說，在理解「致中和」三個字時需要有一個合－分－合的過程：從《中庸》的文本上看，致中和是合在一起的，這是第一層的合；從工夫路線上看，致中與致和又要分開來講，這是第二步的分；從境界上看，致中和又必然要合起來講，這是第二層的合。

致中與致和兩條工夫路線所極盡之處是兩種境界，致中的境界是不偏不倚的境界，致和的境界是無適不然的境界。聯繫到孔子中庸的三重境界，致和境界其實就是中庸之第三重境界，亦即無過不及的境界，致中境界其實就是中庸之第二重境界，亦即無適無莫的境界，而致中和的天地境界則是中庸之第三重境界，亦即無可不可的境界。《中庸》對致中和境界之描述是「天地位焉，萬物育焉」。按朱子的話說：「蓋天地萬物本吾一體，吾之心正，則天地之心亦正矣，吾之氣順，則天地之氣亦順矣。故其效驗至於如此。」〔註22〕心正即致中，氣順即致和。天地與我同心，萬物與我一體。如果我之本心得正，那麼天地萬物之心自然得正，如果我之氣質暢達，那麼天地萬物之氣自然暢達。致中和是通過致中與致和之工夫所達到的一種同天地、齊萬物的天人境界。〔註23〕

〔註22〕《中庸章句》，《四書章句集注》，第18頁。

〔註23〕當然，也有人非難朱子這種說法。比如，元儒陳天祥就說：「天地之氣固有順不順時，天地之心未嘗不正也，豈待吾之心正，然後天心地心始正哉？天地之氣有時而不順者，蓋由國家失德，則有恒雨恒暘恒燠恒寒恒風之應，此皆天地不順氣也。普天之下，惟吾一身之氣順，便能使此氣皆順，久雨則能使之晴，久旱則能使之雨，斷無此理。」（《四書辨疑》卷十四，《四庫》202/518-519）俞樾也說：「朱注誠有未安，而陳氏所辨亦有未盡。經云『致中和』，未嘗分『致中』『致和』爲二事，天地之位，位於中和；萬物之育，育於中和。今如注義，則當改經文云：『致中，天地位焉；致和，萬物育焉』。此義之不安者一也。又云『吾之心正，天地之心亦焉；吾之氣順，天地之氣亦順』，則並無

二、戒懼與愼獨

「戒懼」是「戒愼恐懼」之簡稱，「愼獨」是「愼其獨」之簡稱。戒懼與愼獨都是工夫實踐概念，如朱子就曾說：「《中庸》工夫只在『戒愼恐懼』與『愼獨』」〔註24〕。但戒懼與愼獨分屬兩套工夫，即戒懼是先天工夫，愼獨是後天工夫。以下詳說之。

待乎致矣。當易經文曰：『中而天地位焉，和而萬物育焉』。此義之不安者二也。又以注文細核之，既云『致推而極之也』，又云『自戒懼而約之，自謹獨而精之』。推而極之，則自內擴充至外之謂；約之精之，則自外收縮至內之謂。兩文不相矛盾乎？此義之不安者三也。無少偏倚可謂之中，無少差謬不可謂和。蓋無所差謬者，譬如射鵠，然不高不下，不左不右，適當其鵠也，此仍中也，而非和也。必欲言和，宜云無所乖戾。乃注文既承上文戒懼謹獨爲說，故云無所差謬，庶與上文謹字之意相關，而不知無所差謬即無所偏倚，無以爲中和之別也。此義之不安者四也。以上諸義，皆陳氏所未及。因陳氏之說而遂言之，非敢駁斥先儒，而於義實有未安，則亦學者之所宜討論者也。」(《四書辨疑辨》，《續四庫》170/716)
俞氏有四不安，其意思比較明顯，多是從文本而言。其前兩個不安涉及「致中和」分開說爲「致和」與「致中」，以及這樣分開講後致中、致和分別與天地位、萬物育的對應問題。這實在不成疑問，因爲朱子完全是根據《中庸》之義理而做出如此區分的，他並非不知道經文原沒有分開說。
比較而言，陳氏的意思有些複雜。但歸納起來，他的意思不過是說，從天地之氣與天地之心的關係上來看，天地之氣原本有順不順之時，而天地之心未嘗不正，比如天地之氣有飛沙走石、山洪地震等自然災害，但天地仍然是天地，沒有天塌地陷。所以不等人心之正而天地之心原本自正。從人之氣與天地之氣的關係上來看，一人之氣順不順，也並不能決定天地之氣順不順。可以看出，陳氏完全是一種實然的解釋，完全是從實際的層面來看待天地人物之關係的。如果用這種眼光來看，天人物我之間沒有什麼同一的關係。但是《中庸》是不能這樣來讀的，「致中和，天地位焉，萬物育焉」不能從實然的層面來講，一定要從境界的層面來講。史伯璿《四書管窺》卷二引饒魯的話說：「致中和而能使天地位、萬物育者，是有此理也。譬如『一日克己復禮，天下歸仁』，使其如湯文之有七十里百里，則其朝諸侯、有天下也必矣；顏子居陋巷，何緣使天下歸之？然同門之人心悅誠服，萬世之下皆崇仰之，非天下歸仁而何？」(《四書管窺》卷二，《敬鄉樓叢書》第三輯，黃群校印，1931年，第19頁) 否則，整部《中庸》簡直就是在胡說而一無可通。其實不是《中庸》在胡說，而是持實然心態之人在胡說《中庸》。正如王船山所批評的，這些人只是在作夢：「總緣在效驗上作夢想，故生出許多虛脾果子話來。致中和者，原不可以不中不和者相反勘。不中不和者，天地未嘗不位，萬物未嘗不育，特非其位焉育焉之能有功爾。『爾所不知，人其捨諸！』聖賢之言，原自平實，幾曾捏目生花，說户牖間有天地萬物在裏面也？」(《讀四書大全說》卷二，《船山全書》第6冊，第477頁)

〔註24〕《朱子語類》卷六二，《朱子全書》16/2035。

戒懼與愼獨亦出自《中庸》首章：

> 道也者，不可須臾離也，可離非道也，是故君子戒愼乎其所不睹，
> 恐懼乎其所不聞；莫見乎隱，莫顯乎微，故君子愼其獨也。

這是兩句看似非常簡單的話，歷來爭論層出不窮。爭論之焦點是這兩句話到底說了幾層意思。有人認爲這兩句話只說了一個愼獨，戒愼恐懼是對愼獨的解釋。朱子則認爲這兩句話說了兩層意思：一是戒愼恐懼，一是愼獨。後來王陽明又出來反對朱子，主張戒愼恐懼即愼獨，愼獨即戒愼恐懼，兩者是一套工夫。

之所以會出現以上爭論，其原因就在於只就義理來說義理，而疏於對《中庸》這兩句話之語法進行分析。《中庸》許多語句具有多義性，同樣一句話，可以這樣理解，也可以那樣詮釋，有時候很難找到一個客觀共許的理解。但語法上相對客觀的分析，能夠克服理解上的過度主觀性。所以在進行義理詮釋之前，先對這兩句話作一個語法分析，對澄清爭論、解決問題會有一定幫助。

首先需要注意這兩句話中幾個概念的對應關係。從字面上看，這兩句話一共說出了三對概念，即：戒愼與不睹、恐懼與不聞、隱微與愼獨。其中，戒愼恐懼與愼獨之愼是動詞，顯然是從工夫實踐上來說的；不睹、不聞、隱微原本是形容詞，在這裏都作名詞，意謂不睹之物、不聞之物、隱微之物。所以不睹、不聞、隱微顯然是從工夫對象上來說的，不睹是戒愼工夫的對象，不聞是恐懼工夫的對象，隱微是愼獨工夫的對象。

不睹與不聞應該是同一個層面的概念。根據常識，睹是目視，不睹是視之無形；聞是耳聽，不聞是聽之無聲。睹和聞、不睹和不聞都是從人之感覺官來說的，因此是同一個層面的概念，不睹與不聞可以合而言之爲「不睹不聞」。戒愼對應不睹，恐懼對應不聞，戒愼與恐懼也是同一個層面的概念，戒愼與恐懼可以合而稱之爲「戒愼恐懼」，歷來的詮釋者們還進而簡稱之爲「戒懼」。由此可知，「戒愼乎其所不睹，恐懼乎其所不聞」其實是一句互文，意思是「戒愼恐懼乎其所不睹不聞」，在這句互文裏，不睹與不聞指的是同一個對象，那麼戒愼與恐懼就是同一個層面的工夫。

同樣，隱與微也應該是同一個層面的概念。「莫見乎隱，莫顯乎微，故君子愼其獨也」之「見」通「現」，與「顯」的意義相同，都是顯現的意思。所以這句話也是互文，意即「莫見顯乎隱微，故君子愼其獨也」，或單獨用「現」

來指代「見」、「顯」，意即「莫現乎隱微，故君子慎其獨也」。於是，隱與微可以合而稱之爲「隱微」，都是慎獨工夫之實踐對象。

可見，這兩句話其實就只說了兩對概念，即戒慎恐懼與不睹不聞、慎獨與隱微。戒慎恐懼和慎獨是工夫實踐，不睹不聞和隱微是工夫對象。

其次，需要弄清戒懼與慎獨的語法關係。在戒懼與慎獨之前各有一個連詞，戒懼之前是「是故」，慎獨之前是「故」。「故」是表示因果的連詞，其前所陳述的意思是因，其後所表達的意思就是果。一般來說，一個「故」表示一個因果關係，這裏出現兩個「故」，那麼這兩句話就有兩個因果關係，是兩個因果性句子。第一個因果關係是「道也者，不可須臾離也，可離非道也，是故君子戒慎乎其所不睹，恐懼乎其所不聞」。道不可離是因，戒慎不睹、恐懼不聞是果。如果有人在讀這句話時一定要在「可離非道也」後點句號，那就讀錯了。這裏應該是逗號，因爲道不可離與戒慎恐懼表達的是一層意思，前者是在說因，後者是在說果。第二個因果關係是「莫見乎隱，莫顯乎微，故君子慎其獨也」。但這個句子不完整，缺了一個主語，「見」、「顯」是兩個動詞，這兩個動詞的主語也是「道」，只不過這個「道」承前一個因果句子省略了。「道不可離」，不但見顯不可離，隱微也不可離，所以被省略掉之道不能是「道不可離」之道，只能是「可離非道」之道。因此第二個因果句子完整地說應該是「可離非道也，莫見乎隱，莫顯乎微，故君子慎其獨也」，道莫見顯乎隱微是因，慎獨是果。於是這兩個因果關係句子補充完整以後就是：

道也者，不可須臾離也，是故君子戒慎乎其所不睹，恐懼乎其所不聞；可離非道也，莫見乎隱，莫顯乎微，故君子慎其獨也。

道不可離與戒慎恐懼乎不睹不聞是因果關係，可離非道、隱微與慎獨是因果關係。道不可離之道與可離非道之道是正反義同詞，正如本書第二章第二節所分析的，這種句式在《中庸》第二章也出現過，即「君子中庸，小人反中庸」，兩個中庸是正反義同詞。

所以從語法和語脈上看，戒懼與慎獨應該是兩套工夫，而不應該渾淪地說兩者是一，更不應該不分青紅皂白就把戒懼歸入慎獨之中。當然，如果用「體用一源，顯微無間」的圓融分析來理解，說戒懼與慎獨兩種工夫是一而二、二而一的關係，也無不可，但這又是另一個問題了。而且即使是圓融地理解，如果先有一個解析地理解，對說明問題也會有很好的幫助。

有了前面的兩點分析，最後就可以明白戒懼與慎獨分別是先天工夫和後天工夫。對於哲學來說，語法分析雖然具有基礎性的作用，但畢竟只是一種輔助性的理解，在基本的語法方面不至於出現太大問題之後，更重要的還是義理分析。義理分析首先就涉及對各個概念的解釋。戒懼與慎獨是工夫概念，工夫概念必須通過其對象才能得到具體地理解。

戒懼工夫的對象是不睹不聞。不睹不聞很好理解，就是看不到的、聽不見的。看不到的、聽不見的是兩個形容詞，但這個形容詞是從看不到、聽不見這兩個動詞轉化而來的。動詞一般需要考慮兩個內容：一是動作的對象，一是動作的主體。不睹不聞之對象和主體分別是指什麼而言的呢？從《中庸》首章可以看出，不睹不聞是針對道而言的，故不睹不聞之對象是道。道有體用。只有道之體才說看不見、聽不到，道之用不說看不見、聽不到。因此不睹不聞之道只能是道之體而不能是道之用。道之體之道即「率性之謂道」之道，此道是喜怒哀樂之未發的大本，是性、中、仁、誠等道德本體。道德本體無聲無臭、無形象、無顏色，當然也不會有聲響。道德本體沒有經驗事物的一切特徵，而眼見耳聞只能對經驗事物才能有所感知，所以眼耳等感性感官也就不可能對道德本體有所感知，這就是不睹不聞。《中庸》第十六章說：「視之而弗見，聽之而弗聞，體物而不可遺。」「視之弗見」即不睹，「聽之弗聞」即不聞。「體物而不可遺」既可以指仁體，也可以指誠體，無論是仁體還是誠體，都是看不見、聽不到的。可見第十六章與首章正相發明。道德本體之不睹不聞沒有人己之分，是對一切人之不睹不聞。朱子說：「其所不睹不聞者，己之所不睹不聞也」〔註25〕，還說：「方不聞不睹之時，不惟人所不知，自家亦未有所知」〔註26〕。朱子之意甚明，不睹不聞不但是自己所不睹不聞，也是所有人所不睹不聞。

不睹不聞指的是未發之中，是道德本體，不睹不聞又是戒懼工夫之對象，所以戒懼就是喜怒哀樂之「未發時工夫」〔註27〕。未發是道體本體之未接於物、未發諸事，所以戒懼又可以說是「未有事時」〔註28〕工夫。戒慎是警戒審慎，恐懼是唯恐有失，戒慎恐懼就是時時秉持省察之心，處處持懷本體流失的恐懼狀態，只有這樣才能夠免於道德本體流失。從戒懼工夫的這些特徵可以看出，戒懼工夫是立大本之工夫，所以是先天工夫。「未發之前，當戒慎

〔註25〕《中庸或問》上，《朱子全書》6/556。
〔註26〕《朱子語類》卷六二，《朱子全書》16/2035。
〔註27〕《朱子語類》卷六二，《朱子全書》16/2034。
〔註28〕《朱子語類》卷六二，《朱子全書》16/2032。

恐懼，提撕警覺」〔註 29〕，戒懼作爲先天工夫，就是指在道德本體沒有發用流行時，先對其有一個積極的提撕警覺、先有一個正面的察識警醒工夫。

慎獨工夫之對象是隱微。朱子曾說：「隱，暗處也。微，細事也。獨者，人所不知而己所獨知之地也。言幽暗之中，細微之事，迹雖未形而幾則已動，人雖不知而己獨知之，則是天下之事無有著見明顯而過於此者。是以君子既常戒懼，而於此尤加謹焉，所以遏人欲於將萌，而不使其滋長於隱微之中，以至離道之遠也。」〔註 30〕隱是暗昧之地，微是細微之事。「莫見乎隱，莫顯乎微」是一個省略句，其被省略掉的主語是道，此道是「可離非道」之道。可離非道即過與不及，是道德本體發用流行中所出現的不中節、過不及現象。隱微是人欲萌動、過與不及之地，隱微不只是隱暗之地和細微之事，更是隱暗之地和細微之事上的過與不及。莫見乎隱、莫顯乎微就是杜絕過與不及發生於暗昧之處和細微之事上，而杜絕的工夫方法就是慎獨。

從構詞上看，慎獨與戒懼或戒慎、恐懼不完全一樣。戒慎、恐懼是一個並列詞組，戒、慎、恐、懼都是動詞，它們的意思基本上一樣，都是說要保持警覺。但慎獨卻不是一個並列詞組，而是一個偏正詞組，慎是動詞，獨是名詞，是獨知之地、獨處之時的意思。慎獨就是謹慎於獨知之地，審慎於獨處之時。大概來說，慎獨與戒慎不睹、恐懼不聞的結構相同，慎與戒懼相應，獨與不睹不聞相應。但獨與不睹不聞有本質上的區別，不睹不聞是指道德本體之未發，人人皆不睹不聞，而獨則是別人不睹不聞但自己卻心知肚明，隱微是道德本體流行所及的幽隱之處和發用所見的細微之事。不睹不聞是從道德本體之未發而言的，戒慎恐懼是對道德本體有一種警醒明覺的意識。獨和隱微是從道德本體之已發而言的，慎獨是本體發用以後對幽隱獨處之地的感性情感有一種警惕規約意識。當然，也有人將《中庸》之慎獨與《大學》、《荀子》甚至簡帛《五行》之慎獨相比較，認爲慎獨之獨不是獨處的意思，而是指心、意等表示內在的概念。這種理解與劉蕺山提出「獨體」的想法相似，有其獨到之處。但總感覺這有些過分詮釋的色彩，原因就在於沒有仔細分析《中庸》文本的語法關係。

總之，戒懼和慎獨是兩套工夫實踐。戒懼是針對未發本體所做的工夫實踐，屬於先天工夫，慎獨是針對本體發用所及而做的工夫實踐，屬於後天工夫。

〔註 29〕《朱子語類》卷九六，《朱子全書》17/3246。
〔註 30〕《中庸章句》，《四書章句集注》，第 17～18 頁。

三、尊德性與道問學

先天工夫和後天工夫可以內外分說。「致中是逼向裏極底，致和是推向外盡頭」〔註31〕，致中的先天工夫是內向工夫，致和工夫是外向工夫。內向之先天工夫與外向之後天工夫，《中庸》又分別稱為「尊德性」和「道問學」。《中庸》第廿七章說：

> 大哉聖人之道！洋洋乎發育萬物，峻極於天。優優大哉！禮儀三百，威儀三千，待其人然後行。故曰苟不至德，至道不凝焉。故君子尊德性而道問學，致廣大而盡精微，極高明而道中庸，溫故而知新，敦厚以崇禮。

「故君子尊德性而道問學，致廣大而盡精微，極高明而道中庸，溫故而知新，敦厚以崇禮」五句話的每句話前後對稱，非常整齊。朱子曾說：「《中庸》自首章以下，多是對說將來。不知它古人如何做得這樣文字，直是恁地整齊。」〔註32〕這幾句話就是如此。每一句話的前後兩個詞都由一個連詞連接在一起，前四句的連詞是「而」，最後一句的連詞是「以」。從詞性結構上看，尊、道、致、盡、極、溫、知、敦、崇等詞都用作動詞，朱子說：「尊之，道之，致之，極之，道之，溫之，知之，敦之，崇之，所以修是德而凝是道也。」〔註33〕這些詞都是表示修德凝道的，明顯是工夫用語。這些表示工夫的詞語後面的一些詞，即德性、問學、廣大、精微、高明、中庸、故、新、厚、禮，則是工夫所指向之對象或方向。這些對象或方向明顯可以分為內外兩組，所以其工夫相應也就可以分為內外兩種。也就是說，在這五句話中，每句話中之連詞的前後兩部分表達了兩套工夫，兩套工夫各以一個連詞連接在一起。

「尊德性」之「尊」，朱子說：「尊者，恭敬奉持之意。」〔註34〕還說：「只是把做一件物事，尊崇擡夯它」〔註35〕，「將這德性做一件重事，莫輕忽他，只此是尊」〔註36〕。元儒吳草廬說：「德性者，我得此道以為性，尊之如父母，尊之如神明。」〔註37〕明人章世純說：「擇其為德性者而獨隆之，以之為重。」

〔註31〕許謙：《讀中庸叢說》卷上，《續四庫》159/283 下。

〔註32〕《朱子語類》卷六四，《朱子全書》16/2140。

〔註33〕《中庸或問》下，《朱子全書》6/601。

〔註34〕《中庸章句》，《四書章句集注》，第 35 頁。

〔註35〕《朱子語類》卷六四，《朱子全書》16/2136。

〔註36〕《朱子語類》卷百十八，《朱子全書》18/3742。

〔註37〕吳澄：《吳文正集》卷四十三《凝道山房記》，《四庫》1197/457 上。

〔註38〕徐岩泉說：「尊是尊他在上，爲五官百骸萬感萬形眾動之主也。故謂之恭敬奉持。」〔註39〕總之，尊是尊崇、以之爲尊、以之爲貴的意思。以之爲尊，故而會像對父母、神明那樣恭敬奉持之，以之爲貴，也就必然會特加重視，隆重待之，不敢輕忽。

「德性」是儒家心性之學中非常重要的一個詞。但說來奇怪，儒家十三經中「德性」一詞僅此一見。程明道說：「『德性』者，言性之可貴，與言性善，其實一也。」〔註40〕朱子也說：「德性者，吾所受於天之正理。」〔註41〕陳北溪綜合明道、朱子之說曰：「有所謂『懿德』者，是得天理之粹美，故以懿言之。又有所謂『德性』者，亦只是在我所得於天之正理，故謂之德性。」〔註42〕德性與《詩經》所說的「民之秉彝，好是懿德」之懿德和孟子所說之性善一樣，是對天命之性的一種美稱。《中庸》所說之性都是天命之性，天命於人物，人物稟得於天即性。從德與性之古義來說，德者得也，得於天命爲性。德性本來的意義很簡單，就是得於天命之性。德性一詞本是一個中性詞，既可指道德本性，也可指氣質感性。但由於儒學內化，仁與性打併爲一，天命之性即仁性，是人之所以爲人的本質規定性，德性就被賦予了崇高的價値意義。於是德性一詞就含有了褒義，成了美好之性，成爲天命之性的一個美稱。之所以要尊德性，之所以要以之爲尊、以之爲貴，正在於天命之性崇高的道德價値。

性是先天的道德本體。當從工夫上來理解「尊」時，所以尊德性就意味著從先天的道德本體上做工夫，尊德性就是先天工夫。

「道問學」之道，鄭玄和朱子都訓爲「由」。張橫渠訓爲「行」，朱子對橫渠之說亦嘗認可：道「只是行，如去做它相似」〔註43〕。訓道爲由，此時之道顯然是副詞，而訓道爲行，此時之道則爲動詞。

「道問學」之「問學」可以從兩個詞性來理解：一是作爲動詞，「問學」

〔註38〕章世純：《四書留書》卷二《故君子尊德性節》，《四庫》207/726上。

〔註39〕轉引自陸隴其《四書講義困勉錄》卷三，《四庫》209/146下。

〔註40〕《程氏遺書》卷十一，《二程集》，第125頁。

〔註41〕《中庸章句》，《四書章句集注》，第35頁。

〔註42〕陳淳：《北溪字義》卷下「德」條，北京：中華書局，2004年，第43頁。

〔註43〕《朱子語類》卷六四，《朱子全書》16/2136。《朱子語類》卷百十八亦載：門人楊長儒問爲學下手工夫，朱子對以《中庸》第廿七章「尊德性而道問學」等五句話。楊問：（道問學之）「『道』字莫只是訓『行』否？先生頷之」。（《朱子全書》18/3742）

即問和學。鄭玄說：「問學，學誠者也。」問學是動詞，意思相當於學。二是名詞，「問學」即「學問」。張橫渠曾有過非常詳細的解釋：「問，問得者；學，行得者。猶學問也。」〔註 44〕

「道問學」與「尊德性」對舉爲文，兩者之構詞也應該相同。「尊德性」是一個動賓詞組，尊是動詞，德性是名詞。那麼道問學也應該是一個動賓詞組，道與尊相對，應是動詞，問學與德性相對，應是名詞。所以張橫渠的解釋當更可取，即道是行的意思，問學即學問，道問學即做學問、從事研究的意思。

古人尤其是先秦諸子所謂的學問多指學禮、問禮。這從《論語》可以看出。在本書的導論中，我曾指出《論語》之學多指學禮。相比較而言，《論語》中問的對象就更廣一些，有問禮、問仁、問政、問孝、問友、問交、問恥、問行、問君子、問事君、問禘、問社、問知、問事鬼神、問善人之道、問崇德辨惑。但從所問之內容來看，無非三個方面：一是禮，二是仁，三是政。其中尤其以禮最多，孝、交友、恥、行、事君、禘、社、事鬼神、善人之道等都是禮之直接內容或直接與禮相關。即使仁與政，在孔子那裏也與禮有著極密切的關係。《中庸》與《論語》血脈相承，所以《中庸》之問學的內容也應當是禮樂，也就是《中庸》第廿七章所說的「禮儀三百，威儀三千」。

道問學即做學問，學問之主要內容是禮，所以道問學其實就是學禮，強調在禮儀制度上用功。禮是中庸之外在根據，從禮上做功，也就是從外部做功。禮是爲節制私欲和私意而設，是對感性情感進行約束規導。那麼道問學就是從感性情感或私欲私意上做工夫，所以是後天工夫。

綜合以上分析，尊德性即是尊崇天命之性，是從未發之性上做工夫，是先天工夫，道問學即博學於禮，是從本體之發用上做工夫，是後天工夫。

尊德性與道問學的涵義明白了，後面致廣大與盡精微、極高明與道中庸、溫故與知新、敦厚與崇禮等四對工夫也就迎刃而解。在這幾對詞語中，除了崇禮外，有一個共同的特點，即廣大、精微、高明、中庸、故、新、厚等詞是形容詞之名詞化。從現代漢語的分類看來，這些詞本來都是一個形容詞，但由於其前面的詞即致、盡、極、道、溫、知、敦等詞用作動詞，這些詞就轉化成爲了名詞，共同構成一個動賓詞組。廣大、高明、故、厚等概念

〔註 44〕轉引自衛湜《禮記集說》卷百三四，《四庫》120/286 上。

作爲名詞化之形容詞，與尊德性之「性」是同一序列的概念，都是指天命之性而言的，都是從道德本體來說的。那麼致廣大、極高明、溫故、敦厚等幾個表示工夫的概念，與尊德性之「尊」也是同一序列的概念，那麼它們作爲工夫概念，屬於先天工夫的序列。與此相對，精微、中庸、新都是指禮而言，盡精微、道中庸、知新與崇禮作爲工夫概念，也應屬同一層次的工夫。道問學作爲後天工夫，其對象主要也是從禮來說的，那麼盡精微、道中庸、知新、崇禮與道問學也是同一序列的工夫概念，都屬於後天工夫。

第三節　至誠工夫

儒學是成德之教，儒家的終極目標就是成德成聖。成德即成就人人具足、個個圓成的內在德性。內在的德性就是未發的大本之中，亦即以仁、誠爲其主客觀內容的道德本體。《中庸》的兩套工夫是實現道德本體的方法，是成德成聖的途徑。無論是先天工夫還是後天工夫，只強調其一而忽略另一，都會有弊端。這種弊端用《中庸》的一句話來說就是「中庸不可能」。兩套工夫有其相通之處，這就是「誠」。這裏稱之爲「至誠工夫」。至誠工夫可以化解先天與後天工夫的各自弊端，引人至成德成聖之域，中庸之道即爲可能。

一、先天工夫與後天工夫各有其弊

先天工夫和後天工夫是儒家成德成聖的兩套工夫實踐。先天工夫是從道德本體、道德情感上做工夫，確保未發本體當體呈現，一展無餘，即能成德成聖；後天工夫是從本體發用、感性情感上做工夫，道德本體之發用流行必須借助於氣質感性和感性情感，但感性氣質和感性情感對道德本體有一種障蔽作用，所以擯除障蔽、呈現本體，也能成德成聖。

兩套工夫各有其優缺點。先天工夫因其直指道德本體，具有直接了斷、簡易約略的優點；後天工夫因其從形下的感性入手，具有易於把握、便於下手的優點。但是其優點同時也有可能成爲其缺點和弊端。

就先天工夫而言，因其是從形上本體做工夫，弄不好容易衍生出三個弊端：

一是誤信爲眞，認賊作父。形上本體在流行發用見於實踐之前是隱微不見、不睹不聞的。所以先天工夫首先一條就是要對形上本體有一種近似獨斷的信。雖然每個人都有道德的直覺，都能夠可以一信即是。但是能不能是一回事，在現實上有沒有是另一回事。實在說來，所信之對象是否正好就是形上本體，這對於少數卓識超群、生而知之的上根人，或對於個別具有「道德本能」的「道德天才」來說，是不成問題的。道德天才天生具有一種識別道德本體孰是孰非的超越才識，一信即是，即信即眞。但對於眾多困而知之甚至學而知之的中下根之人來說，卻勉爲其難了，不敢保證他們所取信之對象就正好是那道德的形上本體，不敢保證他們不會誤信爲眞，甚至「引狼入室」，「認賊作父」。

誤信爲眞可能會造成嚴重的後果。戴東原批評宋儒「以意見爲理」〔註45〕，「自以爲得理，而所執之理實謬……由是以意見殺人，咸自信爲理矣！」〔註46〕「以意見爲理」就是誤信爲眞。將自己認爲是眞的東西強加於人，人而不從，便口誅筆伐，這就是「以意見殺人」。如果拋開戴氏對宋儒的先入之見，他的這種見解的確有其普遍性和針對性。這種普遍的針對性所指向的對象也正是單獨的先天工夫自身所存在的弊端。

二是不可言傳，難能持久。先天工夫最通常的方法是覺悟。學而知之、困而知之的中下根人通過道德天才或上根之人的接引，或者通過道德實踐的生命體貼，可以對形上的道德本體眞正有所覺悟。但是覺悟本身和覺悟所得都是很難普遍化的。覺悟難以普遍化有兩種情況：其一，對於同一個人來說，一時一地的覺悟與異時異地的覺悟可能完全不一樣；其二，對於不同的人來說，一人一時的覺悟與異人異時的覺悟更難保證相同。不能普遍化的典型特徵就是難以語言文字形容，這幾乎是歷來注重先天工夫者都認可的一個共同特點。孔子說：「志有之：『言以足志，文以足言。』不言，誰知其志？言之無文，行之不遠。」（《左傳》襄公二十五年）「志」即「志於道」、「志於德」，「文」即文採。「言之無文，行之不遠」，更何況「不可言之」。「不可言之」或「言之無文」就是一種覺悟的方法，它在形下層面是很少有傳達之普遍性的。「行之不遠」即是說覺悟方法和覺悟所得都是很難持久的。〔註47〕

〔註45〕戴震：《孟子字義疏證》卷上《理》，第5頁。

〔註46〕戴震：《與段若膺論理書》，《戴震全集》第一冊，北京：清華大學出版社，1991年，第214頁。

〔註47〕對於反對先天工夫者來說，覺悟方法和覺悟所得難能持久還可能招致更爲嚴重的問題。這裏不妨借引古希臘智者高爾吉亞（Gorgias）的三個經典命題來說明這一點。高爾吉亞的三個命題是：無物存有（nothing exists），有不可知（if anything exists, it is incomprehensible），知不可言（even if it is comprehensible, it cannot be communicated）。這三個命題反過來說即是：知不可言，是因爲有不可知；

三是魚目混雜，泥沙俱下。未發的道德本體之流行發用、表現呈露必然要借助於氣質感性和感性情感。但氣質感性和感性情感具有雙重作用：積極地說，它們是道德本體之流行發用的載體；消極地說，它們又是道德本體之如如呈現的蔽障。對於道德天才或上根之人來說，他們一信即是，即信即眞，道德本體之流行發用暢通無礙地運於感性。道德本體與氣質感性不即不離，不離不染，渾然一體。但對於中下根之人來說，就沒有那麼順暢了。他們信不必是，信不必眞，勢必會造成道德本體與氣質感性渾同俱是，道德情感與感性情感魚目混雜。朱子批評象山之學說：「陸子靜之學，看他千般萬般病，只在不知有氣稟之雜，把許多粗惡底氣都把做心之妙理，合當恁地自然做將去。……不知氣有不好底夾雜在裏，一齊滾將去，道害事不害事？」〔註 48〕朱子之所以如此警惕提醒，就是感到陸學在工夫論上可能存在不辨眞僞、泥沙俱下的危險。

就後天工夫而言，去除後天的障蔽是至關重要的。首先應該清楚，後天工夫也承認並且相信道德本體之實存性。但是這只一個一般的前提。在此前提下，後天工夫更認爲道德本體之所以不能如如呈現，完全是由於後天的感性障蔽，所以必須首先去除掉這後天的障蔽。這本來沒有什麼錯，但如果膠滯於此而不通透，後天工夫必然容易導致兩個弊端：

一是本體呈現，永不可能。感性氣質是道德本體呈現的載體，沒有感性氣質，沒有感性情感，道德本體就無法表現出來。感性氣質同時又是道德本體如如呈現的障蔽，氣質混濁，道德本體便無法全體呈露。所以爲了使氣質能夠全幅表現道德本體，就要變化氣質。變化氣質包括變和化兩個層次、兩個境界：變是量的改變，化是質的改變。從量變的層次來說，只是將渾濁的氣質變得清明，以便於未發本體之德性陽光透射出來。這只是比較低的層次。因爲氣質再清明，仍然是氣質，仍然會對道德本體有一種障蔽作用。這就如放在玻璃罩內的夜明珠，玻璃罩即使再透明，仍然是一層玻璃罩，仍然會對

有不可知，是因爲無物存有。這就意味著，不可言傳是因爲本來就不可知解，不可知解是因爲本來就空無一物。「有不可知」與「知不可言」相當於先天覺悟工夫難以普遍化的兩種情況：知不可言相當於第一種情況，言不可傳相當於第二種情況。這樣一來，先天工夫的問題就更嚴重了。悟得的本體難以言傳，是因爲本體本身不可知解，本體本身不可知解，是因爲本體本身就不存在。這其實是把形上的道德本體給虛化了，因而就比第一種弊端走得更遠了。

〔註 48〕《朱子語類》卷百二四，《朱子全書》18/3886。

夜明珠之光芒有一種阻擋遮蔽作用。而且，即使玻璃罩被拿掉了，在夜明珠與我們對它的眞觀念之間，還隔有一層肉眼珠的視網膜，視網膜也屬於氣質。所以只講改變氣質，這不是根本法門，不是最高境界。在此境界下，道德本體雖然也能夠呈現，但這只是適度呈現，不是全體呈現，也永不可能如如呈現。

最高的境界是化的境界。化是質的改變，是從根本上化掉氣質。如果還用夜明珠的比喻，化就像是把夜明珠外面的玻璃罩徹底拿去，把視網膜剝去。這樣道德本體就可以一展無餘，如如呈現了。但這顯然是不可能的，因爲氣質是構成人的必要條件，是無法根本化掉的。朱子說：「變化氣質最難」〔註 49〕，「氣質上病最難救……胎病爲難治」〔註 50〕。朱子所說的氣質難變和胎病難治只是從量的改變上來說的，肯定不是從質的化除上來說的。如果是從質的化除來說，何止是「最難」、「難治」，簡直就是不可能。

假設質之化除是可能的，氣質是可以化掉的，這會帶來一個更爲嚴重的問題：當氣質被完全化除，道德本體還能不能呈現呢？工夫的理據存在兩個理論預設，這兩個理論預設都與感性氣質有關。在第一個理論預設即人的二元構成中，氣質是構成人的必要條件；在第二個理論預設即氣質的雙重作用中，氣質是本體呈現的載體，本體能否呈現，端賴氣質。這兩點是關於氣質的兩個前提，缺一不可。夜明珠能夠被我們看到，是因爲我們有一雙肉眼，眼珠是我們看到夜明珠的前提。化除氣質意味著把這個前提拿掉了，沒有了這個前提，本體自然也無法呈現了，更不用說全體呈現了。如果眼珠子被挖去了，我們還能否看到夜明珠？這是不言而喻的。除非我們重新設定前提，比如說本體仍然可以呈現，但不是以氣質的形式呈現。不是以氣質的形式呈現，也就意味著不是以人的形式呈現。因爲氣質是構成人的必要條件，如果沒有了氣質，也就無所謂人了。所以如果道德本體不以氣質的形式仍然可以呈現，就不會是以人的形式來呈現。不以人的形式來呈現，那是以一種什麼形式呈現呢？聖人對道德本體之表現尚不能算這種形式。因爲聖人也仍然是人，仍然有氣質，即使是聖人也需要用眼珠子來看夜明珠。二程說聖人「滿腔子是惻隱之心」。即使如此，還有一個腔子，腔子就是氣質。所以不以人的形式來呈現，就只有一種情況，就是以神的形式來呈現，神是沒有氣質的，

〔註 49〕《朱子語類》卷百十三，《朱子全書》18/3588。
〔註 50〕《朱子語類》卷百一，《朱子全書》17/3360。

只有道德本體，神就是道德本體，道德本體就是神。但神的形式與人有什麼關係呢？要麼全無關係，那麼神的形式對人來說，就是毫無意義的；要麼有關係，但神的形式必須表現爲人的形式。神也要通過人才能被認識，所以這還是一種氣質的形式。這就又回到了變化氣質的第一個層次，因此道德本體之如如呈現仍然是不可能的。

二是支離繁瑣，得非所求。後天工夫所要處理的是感性情感的消極作用。感性情感的消極面在於其過度發展爲私意或私欲。私意是自內而發，私欲是自外而入。孔子所說的意必固我就是私意，孔子所說的非禮而視聽言動就是私欲。朱子說：「此心本廣大，若有一毫私意蔽之，便狹小了；此心本高明，若以一毫私欲累之，便卑污了。若能不以一毫私意自蔽，則其心開闊，都無此疆彼界底意思，自然能『致廣大』。惟不以一毫私欲自累，則其心峻潔，決無污下昏冥底意思，自然能『極高明』。」〔註 51〕私意自內障蔽道德本體，私欲於外污阻本體發用。後天工夫就是要克服私意，制止私欲，以便高明、廣大之道德本體如如呈現、全幅表現，發於人倫而無過不及，接於日用而無不中節。

道問學是後天工夫，問和學的對象包括兩個方面：一是禮，一是物。在古人看來，禮是克服私意、制止私欲最爲有效的方式。《禮記》說：「喜、怒、哀、懼、愛、惡、欲，七者弗學而能。何謂人義？父慈、子孝、兄良、弟弟、夫義、婦聽、長惠、幼順、君仁、臣忠，十者謂之人義。講信修睦，謂之人利。爭奪相殺，謂之人患。故聖人所以治人七情，修十義，講信修睦，尙辭讓，去爭奪，捨禮何以治之？」（《禮記．禮運》9.13）這裏所說的「七情」是形下的感性情感，不是形上的道德情感。這裏所說的「十義」是道德本體流行發用於人倫日用而無不中節。七情作爲感性情感會障蔽道德本體全幅呈現，所以需要用禮以治之。

根據本書前面的考察，我們知道禮有兩個特點：一是繁。古代禮儀極其繁瑣，在現代人看來，簡直就是繁文縟節。《中庸》說「禮儀三百，威儀三千」，《禮記．禮器》也說「禮有大，有小，有顯，有微。大者不可損，小者不可益，顯者不可掩，微者不可大也。故經禮三百，曲禮三千」（《禮記．禮器》10.18）。這麼多繁瑣的禮儀制度，任何人窮其一生也未必能問得全、學得完。聖如孔子之仁且智，到了宗廟之內，尙且「每事問」，更無論一般的

〔註 51〕《朱子語類》卷六四，《朱子全書》16/2133。

凡夫俗子了。二是變。禮以時爲大，禮是經常變化的，不同的時代有不同時代的禮儀，不同的地區不有同地區的禮節。禮之兩個特點互相疊合，情況會變得更加麻煩，禮之變會進一步增加了禮之繁瑣，而禮之繁將會促進禮之變幻莫測。更深層地說，禮儀繁瑣意味著道問學之後天工夫將極其繁瑣。繁變之極，禮就永無學成之時，意欲也就永無得止之日，成德成聖也就永無可能了。

物既指事物之物，也指物欲之物。山川草木、鳥獸蟲魚是物，君君臣臣、父父子子是事，這些是事物之物。聲色犬馬、蠅頭微利是物，燈紅酒綠、花天酒地也是物，這些是物欲之物。道問學既針對事物之物，也針對物欲之物。問學於物欲之物是爲了徹底弄清楚哪些物會誘引人之私欲，又是如何誘引的，進而加以克服制止。但是世界變化，物欲良多，從根本上說是無法徹底弄清哪些物是有害的，哪些物是有利的，更無法弄清有害之物是如何讓人中毒的。之所以要問學於事物之物，是因爲「天命之謂性」，人與物同得天命之性，知道了物之性，也就等於知道了人之性。對於事物之性瞭解得越多，就等於對天命之性的瞭解也越多，也就越有助於成德成聖。但是大千世界，品物流行，一望無涯，事物之性是根本無法窮盡的。更要命的是，當我們窮其一生觀察世界、瞭解世界、探索世界，最終從世界萬物中獲得到的東西很可能並非天命之性。孔子說：「求仁而得仁，又何怨？」（《論語》7.15）如果求仁得仁，當然無怨無尤。但問題是如果求仁非仁，得非所求，到那時即使再怎樣怨天尤人也無濟於事了。

總而言之，單獨的先天工夫和單獨的後天工夫都有其弊端。先天工夫和後天工夫的各自弊端所造成的一個共同後果就是《中庸》所說的「中庸不可能也」。中庸是聖人的境界，中庸不可能也就意味著成德成聖不可能達成。成德成聖是《中庸》工夫之終極目標，成德成聖不可能達成，也就意味著單獨的先天工夫和單獨的後天工夫的失敗。如果成德成聖還有可能，而單獨的先天工夫和單獨的後天工夫又注定歸於失敗，那就必然需要先天工夫和後天工夫綜合運用、內外夾逼。先天工夫和後天工夫之綜合運用就是先後天工夫雙運合一之至誠工夫。

二、中庸之道成爲可能必須歸結於至誠工夫

先天工夫與後天工夫之所以會造成「中庸不可能」，是由於它們各有其弊

端。而其弊端有一個共同之處，這就是工夫不實。前面說過，誠有本體和工夫兩種意義，而且無論是本體意義還是工夫意義，都可以歸結爲一個「實」字。實就是不貳，不實就是貳之；不貳就是不已無息，貳之就是斷斷續續而不能堅持到底。所以從根本上說，先天工夫與後天工夫之各自弊端的共同之處就在於時有間斷而不能堅持到底。反過來說，無論是先天工夫還是後天工夫，只要能夠做到至實純一，至誠不斷，那麼成德成聖也並非不可能之事。可見，中庸境界與成德成聖之可能與不可能全繫於一個「誠」字。

先天工夫和後天工夫的各自弊端造成的一個共同後果就是「中庸不可能」。「中庸不可能」見於《中庸》第九章：

子曰：「天下國家可均也，爵祿可辭也，白刃可蹈也，中庸不可能也。」

道德本性是國家可均、爵祿可辭、白刃可蹈等道德行爲之形上根據。國家可均、爵祿可辭、白刃可蹈雖然難能，但總是可能，其所以可能就是因爲人人都具有道德的本性、道德的本體。但是人除了具有道德本性，還具有氣質感性。氣質感性有「分」與「等」之區別，這種區別反映到道德本體之證成上，就是工夫實踐之不同。有些人適於採用先天工夫，有些人適於採用後天工夫。無論是先天工夫還是後天工夫，單獨而言各有其弊，都會造成成德成聖永不可能之後果。「中庸不可能」就是從這種後果而言的。

「中庸不可能」還有兩種說法。第一種說法是《中庸》第七章「擇乎中庸，而不能期月守」：

子曰：「人皆曰『予知』，驅而納諸罟擭陷阱之中，而莫之知辟也。人皆曰『予知』，擇乎中庸，而不能期月守也。」

第二種說法是《中庸》第十一章「遵道而行，半途而廢，吾弗能已」：

子曰：「素隱行怪，後世有述焉，吾弗爲之矣。君子遵道而行，半途而廢，吾弗能已矣。君子依乎中庸，遯世不見知而不悔，唯聖者能之。」

這兩章是對「中庸不可能」的具體說法。第七章「擇乎中庸，而不能期月守」是從擇而不能守來對「中庸不可能」的一種具體化。第十一章「遵道而行，半途而廢」是從行而半途廢來對「中庸不可能」的一種具體化。擇而不能守，是知之不明；行而半途廢，是行之不力。所以第七章是從知上來說的第十一章則是從行上來說的。一知一行是承接《中庸》第四章而來。第四章說中庸之道之所以不行在於智者愚者之過與不及，中庸之道之所以不明在於賢不肖者之過與不及。第七章就從知上分析了中庸所以不能行的原因，第六、八章則舉舜與顏回的例子來說明大智之人與中庸所以能行的關係。第十一章就從行上分析了中庸所以不能行的原因，並舉聖人與中庸所以能行的關係。

兩種具體說法的相同之處在於，無論是從知上來說，還是從行上來說，中庸之所以不可能的原因都在於不能長久。「擇乎中庸，不能期月守」和「遵道而行，半途而廢」都是講中庸之道所以不可能之原因的。前者是說智者雖然擇乎中庸卻又不能期月守，因而至於中庸不可能；後者是說賢者雖然遵道而行卻又半途而廢，因而至於中庸不可能。而且，智者之不能期月守和賢者之半途而廢有一個共同之處，這就是不能長久堅持，不能一如既往，不能不息不已。

中庸不可能在於工夫不能長久，換作孔子的話說就是「民鮮能久」。《中庸》第三章說：

子曰：「中庸其至矣乎！民鮮能久矣！」

《中庸》這一章引自《論語．雍也》第廿九章「中庸之爲德也，其至矣乎！民鮮久矣」（《論語》6.29）。兩書比較，《中庸》少一「德」字而多一「能」字。從這一少一多中，我們應該可以推定，這個「能」字是《中庸》第三章所要特加強調的字眼。「鮮能」是言中庸之道的難能，「鮮能久」則是說中庸之道的難以長久堅持。可見，「鮮能」其實是與下面第九章「中庸不可能」相呼應的，而「鮮能久」則與第七章「擇乎中庸，不能期月守」和第十一章「遵道而行，半途而廢」相呼應。

但是「鮮能」並非完全不可能，而只是說很少有人能長久堅持。言外之意，中庸境界雖然至難，但仍然可能達到。這就是第八章所說「擇乎中庸，拳拳服膺而弗失之」和第十一章「依乎中庸，遁世不見知而不悔，唯聖者能之」。吳省庵說：「本文『能』字最要緊。下『鮮能知味』、『不能期月守』、『中庸不可能』，皆言鮮能之，故直至聖而後可能，故曰『唯聖者能之』。」〔註52〕所以「中庸不可能」應該理解爲第三章所說的「鮮能」，「鮮能」只是強調其難能、少有人能，而難能、少有人能並非完全不可能，因此從這種語氣上說，中庸仍然是可能的。

中庸之所以可能，關鍵就在一個「久」字。呂與叔說：「人莫不中庸，善能久而已。久則爲賢人，不息則爲聖人。」〔註53〕顏回能夠三月不違仁、擇

〔註52〕轉引自陸隴其《四書講義困勉錄》卷二，《四庫》209/67下。
〔註53〕呂大臨：《中庸解》，《藍田呂氏遺著輯校》，第483頁。

乎中庸拳拳服膺而弗失之，這就是能久，所以孔子屢稱顏回「賢哉」。顏回三月不違仁，能夠長時間持守仁道，較之一般人「鮮能久」算是很好的了。「三月不違仁」之「三」爲虛指，意思是說時間較長。「三月不違仁」是說顏回能夠長時間持守。但這也只是「長時間」持守，仍然不是終其一生不違仁，仍然不是永遠能夠持守仁道，不能做到終其一生而不間斷。所以孔子也只稱其爲賢，而從來不許其爲聖。終其一生不違仁，永久堅持中庸之道，這就是無息不已，這只有聖人才能做得到。《中庸》第十一章所說「唯聖人能之」與呂與叔所說「不息則爲聖人」都是這個意思。

無息不已、永久不止即至誠。《中庸》第廿六章說：

> 故至誠無息。不息則久，久則徵，徵則悠遠，悠遠則博厚，博厚則高明。……《詩》曰：「惟天之命，於穆不已！」蓋曰天之所以爲天也。「於乎不顯，文王之德之純！」蓋曰文王之所以爲文也，純亦不已。

誠既有本體意義，又有工夫意義。從本體的意義上來說，至誠無息就是天道流行不已和性德純亦不已。從工夫的意義上來說，至誠無息就是堅持不懈地做工夫。

《中庸》有先天和後天兩條工夫路線。同樣，從工夫意義上來說之誠自然也可以從先天和後天兩個路線來考察，這就是第廿章所說的「誠」和「誠之」：

> 誠者，天之道也；誠之者，人之道也。誠者不勉而中，不思而得，從容中道，聖人也。誠之者，擇善而固執之者也。博學之，審問之，慎思之，明辨之，篤行之。有弗學，學之弗能，弗措也；有弗問，問之弗知，弗措也；有弗思，思之弗得，弗措也；有弗辨，辨之弗明，弗措也；有弗行，行之弗篤，弗措也。人一能之己百之，人十能之己千之。果能此道矣，雖愚必明，雖柔必強。

這幾句話一口氣說了四個對子：誠與誠之相對，天之道與人之道相對，不勉而中、不思而得、從容中道與擇善固執相對，篤行與學問思辨相對。這四個對子之前後兩項可以劃爲兩組：誠、天之道、不思不勉從容中道、篤行是一組，誠之、人之道、擇善固執、學問思辨是一組。如果從工夫路線上看，前一組顯然是先天工夫，後一組顯然是後天工夫。

從篤行與學問思辨這個對子來看，篤行屬行，學問思辨屬知；從不思不勉、從容中道與擇善固執這個對子來看，不思不勉、從容中道即第十一章「依乎中庸，遁世不見知而不悔，唯聖人能之」，擇善固執即第八章「擇乎中庸，得一善則拳拳服膺而弗失之」。這四個對子以一個「誠」字貫穿天人、聖凡、知行，而第七、八章和第十一章則以「能久」貫穿擇乎中庸和依乎中庸。誠即悠久無息、不止不已，這是「能久」之哲學表達。所以第廿章這四個對子與前面第七、八章和第十一章語脈相承、前後貫通，而其紐結之義即「誠」與「能久」，或者說誠即能久，不誠則不能久。

單獨的先天工夫和後天工夫各有其弊，其弊所造成的共同後果就是「中庸不可能」，而兩種工夫之所以會造成「中庸不可能」，有一個共同的原因，這就是不能長久、間斷不實。唐君毅曾說：「一切工夫之弊，皆由工夫之間斷，有所不實，然後依於氣稟物欲之雜之種種弊害，隨之以起。一切工夫，原皆所以直接間接去心之弊患，弊患不同，則工夫原非一端。如執一工夫，以去不同之弊患，則工夫自有可弊。然只執一工夫，不知隨心之弊患之不同，而以之相輔為用，致以所執之一工夫，為其他當有之工夫之礙，亦是使工夫成虛而不實，自生間斷者。若人之工夫，能處處皆實而無間斷，則一切工夫之弊，亦即無起之可能。故此使工夫皆實而無間，即一切工夫之運用之根本之所在也。」〔註 54〕工夫不實，私意私欲必然生於其心；心中一有私意私欲，道德本體必然會被蒙蔽而不彰；道德本體被蒙蔽不彰，必然表現為工夫實踐之斷斷續續、難以長久。這樣下去，中庸之道也便永無可能之日，成德成聖也就永無可成之時。

有什麼病就要用什麼藥。兩種工夫之共同病痛在於間斷不實，那麼相應之解蔽藥方就是要在工夫上做到至實不貳、無息不已。而至實不貳、無息不已也就是誠。唐君毅還說：「離言以歸實，務求其工夫之本身，如何得相續，不以氣稟物欲之雜，而誤用此工夫，以致弊害之起之工夫。此一工夫，即一切工夫之運用之根本工夫。此根本工夫無他，即朱子與象山所同皆言及之誠或信或實之工夫而已矣。」〔註 55〕誠至實不貳，至純不已，只要能夠做到至誠，私意私欲無法滲入成德成聖的過程，也就不能對道德本體施以障蔽遮隱作用。所以誠是一切工夫中之根本工夫，這裏稱之為「至誠工夫」。

至誠工夫貫通「誠」和「誠之」。從上面的分析中可看到，「誠」是先天

〔註 54〕唐君毅：《原德性工夫》，《中國哲學原論．原性篇》附編，《唐君毅全集》卷十三，第 628～629 頁。

〔註 55〕同上書，第 627 頁。

工夫，「誠之」是後天工夫。但無論是「誠」還是「誠之」，關鍵都在一個「誠」，都在於其至實無間、至純不貳、無息不已。《中庸》第廿章最後一句話說：「人一能之己百之，人十能之己千之。果能此道矣，雖愚必明，雖柔必強。」這就是對誠和誠之的一個綜合與總結。這裏特別強調一個「能」字。「人一能之己百之，人十能之己千之」是說，別人能夠擇善固執一天，自己卻能夠堅持一百天，別人能夠堅持十天，自己卻能夠堅持一千天。這就是「不能期月守」與「三月不違仁」的關係。當然，這裏的一、十、百、千等數目字與「三月不違仁」之「三」的用法一樣都是虛指，一、十言其短，百、千言其長。「果能此道矣，雖愚必明，雖柔必強」是說，如果眞正能夠做到這樣，眞能夠誠而不已、堅守不息，愚者、弱者都能夠成德成聖。愚和柔喻指資質不佳、成德困難之人，「愚必明」是從知上來說的，「柔必強」是從行上來說的。愚、柔等成德成聖資質欠佳之人只要至實無息，尚且能夠成德成聖，其他智賢之士就更不用說了。

「誠」和「誠之」的關係用另一種說法來表示就是「誠明」和「明誠」。「誠明」和「明誠」是「自誠明」和「自明誠」的簡稱，見於《中庸》第廿一章：

> 自誠明，謂之性。自明誠，謂之教。誠則明矣，明則誠矣。

本章此處前兩個「誠」明顯是從本體意義上來說的，即道德之客觀根據。後兩個「誠」較爲複雜，既有本體意義，又有工夫意義。這裏的「明」有兩種方向：一是自內而外地明，二是自外而內地明。〔註56〕自內而外地明即道德本體的自然發用、明照萬物。第廿三章「著則明，明則動」之明就是這種意義上的明。自外而內地明即去除私意私欲之蔽、宣明本體。第四章「道之不明」、第廿章「不明乎善，不誠乎身」和「明辨」之明就是這個意義上的明。誠與明結合起來看，「自誠明」是自內而外地明，「自明誠」是自外而內地明。「誠明」是從本體說到發用，「明誠」是從工夫說到本體。從本體以及發用即「率性之謂道」，從工夫以複本體即「修道之謂教」。前者是聖人之不思不勉，後者即賢者之擇善固執。如果進一步聯繫到孟子「性之」與「反之」的說法，那麼「誠者，天之道」與「自誠明，謂之性」就是「性之」，「誠之者，

〔註56〕程伊川說：「自其外者學之，而得於內者，謂之明。自其內者得之，而兼於外者，謂之誠。誠與明一也。」（《程氏遺書》卷二五，《二程集》，第317頁）

人之道」與「自明誠，謂之教」就是「反之」。〔註 57〕眾所周知，「性之」與「反之」是孟子非常有名的兩句話。《孟子・盡心上》說：「堯舜，性之也；湯武，身之也」(《孟子》13.30)。趙岐注曰：「性之，性好仁，自然也。身之，體之行仁，視之若身也。」朱子注曰：「堯舜天性渾全，不假修習。湯武修身體道，以復其性。」「性之」之人通體即道德本性，率性而行，自然中節；「身之」之人需要通過一番修習工夫，以復其道德性，所以「身之」一般又說成「反之」，亦即「返之」，返歸回覆道德本體。「性之」即天道自然之「誠」，也是道德本體自然發用之「誠明」，「反之」即擇善固執以複本體之「誠之」，亦即慎思明辨明善誠身之「明誠」。

無論是「誠」還是「誠之」，其最終目標都是爲了成德成聖，成德成聖關鍵又在一個「誠」字。「誠明」與「明誠」的關係即「誠」與「誠之」的關係，無論是誠明還是明誠，其最終目標也是爲了成德成聖，其關鍵也都要有一個「誠」。誠作爲工夫，就是要有堅持不懈、永無止息地做工夫。這種永無止息、

〔註 57〕呂大臨和范祖禹對此都曾有過詳盡的解釋：呂大臨說：「『誠者，天之道』，性之者也；『誠之者，人之道』，反之者也。聖人之於天道，性之者也；賢者之於天道，反之者也。性之者，成性與天無間者也，天即聖人，聖人即天，縱心所欲，由仁義行也；出於自然，從容不迫，不待乎思勉而後中也。反之者，求復乎性而未至，雖誠而猶雜之僞，雖行而未能無息，則善不可不思而擇，德不可不勉而執，不如是，猶不足以至乎誠。」(《中庸解》,《藍田呂氏遺著輯校》，第 295～296）還說：「自誠明，性之者也；自明誠，反之者也。性之者，自成德而言，聖人之所性也；反之者，自志學而言，聖人之教也。謂之性者，生而所固有以得之。謂之教者，由學以復之。成德者，至於實然不易之地，理義皆由此出也。天下之理，如目睹耳聞，不慮而知，不言而喻，此之謂『誠則明』。志學者，致知以窮天下之理，則天下之理皆得，卒亦至於實然不易之地，至簡至易，行其所無事，此之謂『明則誠』。」(《中庸解》,《藍田呂氏遺著輯校》，第 297～298 頁）范祖禹說：「《中庸》者，言性之書也。既舉其略矣，而未及乎性也。夫誠者，聖人之性也；誠之者，賢人之性也。聖人生而知之者，故其性自內而出，自內而出者，得之天而不恃乎人。賢人學而知之者也，故其性自外而入，自外而入者，得之人而後至於天。故曰『誠者，天之道；誠之者，人之道』也。又曰『自誠明，謂之性；自明誠，謂之教』。誠者，所以成性也；明者，所以求誠也。誠者，不勉而中，不思而得，從容中道者，聖人之性也；誠之者，擇善而固執之者，賢人之明也。目之視乎色，耳之聽乎聲，鼻之別乎臭，口之識乎味，此四者有諸內而無待於外，聖人之性猶此也。譽之則勸，非之則沮，順之則喜，逆之則怒，此四者動乎外而應之於內，賢人之性猶此也。聖人先得於誠而有明者也，賢人先得於明而後至誠者也。」(《范太史集》卷三十五《中庸論五首》,《四庫》1100/389 上)

永不間斷性在第廿一章不是通過「誠」來表達的，而是通過「誠則明矣，明則誠矣」這一句話來表達的。在這句話中，非常關鍵但向來不爲人注意的一個字是「則」。就這句話來說，「則」字可以有兩種用法。第一種用法是一般的連詞，與「就」的意思相同。如果有了誠自然就會明，如果能夠明自然就會有誠。第二是近似於動詞的用法，在形式上相當於「則於」、「以……爲則」。「誠則明」就相當於「誠則於明」、「誠以明爲則」的意思；「明則誠」就相當於「明則於誠」、「明以誠爲則」的意思。當然，「則於」、「以……爲則」之「則」並不是準則、規則、原則、法則的意思，而僅僅表示前後兩項的關係，這個「則」仍然是連詞，表示誠與明之間的關係。雖然也是連詞，但更傾向於一種相互依賴的關係，更確切地說，是一種互相輔助、相互補充的關係。這又相當於說，「誠」之不間斷性、無息止性就在「則」所表示的誠與明之互相輔助、相互補充的關係中。誠而又誠，誠之不已，自然光明；明而復明，明之無息，自然至誠。於是，成德成聖，終而可成。

「誠」與「誠之」的關係還可以用「至誠」與「致曲」的關係來說明。「至誠」一詞在《中庸》中最先出現於第廿二章：

> 唯天下至誠，爲能盡其性。能盡其性，則能盡人之性；能盡人之性，則能盡物之性；能盡物之性，則可以贊天地之化育；可以贊天地之化育，則可以與天地參矣。

「致曲」一詞見於第廿三章：

> 其次致曲，曲能有誠。誠則形，形則著，著則明，明則動，動則變，變則化。唯天下至誠爲能化。

從這兩章的第一句話「唯天下至誠」和「其次致曲」可以看出，這兩章在文脈上是緊密相連的。第廿二章先說「至誠」，但並非任何人都能至誠，於是第廿三章緊接著就說「其次」。「其次」即「致曲」，致曲是相對於至誠來說的。所以從章旨文意上來說，這兩章似乎應放在一起，合爲一章。

至誠很簡單，至誠之人就是盡性之人，盡性之人即滿腔是惻隱之心、通體是道德理想之聖人。所以至誠之人就是誠者，就是自誠明者。

「致曲」就非常複雜，複雜的原因在於「致曲」之「曲」字有多種理解。一種理解是從外在的事上來說的，曲是小事，是微文小節。比如鄭玄就說：「曲，猶小小之事也。」這個意義上的曲字與《禮記》「經禮三百，曲禮三千」之曲字意義相似，都是說事或禮之細微末小的。致曲就是在細微小事上用功。

〔註 58〕另一種理解是從人之稟賦偏全來說的，曲就是氣質之偏。朱子曾簡練地說：「曲，是氣稟之偏」〔註 59〕。人所稟賦於天的道德之性是全而無偏的，但人之氣質卻是參差不齊、偏差不一的，因而會有各各不同的私意私欲。這種參差不齊、偏差不一就是曲。

致曲先要克服私意私欲，較於至誠之性的自然發用來說，這是通過一種迂迴的途徑而成德成聖的。這種途徑之迂迴就是「曲」。這時的曲可以形象地理解爲「曲徑通幽」之曲。幽喻爲道德本體之幽隱微寂。從工夫的形式上來說，迂迴曲折、曲徑通幽的致曲工夫就是誠之，就是反之，就是自明誠。所以王船山說：「『致曲』二字，收拾盡『誠之者』一大段工夫。」〔註 60〕

至誠即「誠」，致曲即「誠之」。至誠者所以能盡人物之性、參贊天地之化育，關鍵在於其能誠，在於其無息不已。致曲之所以能成德成聖，曲能有誠之所以可能，關鍵也在於一個「誠」。曲而能有誠，誠而又誠，誠之不已，自然能夠形著明動變化。由至誠所達到的最後境界是「可以贊天地之化育，則可以與天地參」，由致曲所達到的最後境界是「唯天下至誠爲能化」。這兩處的化是同一種化，都是第廿四章所說的「至誠如神」的神化之境，也就是過往不化的神化之境，這其實也就是中庸之第三重境界。

誠、誠明、至誠都可歸於先天工夫路線之下，誠之、明誠、致曲都可以歸於後天工夫路線之下，而誠與誠之、誠明與明誠、至誠與致曲都由一個「誠」來貫通。這個誠不是本體意義的誠，而是工夫意義的誠，我把這個意義上的誠稱爲「至誠工夫」。單獨的先天工夫和後天工夫都可能造成「中庸不可能」，都可能使得成德成聖的最終目標無法實現。先天工夫與後天工夫之所以會造成中庸不可能，雖然各有其原因，但也有一個共同的原因，這就是工夫不實，容易間斷。克服工夫不實、容易間斷的一種根本工夫就是誠，因爲誠就是至實不息、至純不已。中庸並非不可能，成德成聖並非不能成，關鍵在於能誠不能誠。有至誠工夫，中庸即可能，成德成聖亦可能。明儒馮從吾說：

〔註 58〕程伊川也是如此理解的：「『其次致曲』，曲，偏曲之謂，非大道也。『曲能有誠』，就一事中用志不分，亦能有誠。」（《程氏遺書》卷十八，《二程集》，第 203 頁）

〔註 59〕《朱子語類》卷六四，《朱子全書》16/2117。朱子之說源於呂大臨。呂大臨說：「人具有天地之德，自當遍覆包含，無所不盡。然而稟於天，不能無少偏曲，則其所存所發，在偏曲外必多，此謂致曲。」（《中庸解》，《藍田呂氏遺著輯校》，第 488 頁）

〔註 60〕王夫之：《讀四書大全說》卷二，《船山全書》第六冊，第 546 頁。

> 中庸雖不可能，豈終不可能哉？惟至誠能之，故曰「惟天下至誠，爲能盡其性」。玩此節六個「能」字可見。且至誠都是人人能做得的，只是人人諉於不能，不肯致曲耳。故又曰「其次致曲」，玩此節兩個「能」字可見。故君子尊德性一節，便是致曲工夫，故下文又曰「唯天下至聖爲能聰明睿知」，又曰「唯天下至誠爲能經綸天下之大經」，又曰「苟不固聰明聖知達天德者其孰能知之」，始終發揮一「能」字。可見中庸雖不可能，而實未嘗不可能也。〔註61〕

誠和誠之因爲能誠，所以「雖愚必明，雖柔必強」；誠明和明誠因爲能誠，所以「誠則明矣，明則誠矣」；至誠因其誠而可盡人物之性而參天地、贊化育，致曲因「曲能有誠」而可明動變化。總而言之，成德成聖，中庸可能，只在一誠。王陽明說：「要曉得聖人之學，只是一誠。」〔註62〕現在看來，此言不虛。

人是有限的人，因其有限，成德成聖之先天和後天工夫都不免有弊，以至於中庸成爲不可能。但是人又是無限的人，人之無限性就是誠。至誠無息，無息即無限。至誠工夫至實不已，至純不止，綿綿不息，永不間斷。至誠工夫貫徹於先天工夫，道德本體終有發明光大之時；至誠工夫貫徹於後天工夫，私意私欲也終有化淨滌盡之日。至誠工夫徹上徹下、徹頭徹尾，通貫乎先天工夫與後天工夫，中庸之道也必有可能，成德成聖之儒家終極目標也終有可能。人們常說儒學不是宗教但有宗教性。儒學之宗教性就在中庸之不可能與可能之間，就在成德成聖之不可能與可能之內。或者說，儒學之宗教性就在《中庸》之至誠工夫之中。

附　《中庸》概念正位〔註63〕圖

根據以上第二至五章的分析可見，《中庸》的概念系統分爲三塊：道德本體（本體論）、道德終極根源（宇宙論），道德的實踐（工夫論）。據此，《中庸》概念之位置與層次，可以圖示如下：

〔註61〕馮從吾：《少墟集》卷二《疑思錄》二《讀〈中庸〉》，《四庫》1293/43下。

〔註62〕《傳習錄拾遺》，第3條。

〔註63〕這裏的「正位」取自亞里士多德《工具論》之《正位篇》(topica)。在詞源上看，希臘文「topica」的意義指的是「地方」(place)。（汪子嵩、范明生、陳村富、姚介厚：《希臘哲學史》第三卷上册，北京：人民出版社，2003年，第206頁）一個論題中有上位、下位、種、屬等層次不同的概念，這些概念的邏輯位置不能搞混，否則就會造成意義混亂。《正位篇》主要就是爲論題中的概念定位。

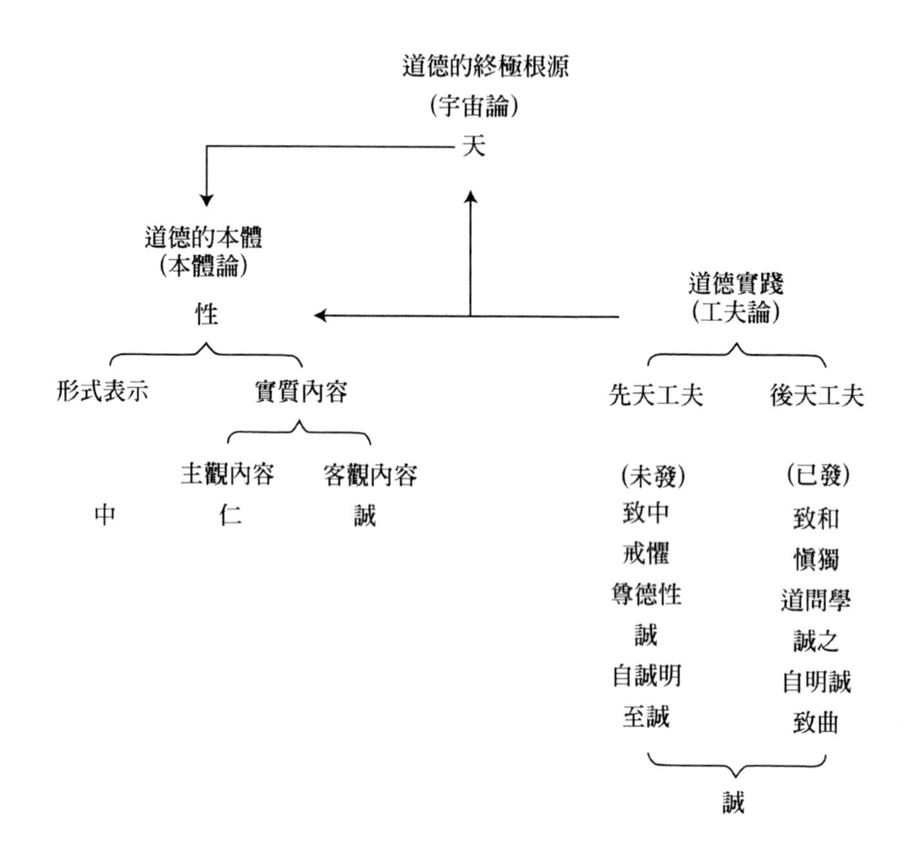
道德的終極根源
(宇宙論)
天
道德的本體
(本體論)
性
道德實踐
(工夫論)
形式表示
實質內容
主觀內容
客觀內容
中
仁
誠
先天工夫
後天工夫
(未發)
致中
戒懼
尊德性
誠
自誠明
至誠
(已發)
致和
愼獨
道問學
誠之
自明誠
致曲
誠